ISBN 978-0-331-17643-8
PIBN 11170159

English
Français
Deutsche
Italiano
Español
Português

www.forgottenbooks.com

Mythology Photography **Fiction**
Fishing Christianity **Art** Cooking
Essays Buddhism Freemasonry
Medicine **Biology** Music **Ancient**
Egypt Evolution Carpentry Physics
Dance Geology **Mathematics** Fitness
Shakespeare **Folklore** Yoga Marketing
Confidence Immortality Biographies
Poetry **Psychology** Witchcraft
Electronics Chemistry History **Law**
Accounting **Philosophy** Anthropology
Alchemy Drama Quantum Mechanics
Atheism Sexual Health **Ancient History**
Entrepreneurship Languages Sport
Paleontology Needlework Islam
Metaphysics Investment Archaeology
Parenting Statistics Criminology
Motivational

DIE ANFÄNGE DER TAFELMALEREI

IN

NÜRNBERG ·

STUDIEN ZUR DEUTSCHEN KUNSTGESCHICHTE
103. HEFT.

DIE ANFÄNGE
DER TAFELMALEREI
IN NÜRNBERG

VON

CARL GEBHARDT

MIT 84 LICHTDRUCKTAFELN

STRASSBURG
J. H. Ed. Heitz (Heitz & Mündel)
1908

HENRY THODE

ALS DEM BEGRÜNDER DER GESCHICHTE

DER NÜRNBERGER MALEREI

DANKBAR GEWIDMET.

Inhalts-Verzeichnis.

Verzeichnis der Tafeln.

I. a) Der Kindermord, Nürnberg, Germanisches Museum.

    b) Geißelung Christi, ebend.

II. Zwölfboten- (Deocarus-) Altar (Innenseite der Flügel), Nürnberg, St. Lorenz.

III. Christus als Schmerzensmann, Rückseite des Imhofschen Altares, Nürnberg. Germanisches Museum.

IV. Imhof-Rothflasch-Epitaph. Nürnberg, St. Sebald.

V. Deocarus-Altar (Außenseite der Flügel), Nürnberg, St. Lorenz.

VI. a) Zurückweisung des Opfers Joachims, Langenzenn, Pfarrkirche.

    b) Verlobung Mariae, ebend.

VII. a) Joachim und Anna vor der goldnen Pforte, München, Prof. Sepp.

    b) Tempelgang Mariae, ebend.

VIII. Deocarus-Schrein (Innenseite der Flügel), Nürnberg, St. Lorenz.

IX. Nothelfer-Altar (Mittelstück), Nürnberg, Jakobskirche.

X. Nothelfer-Altar (Flügel), Nürnberg, Jakobskirche.

XI. a) Epitaph der Gerhaus Ferin, München, National-Museum.

    b) Epitaph einer Nonne, ebend.

XII. a) Imhof-Volckamer-Epitaph, Nürnberg, St. Sebald.

    b) Tod der Maria, Zeichnung, Erlangen, Universitäts-Bibliothek.

XIII. Haller-Altar (bei geöffneten Flügeln), Nürnberg, St. Sebald.

XIV. Haller-Altar (bei geschlossenen Flügeln), Nürnberg, St. Sebald.

XV. a) H. Agnes, Margaretha und Barbara, Nürnberg, Germanisches Museum.

    b) H. Katharina, Ursula und Dorothea, ebend.

XVI. Ehenheim-Epitaph, Nürnberg, St. Lorenz.

XVII. Schutzmantelbild, Heilsbronn. Klosterkirche.

XVIII. Portrait eines Jünglings, Nürnberg, Germanisches Museum.

XIX. Tucher-Altar, Augustin und Monica, linker Flügel Innenseite, Nürnberg, Frauenkirche.

XX. Tucher-Altar, Verkündigung, Mittelstück linker Teil, Nürnberg, Frauenkirche.

XXI. Tueber-Altar, Christus am Kreuz, Mittelstück mittlerer Teil, Nürnberg, Frauenkirche.

XXII. Tucher-Altar, Auferstehung, Mittelstück rechter Teil, Nürnberg, Frauenkirche.

XXIII. Tucher-Altar, Paulus und Antonius, rechter Flügel Innenseite, Nürnberg, Frauenkirche.

XXIV. Tucher-Altar, hl. Veit und Himmelfahrt Mariae, linker Flügel Außenseite, Nürnberg, Frauenkirche.

XXV. Tucher-Altar, Vision des hl. Augustin und hl. Leonhard, rechter Flügel Außenseite, Nürnberg, Frauenkirche.

XXVI. Der hl. Leonhard, Tucher-Altar.

XXVII. Passions-Altärchen, Nürnberg, St. Johannis.

XXVIII. Beschneidung Christi, Aachen, Suermondt-Museum.

XXIX. a) Die Inschrift des Ebenheim-Epitaphs.

b) Die Inschrift des Tucher-Altares.

c) Die Inschrift des Altärchens in St. Johannis.

XXX. a) Epitaph des Heinrich von Hohen-Rechberg, Eichstätt, Dom.

b) Auferstehung, Wolfgangs-Altar, Nürnberg, St. Lorenz.

XXXI. a) Giovanni d'Alemagna, Madonna, Venedig, Accademia.

b) Lorenzo Veneziano, Verkündigung, Venedig, Accademia.

c) Giovanni d'Alemagna, Heilige, Venedig, San Zaccaria.

d) Vorhalle von San Marco, von der Porta della Carta aus gesehen, Venedig.

XXXII. a) Dreikönigsaltärchen, Ausschnitt, Nürnberg, St. Lorenz.

b) Gentile da Fabriano, Anbetung der Könige, Ausschnitt, Florenz, Accademia.

XXXIII. a) Christus und Magdalena und Kreuzigung, Fresco des Augustiner-Klosters zu Nürnberg, Copie.

b) Mannahlese, Ausschnitt eines Flügels, Nürnberg, Germanisches Museum.

XXXIV. Altärchen (Innenseite der Flügel), Nürnberg, Germanisches Museum.

Die Vorlagen zu Tafel I a und b und XVIII sind Eigentum des Verlags Müller (Nürnberg), zu Tafel XI a und b des Verlags Teufel (München), zu Tafel XXX a, b und c und XXXII b des Verlags Alinari (Florenz). Die Vorlage zu Tafel XXVII wurde mir vom Stadtmagistrat zu Nürnberg, die zu Tafel XXVIII von der Direction des Suermondt-Museums zu Aachen gütigst zur Verfügung gestellt.

Die Vorlagen zu Tafel II, III, IV, V, VI a und b, VII a und b, VIII, IX, X, XII a und b, XIII, XIV, XV a und b, XVI, XVII, XIX, XX, XXI, XXII, XXIII, XXIV, XXV, XXVI, XXIX a, b und c, XXX a und b, XXXI d, XXXII a, XXXIII a und b und XXXIV wurden für dieses Buch aufgenommen, die Vorlagen zu Tafel VI a und b, VII a und b, VIII, XII b, XV a und b, XXVI, XXIX c, XXX b, XXXI d, XXXII a und XXXIII a vom Verfasser des Buches. (Copieen dieser Aufnahmen, mit Ausnahme der letztgenannten, sind von der Firma Christoph Müller in Nürnberg erhältlich.)

1.

Einleitung.

Die geschichtliche Betrachtung der Nürnberger Malerei hat im XVIII. Jahrhundert bereits begonnen. 1778 gab Christoph Gottlieb von M u r r seine «Beschreibung der vornehmsten Merkwürdigkeiten in der Reichsstadt Nürnberg» heraus (2. Auflage 1801), jenes umfassende Inventar der damals noch in ihrem Bestande und an ihrem ursprünglichen Orte vorhandenen Kunstschätze des alten Nürnberg. Murr, dessen Andenken durch die «Klotzisch-Murrischen Händel» im Leben Lessings zu Unrecht in Verruf gekommen ist, gehört zu jenen großen Polyhistoren des XVIII. Jahrhunderts, die die verschiedensten Gebiete wissenschaftlicher Forschung mit einer durchaus nicht oberflächlichen Gelehrsamkeit umfaßten, jener Polyhistoren, deren Typus wir in Männern wie Albrecht von Haller und deren Vollendung wir in Gœthe erblicken. Murrs Werk, das von liebevollem Eifer Zeugnis ablegt und mit einer im XVIII. Jahrhundert seltenen Vorurteilslosigkeit auch die primitiven Werke der älteren Kunst berücksichtigt, ist uns noch heute zum Nachweise der Provenienz erhaltener Werke und zur Nachforschung nach verlorenen von unschätzbarem Werte.

Durch die Begeisterung der Romantik ins Leben gerufen und groß geworden in der Schule des Hegelschen Entwicklungsgedankens, hat sich die deutsche Kunstwissenschaft schon früh mit der Nürnberger Malerei beschäftigt. Zwar hatte sich F i o r i l l o (Geschichte der zeichnenden Künste in Deutschland und den vereinigten Niederlanden, Hannover 1815, S. 265 ff.) damit begnügt, einige Notizen aus dem Murrschen Werke wiederzugeben, K u g l e r (Handbuch der Geschichte der Malerei in Deutschland usw., Berlin 1837, S. 82) hatte nur die mit Wolgemuth im Zusammenhang stehende spätere Kunst berücksichtigt und H o t h o (Geschichte der deutschen und niederländischen Malerei, 2. Bd., Berlin 1843, S. 27) hatte zunächst, da ihm eigene Forschungen versagt waren, bloß auf Kugler verwiesen. Um so bedeutungsvoller waren die Betrachtungen, die als der erste W a a g e n (Kunstwerke und Künstler in Deutschland, 1. Theil, Leipzig 1843, S. 116, 162, 164, 232—236, 246—248, 258, 261 f., 284) den Frühwerken der nürnbergischen Malerei gewidmet hat. Er hat zuerst die Hauptwerke aus der Masse des Schulgutes geschieden und damit den Kreis der Schöpfungen umgrenzt, die bis heute als Repräsentanten der Nürnberger Malerei die Gegenstände der Forschung geblieben sind. Die zeitliche Fixierung der Werke unternahm er, dem noch keine chronologischen Forschungen zu Gebote standen, lediglich auf Grund der Stilvergleichung. Dabei hat er das zeitliche Verhältnis der beiden bedeutendsten Hauptwerke, des Imhofschen und des Tucherschen Altares, zwar richtig bestimmt, aber beide viel zu früh angesetzt, den Imhofschen Altar, den er mit den (angeblich Schonhoferschen) Sculpturen der Frauenkirche in Beziehung brachte, in die Zeit nach 1361, den Tucherschen Altar, indem er eine Notiz bei Murr mißverstand, auf 1385. Da er in den übrigen Werken, wohl auf Grund der inschriftlichen Datierung des Epitaphs der Walpurg Prünsterin, ausschließlich Arbeiten des XV. Jahrhunderts sah, so verwirrt sich in seiner Darstellung das Bild vom Entwicklungsgang der Nürnberger Malerei. R e t t b e r g (Nürnberger Briefe zur Geschichte der Kunst, Hannover 1846, S. 75—81), der zum ersten Mal eine zusammenhängende Geschichte der nürnbergischen Kunst zu schreiben unternahm, ist in der Betrachtung der frühen Malerei in seinen Urteilen wie in seiner Datierung von Waagen abhängig. P a s s a v a n t (Beiträge zur Kenntnis der alten Malerschulen Deutschlands, Kunstblatt 1846, S. 189 ff.) verbesserte den einen Irrtum Waagens, indem er, vermutlich auf mündliche Angaben Hilperts, des damaligen Pfarrers von St. Lorenz, hin, den Imhofschen

Altar um 1420 datierte. Dadurch aber, daß Passavant an der Jahreszahl 1385 für den Tucherschen Altar festhielt, entwarf er nun gerade ein falsches Bild vom Entwicklungsgang der Nürnberger Malerei. Die zweite Auflage des Kuglerschen Handbuchs, von Jakob B u r c k h a r d t besorgt (1847, 1. Bd., S. 225 ff., 2. Bd., S. 187 ff.), steht auf dem Standpunkt der Waagenschen Chronologie, ohne wesentlich Neues zu bringen. Ein Aufsatz R e t t b e r g s (Nachträge zur Geschichte der Kunst von Nürnberg, Kunstblatt 1849, S. 83 ff.) brachte einige wiederum auf Hilperts Angaben sich stützende Datierungen, vor allem des Imhofschen Altars, dann des Deocarus-Altars, des Rymensnyder- und Glockengießer-Epitaphs, des Wolfgangs-Altares, der Imhofschen Madonna und des Löffelholz-Altares; an der Waagenschen Datierung des Tucherschen Altars hielt Rettberg fest. Es ist bemerkenswert, daß diese auf Hilperts Unter-suchungen zurückgehenden, teilweise unsicheren, teilweise falschen Angaben Rettbergs bis auf den heutigen Tag die chronologische Grundlage für die Geschichte der frühen Nürn-berger Malerei geblieben sind. F ö r s t e r (Geschichte der deutschen Kunst, 2. Theil, Leipzig 1853, S. 269) erwähnt von den frühen Werken nur den Imhofschen Altar. R e t t b e r g gab in der Umarbeitung seiner Nürnberger Briefe (Nürnbergs Kunstleben in seinen Denkmalen dargestellt, Stuttgart 1854, S. 47—52) noch einmal den gleichen Ueberblick über die frühen Hauptwerke, nur mit veränderter Datierung.

Alle diese Versuche einer Geschichte der Nürnberger Malerei wurden antiquiert durch H o t h o s «Malerschule Huberts van Eyck» (1. Theil, Geschichte der deutschen Malerei bis 1450, Berlin 1855, S. 157—163, 205—208, 285—299, 472—490). Dieser bedeutende Mann, der den Feinsinn des Kenners mit dem Wissen des Historikers und der Bildung des Philosophen vereinigte, hat das Wertvollste über die frühe Nürnberger Malerei geschrieben, was vor dem Buche Thodes überhaupt darüber geschrieben worden ist. Die Capitel, die er ihrer Betrachtung widmet, voll feiner Beobachtungen, voll treffender Urteile, verdienen noch heute, von jedem gelesen zu werden, der sich mit Nürnberger Malerei beschäftigt. Hotho hat zuerst wieder das Verhältnis des Imhofschen zum Tucher-

schen Altar richtig bestimmt, indem er den ersteren aus stilkritischen Gründen als das frühere, den letzteren als das
spätere Werk erklärte und einen Zwischenraum von ohngefähr
dreißig Jahren zwischen beiden annahm. (Freilich datierte er
beide um beiläufig zwanzig Jahre zu früh, den Imhofschen
Altar, indem er ihn, den Urkunden mißtrauend, in den Anfang
des XV. Jahrhunderts, den Tucherschen, indem er ihn gegen
1430 ansetzte.) Hotbo hat es zuerst mit Bestimmtheit ausgesprochen, daß der Hallersche Altar in St. Sebald von der
gleichen Hand sein müsse, wie der Tuchersche Altar.

An die Untersuchungen Hothos schließt sich im wesentlichen S c h n a a s e an (Geschichte der bildenden Künste im
Mittelalter, 4. Bd., 1. Aufl., Düsseldorf 1861, S. 496—504,
2. Aufl., Düsseldorf 1874, S. 457—466). Auch W a a g e n
machte sich, als er zwanzig Jahre nach seinen ersten Untersuchungen noch einmal die Nürnberger Malerschule darzustellen
hatte (Handbuch der deutschen und niederländischen Malerschulen, 1. Abth., Stuttgart 1862, S. 62 ff. u. 162 ff.), die Chronologie Hothos zu eigen. So bildete sich, auf den Ausführungen
Hothos fußend und kaum um neue Züge bereichert, eine ziemlich stereotype und im ganzen recht dürftige Darstellung der
frühen Nürnberger Malerei, die wir bei W o l t m a n n (Geschichte der Malerei, 1. Bd., Leipzig 1879, S. 405, 2. Bd.,
1882, S. 91), bei T h a u s i n g (Dürer, 1. Aufl., Leipzig 1876,
S. 6 ff., 2. Aufl., 1. Bd., Leipzig 1884, S. 8 ff.), bei R e b e r (Kunstgeschichte des Mittelalters, Leipzig 1886, S. 619), der den
Tucherschen Altar noch für ein Werk des XIV. Jahrhunderts
hält, ja selbst bei J a n i t s c h e k (Geschichte der deutschen
Malerei, Berlin 1890, S. 206 f., 285 ff.) finden.

Was an selbständiger Forschung für die Geschichte der
frühen Nürnberger Malerei nach Hotho zunächst geleistet wurde,
ist unbedeutend. V i s c h e r wies in seinen für die Geschichte
der Nürnberger Malerei in der zweiten Hälfte des XV. Jahrhunderts bedeutungsvollen «Studien zur Kunstgeschichte» (Stuttgart 1886, S. 363) in einer gelegentlichen Anmerkung darauf
hin, daß sich in der Lorenzkirche in Nürnberg und in der
Frauenkirche in München Werke aus der Schule des Meisters
vom Tucherschen Altare befänden, ohne sie jedoch näher zu

bezeichnen. Rée, dessen in populärem Sinne gehaltenen «Wanderungen durch das alte Nürnberg» (Nürnberg 1889) für die Geschichte der Nürnberger Malerei nichts Neues boten, schrieb in einer Besprechung (Führer durch die Sebalduskirche in Nürnberg, Kunstchronik XXIII, 1888, S. 66—70) dem Meister des Tucherschen Altares neben dem Hallerschen Altar der Sebaldskirche noch das Passionsaltärchen der Johanniskirche zu.

Dies war der Stand der kunstwissenschaftlichen Forschung, als Thode seine «Malerschule von Nürnberg im XIV. und XV. Jahrhundert in ihrer Entwicklung bis auf Dürer dargestellt» (Frankfurt 1891) herausgab.

Es wäre so anmaßend wie überflüssig, zum Preise dieses Buches ein Wort zu sagen. Es gehört zu jenen großen Werken der Forschung, die den sicheren Grund gelegt haben, auf dem die Folgezeit das Gebäude ihrer Wissenschaft errichten wird. Hatte zuvor die Geschichte der Nürnberger Malerei doch eigentlich nur in der bloßen Betrachtung der einzelnen Kunstwerke bestanden, so wurde sie nun zur wahrhaften Kunstgeschichte im Sinne einer Geschichte der großen Künstlerpersönlichkeiten und der in ihnen sich darstellenden Entwicklung der Kunst. Auf Grund sorgfältigster stilkritischer Untersuchung unternahm es Thode, aus der ungeordneten Masse der Nürnberger Bilder das Werk der einzelnen führenden Meister zu bestimmen und aus ihrem Werke ihr Wesen und ihre Stellung innerhalb der Entwicklung der Nürnberger Kunst zu erkennen.

Die Frühwerke der Nürnberger Malerei hat Thode um zwei überragende und ihre Zeit beherrschende Meister gruppiert, den Meister des Imhofschen und den Meister des Tucherschen Altares. Bezüglich des ersteren ließ er die Frage offen, ob die Werke der frühen Phase die verschiedenen Entwicklungsstufen eines Meisters oder die Arbeit zweier verschiedener, in ihrer Kunst nah verwandter Meister darstellten. Dem Meister des Tucherschen Altares schrieb er außer dem Hallerschen Altare und dem Passionsaltärchen der Johanniskirche von den nürnbergischen Gemälden noch zwei Epitaphien und außerdem ein Schutzmantelbild in Heilsbronn zu. In eindringender und eindrucksvoller Charakteristik hat er die Gestalt dieses Meisters umrissen und sie dadurch für die Kunstgeschichte im eigentlichen Sinne erst geschaffen. Den Ausgangspunkt der Nürnberger Malerei erblickt Thode in der böhmischen Kunst; ihre Entwicklung faßte er im wesentlichen als eine immanente, wenn er auch bei zweien, dem Imhof-Meister zugeschriebenen Werken die mögliche Wirksamkeit italiänischer Eindrücke in Betracht zog.

Obwohl Thode seine Untersuchungen in keiner Weise als abschließende betrachtet wissen wollte, hat doch die Erforschung der frühen Nürnberger Malerei (vielleicht darf man sagen: der Nürnberger Malerei des XV. Jahrhunderts überhaupt, seit dem Erscheinen der «Malerschule von Nürnberg» nur sehr geringe Fortschritte gemacht. Bedeutsame Entdeckungen neuer Werke, wie sie in anderen Gebieten der Geschichte der deutschen Kunst einen mächtigen Aufschwung verliehen haben, sind der Nürnberger Malerei noch nicht zu Teil geworden. So hat man sich bisher im wesentlichen mit den gesicherten Resultaten Thodes begnügt und nur in vereinzelten Betrachtungen diesen etwas hinzuzufügen unternommen.

Thode hatte dem Meister des Tucherschen Altares ein mit dem Namen d Pfenning bezeichnetes Kreuzigungsbild in Wien zugeschrieben und nach ihm den Meister benannt. Dagegen erhob sich Widerspruch. Zuerst wies G r a u s (D. Pfenning, Kunstchronik N. F. II, 1890/91, S. 559—562) auf eine im Dom zu Graz befindliche und dem Pfenningschen Bilde sehr verwandte Kreuzigungsdarstellung hin. P ü c k l e r - L i m p u r g (D. Pfenning und der Tucheraltar zu Nürnberg, Kunstchronik 1900/01, N. F. XII, S. 161—164) verneinte jede Beziehung zwischen dem Meister des Wiener Bildes, den er in den Zusammenhang der österreichisch-bayerischen Kunst einreihte, und dem Meister des Tucherschen Altares, den er, sein Hauptwerk 1440 datierend, für einen in den 40er Jahren des XV. Jahrhunderts tätigen Künstler erklärte. Die Entscheidung dieser Pfenning-Frage brachte S t i a s s n y (Altsalzburger Tafelbilder, Jahrbuch der kunsthistorischen Sammlungen des Allerhöchsten Kaiserhauses XXIV, 1903, S. 49—57), indem er feststellte, daß das Wiener Bild aus Salzburg stammte, wo sich in der Tat der Name des Meisters, wenn auch einstweilen noch nicht seine Person nachweisen läßt; zugleich bestimmte er den Meister des Grazer Kreuzigungsbildes, der das Werk Pfennings in nicht unselbständiger Weise nachahmt, auf Grund einer von Graus gelesenen Inschrift als den Schwaben Konrad Laib von Eßlingen.[1]

Auf dem Standpunkt Thodes stehen im wesentlichen L e h m a n n (Das Bildnis bei den altdeutschen Meistern, Leipzig 1900, S. 147—190), S c h u l z (Katalog der historischen Ausstellung der Stadt Nürnberg 1906, Nürnberg 1906; Von der historischen Ausstellung in Nürnberg, Zeitschrift für christliche Kunst XIX, 1906, S. 132 ff.) und R e d s l o b (Die fränkischen Epitaphien im vierzehnten und fünfzehnten Jahrhundert, Mitteilungen des Germanischen Nationalmuseums 1907, S. 6 ff. u. 53 ff.).

Von Wichtigkeit war die Bemerkung P ü c k l e r L i m p u r g s (Die Nürnberger Bildnerkunst, Straßburg 1904, S. 77 ff.), daß der Deocarus-Altar nicht, wie man bisher (abgesehen von

---

[1] Neuerdings leugnet Suida (Repertorium XXXI, 1908, S. 37—41) die Persönlichkeit Pfennings ganz, indem er, das Wort Pfenning der Inschrift für Pfand = Gabe erklärend, dieser Inschrift die Bedeutung gibt: «den Pfenning bring ich dar nach meinen Kräften» und indem er den Meister des Wiener Bildes mit dem Konrad Laib der Grazer Kreuzigung identifiziert, in welchem er einen Schüler von Witz in Basel, von Moser in Weil der Stadt und zugleich des Tucher-Meisters in Nürnberg erblickt. Einmal würde bei seiner Erklärung der Inschrift die Jahreszahl sehr störend mitten im Satze stehen: «Den Pfennig bring ich 1449 dar»; dann wäre es doch eine völlig singuläre Tatsache, daß ein Maler von sich aus (denn an einen Stifter dürften wir bei dem fehlenden Stifterportrait nicht wohl als Subject der Inschrift denken) eine Altartafel stiftet; auch die Bezeichnung einer Altartafel als Pfennig wäre befremdend, und schließlich, wenn man alles das gelten lassen wollte, müßte man doch wohl aus stilkritischen Gründen einen alsdann anonymen Meister von 1449 von dem Konrad Laib von 1457 unterscheiden. Ich möchte darum an der Existenz Pfennings festhalten. Das Bild vom Tod der Maria im Seminario patriarcale zu Venedig, das Thode als Pfenning bestimmt und Voss (Zeitschrift für bildende Kunst N. F. XIX, 1908, S. 100) veröffentlicht hat, legt meines Erachtens doch den Gedanken nahe, daß der Meister ältere Nürnberger Werke (aber nicht des Tucher-Meisters) gekannt hat; die Darstellung, bei der Maria vom Bett gelöst und an den Betstuhl versetzt ist, entspricht im Schema ähnlichen Nürnberger Darstellungen (Glockengießer-Epitaph in St. Lorenz, Zeichnung in Erlangen), auch Typen wie der Apostel links hinten können an Erscheinungen der Nürnberger Kunst erinnern. Daß dieses Bild sich gerade in Venedig befindet und wohl von jeher sich dort befand, beweist noch nichts für einen Aufenthalt des Malers in Italien: der Fondaco dei Tedeschi besaß von alters her eine Sammlung von Gemälden (vgl. Simonsfeld, Der Fondaco dei Tedeschi, 2. Bd., Stuttgart 1887, S. 130) und gerade Salzburg spielte am Fondaco eine wichtige Rolle. Auch das Bild des Hausbuch-Meisters mag auf diesem Wege nach Venedig verschlagen worden sein.

Schnaases unbeachtet gebliebenem Zweifel) angenommen, einer
Stiftung des Jahres 1437 entstammt, sondern in seinem oberen
Teile schon 1406 geweiht wurde und demnach kein einheitliches Werk bildet. D ö r n h ö f f e r fügte in einer Betrachtung über die Nürnberger historische Ausstellung (Beiträge
zur Geschichte der älteren Nürnberger Malerei, Repertorium
XXIX, 1906, S. 441 ff.) dem Werke des Tucher-Meisters noch
das Portrait eines Jünglings im Germanischen Museum hinzu und
suchte den Stil dieses Künstlers durch die Kenntnis des Meisters
von Flémalle zu erklären. Schließlich darf ich in diesem Zusammenhang meinen Aufsatz «Das Triptychon der St. Johanniskirche zu Nürnberg» (Repertorium XXX, 1907, S. 299—313)
nennen, in dem ich, ausgehend vom letzten Werke des Tucher-
Meisters, auf Grund dreier Inschriften seinen Namen festzustellen und zugleich die Quellen seines Stiles nachzuweisen
unternahm, damals noch in der Hauptsache an der geltenden
Gruppierung der Werke festhaltend.

Mit der Betrachtung der Werke ist in der Nürnberger
Kunstgeschichte von je her die urkundliche Forschung über die
Nürnberger Künstler Hand in Hand gegangen. Der erste war
auch hier M u r r , der in seinem «Versuch einer nürnbergischen Kunstgeschichte vor den Zeiten Albrecht Dürers» (Journal
zur Kunstgeschichte und zur allgemeinen Litteratur II, 1776,
S. 31—74, XV, 1787, S. 23—50) sämtliche Künstlernamen, die
er in den Urkunden, namentlich in den alten Bürger- und
Steuerlisten, finden konnte, zusammengestellt hat. Seine Aufzeichnungen sind noch heute für uns von Bedeutung, weil
manche der Steuerlisten, die ihm zur Verfügung standen,
nicht auf uns gekommen sind. Der um die urkundliche Erforschung der Nürnberger Kunstgeschichte mannigfach verdiente
B a a d e r fügte diesen noch eine Reihe von Namen hinzu
(Beiträge zur Kunstgeschichte Nürnbergs I, Nördlingen 1860,
S. 1—6, II, Nördlingen 1862, S. 50, Jahrbücher für Kunstwissenschaft I, 1868, S. 226) und berichtete über Aufträge, die
den älteren Meistern zu Teil geworden (Beiträge II, S. 1—6).

In neuerer Zeit haben dann die überaus sorgfältigen und eingehenden Untersuchungen G ü m b e l s unsre Kenntnis über die urkundlich nachweisbaren älteren Nürnberger Künstler auf eine völlig neue Grundlage gestellt. In seinem Aufsatz «Meister Berthold von Nürnberg, ein Glied der Familie Landauer» (Repertorium XXVI, 1903, S. 318—327) stellte er die Lebensdaten jenes Meister Berthold zusammen, den Thode mit dem Meister des Imhofschen Altars identificiert hatte. Für die Beziehungen der frühen Nürnberger Malerei zu Prag war der Aufsatz «Sebald Weinschröter, ein Nürnberger Hofmaler Karls IV.» (Repertorium XXVII, 1904, S. 13—23, Nachtrag chend. S. 512— 514) von großer Bedeutung. Vor allem aber lieferten seine «Archivalischen Beiträge zur älteren Nürnberger Malereigeschichte» (Repertorium XXVIII, 1905, S. 227—243, Nachtrag chend S. 516; XXIX, 1906, S. 326—386; XXX, 1907, S. 27—65) in umfassendster Weise das Urkundenmaterial über die Nürnberger Maler und damit die Grundlage zu jeder künftigen archivalischen Untersuchung. Wenn auch dieses reiche Material bei dem fast völligen Fehlen von gesicherten Verbindungen zwischen Künstlernamen und erhaltenen Werken fürs erste, ja vielleicht für immer ein totes Capital bleiben muß, so kann doch seine Betrachtung für uns lehrreich werden. Wer daraus ersehen hat, wie zahlreiche Meister, die sicherlich nicht immer bloße Tüncher waren, durch ihren Beruf zu Ansehen und Wohlhabenheit gelangten, der wird doch Bedenken tragen, die nicht geringe Zahl erhaltener, vortrefflicher Werke um ganz wenige Meisternamen zu gruppieren.

Die vorliegenden Untersuchungen wurden veranlaßt durch das Interesse für einen der größten deutschen Maler des XV. Jahrhunderts. Der Wunsch, sein Werk in seiner Gesamtheit vor Augen zu führen, seine Kunst zu erklären und ihm selbst in der künstlerischen Entwicklung seiner Heimat seine Stelle zu geben, hat sie zu diesem Buche erweitert. Die Ergebnisse der Untersuchungen Thodes werden durch sie in einigen und, wie ich glaube, nicht unwichtigen Punkten ergänzt und präcisiert.

Vor allem war es mein Bestreben, soweit als möglich eine gesicherte chronologische Grundlage für die Geschichte der frühen Nürnberger Malerei zu gewinnen; sodann nötigte mich die eingehende Betrachtung der Werke zu einer weitergehenden Scheidung der ausführenden Hände; und schließlich suchte ich nach Möglichkeit die ihren Stil bestimmenden Factoren festzustellen. In keiner dieser Beziehungen möchten diese Untersuchungen als abschließende gelten; wenn sie zur weiteren Erforschung eines der bedeutungsvollsten Capitel der deutschen Kunstgeschichte den Anstoß geben, halten sie ihre Aufgabe für erfüllt.

II.

Werke des ersten Stiles.

1. Der Meister der Morizkapelle.

Ueber die ersten Anfänge der Tafelmalerei in Nürnberg
sind wir durch erhaltene Werke nur wenig unterrichtet. Eine
Reihe kleiner Bilder im Germanischen Museum, der übermalte
Hochaltar der Jakobskirche, ja selbst der Schmerzensmann der
Klosterkirche zu Heilsbronn dürfen nicht an den Anfang einer
neuen künstlerischen Entwicklung gestellt werden, denn es
führt kein erkennbarer Uebergang von ihnen zu den Werken
des neuen Stiles; sie bezeichnen vielmehr das Ende der mittelalterlichen Kunstübung in Nürnberg.

Eine Urkunde, die Gümbel gefunden, wirft auf die Entstehung des neuen Stiles einiges Licht.[1] Am 30. December 1360
verlieh Kaiser Karl IV. in Ansehung der «nützen und ge-
treuen dienst, die unser lieber getreuer Seholt Weinschröter, der moler, unser hofgesind, burger ze
Nüremberg, oft getan hat und noch getûn mag und sol in künftigen zeiten», dem genannten Künstler einen Zehnten zu Röthen-
bach an der Schwarzach bei Nürnberg. Dieser Sebald Weinschröter, vermutlich der Sohn eines Malers Hermann Weinschröter aus Hippoltstein, der zwischen 1305 und 1312 in Nürnberg erwähnt wird, hatte sich 1348 an dem Aufstand der

---

[1] Vgl. Gümbel, Sebald Weinschröter, ein Nürnberger Hofmaler Karls IV.,
Repertorium XXVII, 1904, S. 13—23, Nachtrag dazu, ebend. S. 512—514.

Handwerker beteiligt und war nach dem Siege der Geschlechter am 7. Oktober 1349 lebenslänglich aus der Stadt verbannt worden. Trotzdem finden wir ihn 1357 wieder in Nürnberg ansässig, woselbst er ein Haus kaufte. Nach Gümbels sehr ansprechender Vermutung fällt seine Tätigkeit im Dienste des Kaisers wohl in die Zeit seiner Verbannung, und die Dienste, die noch von ihm erwartet werden, dürften mit der malerischen Ausschmükkung der von Karl IV. gestifteten,[1] 1355—1361 erbauten und demnach wohl im Anfang der 60er Jahre im Innern zu vollendenden Frauenkirche im Zusammenhang stehen. Können wir auch kein Werk mehr nachweisen, das dem mutmaßlichen Stile dieses schon vor 1363 gestorbenen Sebald Weinschröter entsprechen könnte, so ist doch jene Urkunde für uns von großer Wichtigkeit als ein directes Zeugnis für die unmittelbaren persönlichen Beziehungen eines hervorragenden Nürnberger Malers zu dem Hofe Karls IV. und damit zu der durch den Kaiser ins Leben gerufenen Kunst von Prag.

——— --

Das erste Zeugnis eines neuen und großen, nicht mehr mittelalterlich befangenen Stiles in Nürnberg finden wir auf dem Gebiete der Wandmalerei. Im Jahre 1902 kamen bei Restaurationsarbeiten in der Morizkapelle im zweiten, dritten, vierten und sechsten Bogenfeld der linken Seitenwand alte Wandgemälde zum Vorschein, die in der Litteratur bisher noch keine Beachtung erfuhren, die aber für die Frage nach dem Ursprung der Nürnberger Malerei von Bedeutung sind.[2] Die Darstellung im zweiten Bogenfeld, ein Christophorus im Sinne jener handwerksmäßigen Riesenbilder des XV. Jahrhunderts,

---

[1] Nach Meisterlins Chronik wurde die Marienkirche auf Befehl Karls IV. vom 16. November 1349 «köstlich gebawet auf seine kaiserliche gab, die er dazu that und geweihet in der ere der obristen fürsprecherin des römischen reichs. der reinen junckfrawen Maria».

[2] Die Morizkapelle diente im Anfang des XIX. Jahrhunderts als Holzmagazin, wurde Ende der 20er Jahre von Heideloff restauriert und zum Bildersaal hergerichtet. Da Murr (Beschreibung der vornehmsten Merkwürdigkeiten in Nürnberg, Nürnberg 1778, S. 49—51 bei der Beschreibung der Kapelle keine Wandmalereien erwähnt, dürften diese schon lange vor seiner Zeit von der Tünche bedeckt gewesen sein.

kommt hier nicht in Betracht; ein Crucifixus im dritten Bogenfeld, der zum Schutze gegen den Rauch des Ofens gleich wieder
überdeckt werden mußte, ist mir nicht bekannt geworden.

Die wichtigste und zugleich die umfangreichste der Darstellungen (sie reicht über das Bogenfeld hinaus bis in die Mitte
der Seitenwand) findet sich im sechsten Felde und schildert
das Martyrium der b. Ursula, des Papstes und der 11 000 Jungfrauen. Die Breite des Bildes wird von dem Schiffe einge-
nommen, das auf seinem Segel das Kreuzeszeichen trägt. In
ruhiger Gelassenheit erwarten die Jungfrauen im Schiffe den
Tod. Im Vordergrund stehen vier heidnische Mörder, scharf
im Profil gezeichnet; zwei von ihnen haben zwei Jungfrauen
am Kopfe gepackt und suchen sie ins Wasser zu ziehen, wo
schon die Leichen dreier Märtyrerinnen schwimmen; der dritte
hat den Papst an der Tiara über den Schiffsrand gezogen und
ist gerade im Begriffe, ihm mit dem Schwerte den Kopf ahzu-
schlagen, während der vierte die Armbrust auf die heilige
Schar anlegt. Am anderen Ufer des Flusses, in der perspectivischen Darstellung des Bildes also gerade über dem Schiffe,
stehen noch zwei Heiden. Den Hintergrund bildet eine hügelige,
von Bäumen bestandene Landschaft; zur rechten erheben sich
die Mauern, Türme und Tore des alten Köln. In der Höhe
schweben sechs Engel, die auf Tüchern die Seelen der Ge-
mordeten gen Himmel tragen.

Die Malerei ist nicht gut erhalten. Links oben ist etwa
ein Fünftel des ganzen Bildes mit einem Teile der Landschaft
und einigen Engeln weggebrochen, durch die ganze Breite des
Bildes ist ein Querbalken gelegt und viele teils größere, teils
kleinere Stellen über das Ganze hin sind zerstört. Dafür ist
freilich die Malerei — heute wenigstens noch — von Restaurationen und Uebermalungen völlig frei.

Die malerische Behandlung ist breit, sicher, von frischer
Natürlichkeit. Der Meister weiß nicht nur die Handlung in
ihren allgemeinen Zügen, sondern schon die ihr zu Grunde
liegenden oder von ihr ausgelösten Affecte darzustellen:
die fromme, gläubige Zuversicht der Jungfrauen ist ebenso zum
Ausdruck gebracht wie die rohe Blutgier der Mörder. Die
Farben sind hell, aber kräftig; in den Gewändern der Jung-

frauen dominiert ein entschiedenes Hellrot und Blau, denen sich ein lichtes Moosgrün und, im Gewand des Papstes, ein helles Violett gesellt.

Diesem Werke steht ein weiteres Wandbild nahe, das 1905 bei der großen Restauration der Sebalduskirche im mittelsten Chorjoch hinter dem Petrusaltar gefunden wurde und das nun, von der Wand gelöst, ebendort im Ostchor der Kirche angebracht ist (vgl. Otto Schulz, Die Wiederherstellung der St. Sebaldkirche in Nürnberg 1888—1905, Mitteilungen des Vereins für Geschichte der Stadt Nürnberg XVII, 1906, S. 275). Das Bild enthält Scenen aus der Geschichte des Apostels Paulus (nicht Petrus, wie Schulz angibt). Es zeigt eine Reihe charaktervoller Männergestalten mit langen, gewellten, zugespitzten und nach den Enden zu etwas abflatternden Bärten, alle Gestalten in höchst lebensvolle Beziehungen zu einander gesetzt. Es ist bemerkenswert, wie der Maler die Sprache der Hände dazu benutzt, um seine Darstellung zu verdeutlichen und ihr Leben zu verleihen.

Die Ursula-Legende der Morizkapelle erlaubt eine ungefähre Datierung. Sie trägt unten links das Wappen der Mendel, rechts das Wappen der Waldstromer, ist also eine Stiftung des jüngeren Marquard Mendel, der in erster Ehe mit einer Waldstromerin verheiratet war. Nach dem großen von Conrad Haller angelegten Geschlechterbuch, dem sog. Hallerbuch im Nürnberger Kreisarchiv (Ms. Nr. 151, fo. 293a)[1] kam er 1429 zu Rat und

---

[1] Diese große Genealogie der sämtlichen ratsfähigen und ehrbaren Geschlechter Nürnbergs wurde von Conrad Haller dem Aelteren 1533 angefangen, durch seinen Stiefsohn Hieronymus Spalter geschrieben und 1535 dem Nürnberger Rat verehrt. Es enthält die bei weitem zuverlässigsten, nahezu erschöpfenden Angaben über den Bestand der Familien im XV. Jahrhundert mit den beigefügten colorierten Wappen und Alliancewappen jedes einzelnen Gliedes. (Ich habe es bei meinen chronologischen Bestimmungen durchgehends zur Grundlage genommen.) Biedermanns «Geschlechtsregister des Patriciats zu Nürnberg» (Bayreuth 1748) kann gegenüber dem Hallerbuch nur subsidiäre Geltung beanspruchen. Für die Imhofsche Familie ist neben dem Hallerbuch maßgebend die überaus sorgfältige Genealogie im Imhofschen Familienarchiv, für die Tuchersche Familie die von Dr. Christoph Scheurl verfaßte Genealogie dieses Geschlechtes im Tucherschen Besitze. Daneben kommt noch eine handschriftliche Genealogie der Familien Tucher, Imhof und Haller in der Bibliothek des Germanischen Museums in Betracht.

starb jung, nachdem er sich noch in zweiter Ehe mit einer Pömerin vermählt. Rötenbeck teilt in seiner «Descriptio Epitaphiorum et Monumentorum der beiden Hauptkirchen zu St. Sebald und St. Laurentzen» (Ms. des Nürnberger Kreisarchivs Nr. 143) die Inschrift seines Totenschildes mit: er starb 1437. Sein Vater, der ältere Marquard Mendel, der Stifter der Karthause, ist 1385 gestorben. Wenn die Nachricht des Hallerbuches richtig ist, daß der Sohn kein hohes Alter erreicht habe, muß er beim Tode des Vaters noch ein Kind gewesen sein. Wir werden darum das von ihm gestiftete Wandbild der Morizkapelle, das in die Zeit seiner ersten Ehe fällt, auf keinen Fall früher als in den Anfang des XV. Jahrhunderts setzen dürfen.[1]

Diese beiden Wandmalereien in der Morizkapelle und in der Sebalduskirche sind aber nicht die ältesten, die uns in Nürnberg erhalten sind; ihnen geht eine andere vorauf, die ebenfalls in der Morizkapelle, im vierten Bogenfelde, zu Tage gekommen ist. Sie ist im einzelnen besser erhalten wie das Martyrium der hl. Ursula, doch ist bei ihr ein im Verhältnis noch größeres Stück, etwa ein Viertel des ganzen übrigen Teiles, weggebrochen. Ihren Inhalt weiß ich nicht mit Bestimmtheit zu deuten. Oben ist eine Szene in einem Garten dargestellt: ein Bote überreicht einer Jungfrau, vor ihr das Knie beugend, einen Brief, während über dem Kopf der Jungfrau ein großer Vogel mit ausgebreiteten Flügeln schwebt. In der unteren Reihe finden sich drei weitere Szenen, die in einer offenen, säulengetragenen Architektur spielen: ein bärtiger König mit Krone und Purpurmantel, von einem grüngekleideten Pagen gefolgt, trägt ein Knäblein; derselbe König, vom selben Pagen begleitet, hält das Knäblein, das hier einen Heiligenschein hat, über ein Taufbecken, wo es ein bartloser, in einen hermelinbesetzten Purpurmantel gekleideter Mann in Empfang nimmt, während Frauen im Hintergrunde zuschauen; die dritte Szene, die am schwersten zu erkennen ist, scheint eine Schule darzustellen, in die der König hineintritt, während der Knabe unter anderen Kindern vor einem großen aufgeschlagenen Buche sitzt.

---

[1] Die Morizkapelle war 1313 von Eberhard Mendel gestiftet (Murr, a. a. O., S. 49), stand also zur Mendelschen Familie in besonderen Beziehungen.

Der Stil dieser Wandmalereien ist altertümlicher als der im Martyrium der hl. Ursula oder in der Pauluslegende, aber doch nicht ohne Beziehung zu diesen. Gehören jene späteren Werke in den Anfang des XV. Jahrhunderts, so dürfen wir diese etwa in das letzte Viertel des XIV. Jahrhunderts setzen.

Welche Stelle diese Fresken in der Geschichte der Nürnberger Wandmalerei einnehmen, läßt sich nicht mit Bestimmtheit sagen. Der malerische Schmuck der Frauenkirche, der ihnen zeitlich vorangegangen sein muß, ist nicht im ursprünglichen Zustand auf uns gekommen. Was aus der späteren Zeit sich erhalten hat oder wieder aufgedeckt wurde, ist zu spärlich und zudem zu sehr restauriert, um ein sicheres Urteil zu gestatten.[1] Die Geschichte der Wandmalerei in Nürnberg wird wohl immer ungeschrieben bleiben müssen. Dagegen sind jene Fresken von größter Bedeutung für die ersten Anfänge der Tafelmalerei in Nürnberg, denn die ersten Tafelgemälde, die der neue Stil hier geschaffen hat, stehen mit ihnen in unmittelbarem Zusammenhang.

Diese Werke, in denen zuerst Thode den Ausgangspunkt der Nürnberger Tafelmalerei vermutete, sind zwei Tafeln des Germanischen Museums, von denen die eine den bethlehemitischen Kindermord, die andere auf der Vorderseite die Bestattung der Maria, auf der Rückseite die Geißelung Christi zeigt (Katalog Nr. 91 u. 90).[2] Die Provenienz der beiden Tafeln ließ

---

[1] Zur gleichen Zeit mit den Malereien der Morizkapelle wurden auch in der Kirche des Heiligengeist-Spitales Wandmalereien (Apostelgestalten u. a.) aufgedeckt, über die Zucker im Christlichen Kunstblatt, 44. Jahrgang, 1902, S. 129—131 kurz berichtet hat. Diese Fresken wurden von einem Münchener Restaurator wiederhergestellt. Ueber die Art dieser Wiederherstellung verweise ich auf den Aufsatz von Dr. Fritz Traugott Schulz «Die Wiederherstellung der Heilig-Geistkirche in Nürnberg» (Süddeutsche Bauzeitung 1905, Nr. 8 u. 10), so z. B. (S. 65): «Schwierig gestaltete sich die Wiederherstellung des Matthias mit dem Beil, da unter demselben noch ein Johannes zum Vorschein kam. Professor * * * mußte sich hier zum dem Ausweg verstehen, aus den beiden Figuren, so gut es anging, eine zu machen». «Die Ergänzung des Andreas und Jakobus an der Südseite ist mit Verständnis durchgeführt. Der Laie wird hier kaum den Eindruck gewinnen, daß Brust und Kopf bei diesen Figuren neu sind». Eine Wiederherstellung steht nun auch den ungleich bedeutenderen Malereien der Morizkapelle bevor. Eine photographische Aufnahme der Wandmalereien der Heiliggeistkirche vor ihrer Wiederherstellung hat man für unnötig gehalten, eine solche der Wandmalereien in der Morizkapelle wurde mir versagt.

[2] Abb. der Bestattung Mariae bei Thode, a. a. O., Taf. 5; Abb. des Kindermords und der Geißelung Tafel 1a u. b.

sich nicht feststellen; sie scheinen zu dem aus Bildern der alten Nürnberger Kirchen zusammengestellten Grundstock der Sammlung zu gehören. Die überaus seltene Darstellung einer Bestattung der Maria[1] läßt vermuten, daß sie aus einer zur Himmelskönigin in besonderen Beziehungen stehenden Kirche, etwa der Frauenkirche oder der Kirche des Karthäuserklosters zu unsrer Frauen Celle stammen. Die Maße der doppelseitig bemalten Tafel betragen in Höhe und Breite 107 $\times$ 135 cm, die der andern Tafel 90 $\times$ 121 cm.

Die Composition dieser drei Darstellungen ist, in den Grenzen ihres Könnens, frisch und flott entworfen. Offenbar beherrscht der Maler seine freilich beschränkten Ausdrucksmittel, und ohne Aengstlichkeit weiß er seinen Stoff zu gestalten. Ueberzeugend ist in der Darstellung des bethlehemitischen Kindermords der Auftrag geschildert, den König Herodes dem ehrfürchtig-aufmerksam lauschenden Krieger erteilt, anschaulich der Kindermord selbst in den drei Gruppen der Mutter, die voll Seelenangst ihr nichtsahnendes Kind an sich preßt, des Schergen, der der andern Mutter das Kind entreißt, und des dritten Schergen, der ein Kind mit seinem Schwerte durchbohrt. Mutterangst und Mordgier sind hier gleich lebensvoll zur Anschauung gebracht.[2] Noch weiter in diesem Streben nach Lebenswahrheit im Rohen, Grausamen geht die Darstellung der Geißelung Christi. Mit welcher Freude am Quälen stemmt sich hier der eine Scherge mit beiden Füßen gegen die Säule, den Strick fest anziehend, der die Beine Christi umschnürt, wie leuchtet die Blutgier aus den Augen des Mannes, der eben zu neuem Folterwerk sich die Rute bindet. Gehalten, maßvoll, wie es der Gegenstand bedingt, ist die Bestattung Mariae dargestellt. In stiller Trauer zum Himmel aufschauend tragen die Apostel die Bahre, während die Juden, die es gewagt, den Leichenzug

---

[1] In der Nürnberger Kunst kenne ich nur noch die Darstellung an der Sebalduskirche sowie die Bestattung Mariae auf dem Christgartener Altar des Schäufelein im Germanischen Museum. Aus späterer Zeit, dem XVI. Jahrhundert angehörig, ist eine dem Nürnberger Bild inhaltlich völlig entsprechende bayerische Darstellung in Schleißheim (Nr. 68).

[2] Dem Kindermord steht in den Typen das kleine Bild der hl. Sippe im Besitz des Fräulein von Przibram in Wien offenbar sehr nahe, das mir im Original nicht bekannt ist.

aufzuhalten, mit gelähmten Händen zu Boden gesunken sind.[1] (Die Composition dieser Bestattung hat zum Vorbild zwar nicht im einzelnen, aber in der allgemeinen Anordnung des von links nach rechts schreitenden Zuges und der zwischen den Trägern der Bahre niedersinkenden Juden die Reliefdarstellung der gleichen Szene im Tympanon des Nord-(Marien-)Portals der Sebalduskirche.)

Von den Typen dieser Bilder ist charakteristisch der Typus des Schergen mit stark gebogener Nase und wulstigen Lippen, der Typus des Herrschers mit langem, gewellten Barte, in den der gleichfalls lange Schnurrbart verläuft, mit großer etwas gebogener Nase und starken, durch Falten geschiedenen Augenbrauen, ferner der Typus des Apostels, von mildem, freundlichen Gesichtsausdruck, mit gekraustem Haar und kurzem, ebenfalls gekrausten Bart, kurzer Nase und etwas verdicktem Ohr. Im einzelnen ist namentlich der platte, breite Fuß mit den überlangen, parallelen Zehen charakteristisch. Die Gewänder verlaufen in weichen, fließenden, niemals gebrochenen Falten.

Die Farben sind außerordentlich licht. Der jugendliche Jünger auf der Bestattung, der die Bahre trägt, ist in ein lichtes Rot, Petrus und der Apostel mit dem Buche sind in ein lichtes Grünblau gekleidet, das Gewand des Apostels, der hinter Johannes einhergeht, ist hell moosgrün, das des einen Juden am Boden hellviolett. Der tiefste Ton dieses Bildes wird vom Zinnoberrot des Gewandes des Johannes gebildet. Dasselbe Rot finden wir im Kindermord im Gewande der einen Frau, während die andere in ein kräftiges, aber keineswegs tiefes Blau gekleidet ist. Bunter ist die Geißelung, bei der das Zinnoberrot, in der Zaddeltracht des Königs und in der Kleidung des einen Schergen, dominiert. Die Haare sind meist rotblond, mit aufgesetztem Gelb, das Incarnat tief, bräunlich, stark mit Weiß gehöht. Die Bestattung und der Kindermord haben goldenen, die Geißelung hat schwarzen Hintergrund.

Die Malweise ist breit, nichts weniger als kleinlich. Es ist die Hand eines Künstlers, der gewohnt war, über größere

---

[1] Die «krampfhaft bewegten Bände, deren Finger so eckig in den Gelenken gebogen sind, daß sie wie gebrochen scheinen» (Thode, a. a. O., S. 47), sind durch die Legende gefordert; Johannes weist auf diese Hände, die von der göttlichen Strafe getroffen sind.

Flächen zu verfügen; ja ich glaube, man darf es geradezu sagen: es ist der Stil eines Wandmalers, nicht der Stil eines Malers, der in gegliederten gotischen Altären sorgfältig Heiligen neben Heiligen stellt.

Die Frage, die Thode noch offen lassen mußte, ob der Maler dieser Tafeln wirklich ein Franke war, läßt sich heute mit Sicherheit entscheiden. Die Tafelbilder stimmen ihrem Stil nach so genau mit jenen Wandmalereien überein, daß es kein Zweifel sein kann, daß auch sie der Nürnberger Schule angehören; ja die Uebereinstimmung in Empfindungsart und Malweise geht so weit, daß auch sie der Werkstatt des Meisters der Ursula-Legende, den ich den Meister der Morizkapelle nennen will, zugewiesen werden dürfen. (Am weitesten geht die Uebereinstimmung in den Schergen- und Mördergestalten, obgleich diese auf dem Wandgemälde bärtig, auf den Tafelbildern bartlos erscheinen. Es sind die gleichen conturierten Profilköpfe mit den starkgebogenen Nasen; man vergleiche etwa den Schergen auf der Geißelung rechts, der die Geißel gegen Christus schwingt, mit dem Heiden, der den Papst mordet, um die Uebereinstimmung nicht nur im Typus, sondern auch in der Haltung und der Art des Stehens zu finden.) Wie erklärt sich nun der Stil dieser Malereien? Thode (a. a. O., S. 47) hat bei den Tafelbildern auf die Prager Malerschule und zwar auf ihre älteren Vertreter als die Vorbilder hingewiesen. Am ehesten scheinen mir durch solche Einflüsse die älteren Fresken der Morizkapelle zu erklären. Manche Schöpfungen aus dem Bildercyclus von Karlstein wie etwa Karl IV. und seine Gemahlin Blanca, Karl IV., der vom Dauphin die Dornen Christi empfängt oder Karl IV., ein Reliquienkreuz verehrend, in der Marienkirche (Neuwirth, Mittelalterliche Wandgemälde und Tafelbilder der Burg Karlstein in Böhmen, Tafel X—XII) scheinen im Stile den ältesten Fresken der Morizkapelle unmittelbar voraufzugehen, wenn sie auch in manchem noch befangener und vor allem viel handwerksmäßiger ausgeführt sind als diese. (Namentlich das Profilbild des Königs in der mittleren Scene der unteren Reihe erinnert sehr an das Bild des Kaisers in Karlstein.) Keineswegs scheint mir aber durch die Annahme solcher Einflüsse der Stil der jüngeren Fresken und der Tafelbilder erklärt zu sein. Wennschon auch diesen

Werken eine unmittelbar oder vielleicht auch nur mittelbar aus
der Prager Kunst herkommende Schulung ursprünglich zu Grunde
liegen mag, so gehen sie doch weit über das hinaus, was die
böhmische Kunst in ihrer Spätzeit zu leisten vermochte. Hier
müssen andere, bedeutendere Einflüsse wirksam gewesen sein.
Von woher diese Einflüsse kamen, darüber belehrt uns das
Fresco der Sebalduskirche. Ich glaube, daß angesichts dieses
Werkes kein Zweifel möglich ist, daß sein Schöpfer die Fresken
der Capellen San Felice und San Giorgio in Padua gekannt hat.
Seine Typen erinnern durchweg an die Typen Altichieros und
Avanzos, ja der Landpfleger auf der einen Gerichtsscene der
Pauluslegende erscheint dem zu Rate sitzenden König Ramiro
an der Ostwand der Santo-Capelle unmittelbar nachgebildet.
Auch die Architektur ist die aus den padovanischen Fresken
wohlbekannte. Die Art, wie auf der Scene rechts die niedere
Umfassungsmauer die Gestalten umschließt und sie dem Blicke
freigibt, findet sich in der gleichen Weise auch in Padua.[1]

Aus diesen Betrachtungen ergibt sich ein Zweifaches. Einmal, daß schon in den ersten Anfängen der Malerei in Nürnberg oberitaliänische Einflüsse sich mit den böhmischen verbinden. Dann aber, daß die Tafelmalerei in Nürnberg in einer
ursprünglichen Verbindung mit der Wandmalerei steht. An
anderen Orten, so in Burgund und wohl auch am Rhein,
ist die Tafelmalerei aus der Miniaturmalerei hervorgegangen.
In Nürnberg hat es, wie auch die Untersuchung Raspes
(Die Nürnberger Miniaturmalerei, Straßburg 1907) in ihren
wesentlich negativen Resultaten lehrt, eine bedeutende Miniaturmalerei im XIV. und XV. Jahrhundert nicht gegeben. Hier hat
die Monumentalmalerei ihre Stelle als Lehrerin des Tafelmalers
vertreten. Die betrachteten Werke sind nicht die einzigen, aus
denen wir dies erkennen können.

---

[1] Man könnte daneben auch an einen Einfluß der avignonesischen
Freskenkunst denken. Der Typus der Apostel auf der Bestattung, die
etwas gespreizte Art ihres Stehens und namentlich der platte Fuß mit den
langen, parallelen Zehen erinnert an Gestalten aus der Chapelle St. Jean
in Avignon (man vergleiche etwa den Petrus dortselbst. Doch können
solche Elemente wohl auch durch die von Avignon her beeinflußte böhmische
Kunst vermittelt sein.

Die Versuchung, von erhaltenen Werken die Brücke zu schlagen zu überlieferten Künstlernamen ist groß, und vielleicht zu oft hat die Kunstgeschichte ihren Weg über solche trügerische Brücken genommen. Gleichwohl möchte ich hier eine derartige Vermutung aussprechen, ohne ihr mehr Gewicht beizulegen, als einer bloßen Hypothese zukommt.

Thode hat die Gruppe der Werke, in denen er die erste Phase der Nürnberger Tafelmalerei erkannte, mit dem Namen eines Meisters in Zusammenhang gebracht, jenes M e i s t e r B e r t h o l d, von dem damals bekannt war, daß der Rat ihn im Jahre 1423 mit dem bedeutendsten Auftrag, den er zu vergeben hatte, der malerischen Ausschmückung des Rathauses, betraute. Diese Benennung hat, trotz einiger Fragezeichen, Beifall gefunden, und seitdem Gümbel (Repertorium XXVI, 1903, S. 318 ff.) Meister Berthold als ein Mitglied der Familie Landauer festgestellt, hat man sich gewöhnt, den Meister des Imhofschen Altares allgemein B e r t h o l d L a n d a u e r zu nennen. Dabei hat man sonderbarer Weise übersehen, daß gerade durch die Feststellung Gümbels über die Person Meister Bertholds Thodes Identificierung unhaltbar geworden ist.

Berthold Landauer ist, wie wir nunmehr wissen, 1396 Bürger in Nürnberg geworden und zwischen 1430 und November 1432 dortselbst gestorben. Von siebzehn Werken, die Thode dem Meister Berthold zuschreibt, lassen sich zehn datieren.[1] Ich gebe hier die Daten:

Nach 1413 Imhof-Rothflasch-Epitaph in S. Sebald.
Vor 1419 Deichslerscher Altar, Berlin.
1418—1422 Imhof-Altar, S. Lorenz.
1429 Bamberger Passionsaltar, München.
1433 Tod Mariae, S. Lorenz.
1434 Epitaph der Walpurg Prünsterin, Germanisches Museum.
1437 Deocarus-Schrein, S. Lorenz.
1437 Nothelfer-Altar, S. Jakob.

---

[1] Ich nehme hier Datierungen voraus, die erst im Folgenden ihre Begründung finden werden. Sie stehen indes, bis auf die Datierung der Imhofschen Madonna, mit den Ansetzungen Thodes nicht im Widerpruch.

1443 Epitaph des Gerhaus Ferin, München.
1449 Imhofsche Madonna, S. Lorenz.

Von diesen zehn datierbaren Werken fallen also sechs gar nicht mehr in die Lebenszeit Berthold Landauers. Aber auch wenn man die Werke, wie ich dies tue, teilen wollte, ist es doch sehr unwahrscheinlich, daß Berthold auch nur der Schöpfer der früheren, noch zu seinen Lebzeiten entstandenen wäre, denn seine Tätigkeit beginnt schon in den letzten Jahren des XIV. Jahrhunderts, das früheste Werk aber, das wir dem Imhof-Meister zuschreiben können, fällt gegen die Mitte des zweiten Jahrzehnts des XV. Jahrhunderts und hat andere (italiänische) Werke zur Voraussetzung, die erst im Anfang dieses Jahrhunderts entstanden sind. Ich schließe daraus, daß der Name Berthold Landauers aus jeder Verbindung mit den Werken des Meisters vom Imhofschen Altare zu lösen sein wird.

Wer aber war Berthold Landauer? Offenbar ein Meister, dessen Bildung noch in der Kunst des XIV. Jahrhunderts wurzelt. Wenn wir aus dem Auftrag, den ihm der Rat erteilte, einen Schluß ziehen dürfen, so muß das Gebiet seiner künstlerischen Tätigkeit vorwiegend die Wandmalerei gewesen sein. (Einen so ausgesprochenen Tafelmaler wie den Meister des Imhofschen Altars können wir uns kaum als Wandmaler vorstellen.) Und schließlich dürfen wir von Berthold Landauer annehmen, daß er die böhmisch-fränkisohe Kunst jenes Sebald Weinschröter fortgeführt hat; denn in den Steuerlisten erscheint er von 1400 ab genau an der Stelle, an der wir in den Steuerlisten von 1392 und 1397 Fritz Weinschröter, den Sohn und Nachfolger jenes Sebald finden. 1396 ist Berthold Landauer Bürger geworden, läßt sich aber in der Steuerliste des folgenden Jahres noch nicht als selbständiger Meister nachweisen; in der Steuerliste von 1400, in der er im Weinschröterschen Hause wohnend erscheint, finden wir Fritz Weinschröter nicht mehr: es kann daher kein Zweifel sein, daß er der Nachfolger dieses älteren Malers geworden ist.

Diese drei Kriterien der Zeit und des Gebietes der künstlerischen Tätigkeit und der Beziehungen zur älteren Kunst treffen nun auf den Meister der Morizkapelle zu, und wenn man Thodes plausiblen Gedanken von der Verbindung des geachtetsten Malernamens einer Periode mit den bedeutendsten Werken der gleichen Periode noch einmal anwenden darf, so sehe ich keinen Grund, der uns hindern könnte, den Meister der Morizkapelle mit B e r t h o l d L a n d a u e r zu identificieren.

Diese Hypothese hat noch eine Consequenz. Dürfen wir den Namen Meister Bertholds mit dem Stile verbinden, wie er uns in dem jüngeren Fresco der Morizkapelle begegnet, so haben wir uns wohl die Kunst jenes F r i t z W e i n s c h r ö t e r in der Art jener älteren, im Stile den anderen Schöpfungen voraufgehenden und sie vorbereitenden Fresken der Morizkapelle zu denken.

2. Der Meister des Zwölfboten-Altares.

Zu den Werken, die von jeher als die Repräsentanten der frühen Nürnberger Tafelmalerei gegolten haben, gehört auch der (heute so genannte) D e o c a r u s - A l t a r , der sich in der Lorenzkirche links am letzten Pfeiler vor dem Chore befindet.[1] Der Altar besteht aus einem großen Schreine, der in Holzschnitzerei die Figuren Christi, des hl. Deocarus und der zwölf Apostel in zwei übereinander geordneten Reihen enthält, während die Flügel im Innern die Transfiguration, Petri Wandel auf dem Meere, Christi Auferstehung und das Abendmahl, außen vier Scenen aus der Legende des hl. Deocarus zeigen. Dieser Altarschrein steht auf einem zweiten, heute leeren Schreine, der auf seinem Grunde die große liegende Gestalt des hl. Deocarus von vorne gesehen, auf der Rückseite des Grundes dieselbe Gestalt vom Rücken gesehen, auf den Flügeln innen wieder vier Darstellungen aus der Legende des hl. Deocarus, außen die zwölf Apostel enthält. Dieser untere Schrein hat ursprünglich den silbernen Sarkophag mit den Gebeinen des Heiligen umschlossen, der 1524 vom Altar entfernt und in die Sakristei

[1] A b b. T a f e l II, V und VIII.

gestellt, 1811 um 251 fl. verkauft und eingeschmolzen wurde (Hilpert, die Kirche des hl. Laurentius, Nürnbergs Merkwürdigkeiten und Kunstschätze, 2. Heft, Nürnberg 1831, S. 17.). Der Sarkophag trug folgende Inschrift : «Anno Domini 1437 in die St. Egydii completum est hoc opus Sarcophagi in honorem St. Deocari, Abbatis, per Dominum Ludovicum Imperatorem Romanorum huc de Herrieden translati». Das Volkamersche Wappen am Sarge sprach dafür, daß der Stifter Andreas Volkamer gewesen, der 1436 starb und bei St. Lorenz begraben ist. Indem nun Hilpert die Inschrift des Deocarus-Sarkophags auf den ganzen Altar mit seinen beiden Schreinen bezog, sah er auch in dem oberen Teile eine Stiftung des Andreas Volkamer. Hierin ist man ihm allgemein gefolgt und setzte den oberen wie den unteren Schrein ins Jahr 1437. Es ist das Verdienst Pückler-Limpurgs (Die Nürnberger Bildnerkunst, Straßburg 1904, S. 77 ff.), nachgewiesen zu haben, daß die beiden Schreine, die schon in ihren Maßen gar nicht zueinander stimmen (der obere ist 189,5, der untere 183,5 cm lang) und die nur einfach der eine auf den anderen gestellt sind, auch dem Stil nach ganz verschiedenen Perioden angehören. Zugleich hat er auf die Urkunde hingewiesen, die die Datierung des oberen Schreines gestattet.

Diese Urkunde ist ein Pergamentblatt mit Buchschrift aus dem Anfang des XV. Jahrhunderts, das im Sarg des hl Deocarus selbst gefunden wurde und jetzt im Kgl. Kreisarchiv zu Nürnberg (S. I, L. 131, Nr. 12) aufbewahrt wird. Wir erfahren aus dieser Urkunde, wie der hl. Deocarus, der Gründer des Klosters Herrieden und der angebliche Beichtvater Karls d. Gr., in den Kreis der in Nürnberg verehrten Heiligen eintrat und wie ihm zu Ehren der Altar der zwölf Boten neu geweiht wurde. Der Wortlaut der Urkunde ist folgender:

«Anno domini millesimo trecentesimo sedecimo regnante Ludwico Bavaro dissensione existente pro imperio inter ipsum Ludwicum ex una et Fridricum Australem parte ex altera oppidum dictum Herriden Eystetensis diocesis dicto Ludwico rebellans quamplures molestias parti eius per praedas et rapinas et modis aliis multipliciter inferebat, quapropter ipse Ludwicus cum opido Nurembergensi Bambergensis diocesis et aliis civi-

tatibus et oppidis regni in initio quadragesimae de anno prae-
dicto iam dictum opidum Herriden circumvallavit et sexta feria
ante diem palmarum ipsum expugnavit, evertit et omnino per
incendium devastavit. In ea depopulatione per praedictum Ludwicum et oppidanos in Nuremberg tertia feria paschae recollectae
fuerunt sacrae reliquiae beati Deocari confessoris abbatis mo-
nasterii ordinis sancti Benedicti ibidem, quod nunc est Collegium
Canonicorum, cum multis sanctis reliquiis, quae tunc in codem
loco repertae fuerant et translatae huc ad ecclesiam parochialem
sancti Laurentii in Nuremberg et die sancti Stephani protho-
martiris vicesima sexta mense decembris repositae in hac archa
super altare omnium apostolorum, quod altare cum archa a
loco iniquo tunc temporis situm erat sursum versus orientem
directa linea per quadraginta unum pedes translatum est et
denovo desuper edificata Capella et anno domini millesimo
quadringentesimo sexto in die beatorum apostolorum Philippi
et Jacobi ipsum altare et Capella in honore beati Deocari et
omnium sanctorum apostolorum per reverendissimum patrem et
dominum Eyringum Anauerensem[1] Archiepiscopum consecrata,
et praedictae reliquiae cum sua archa super idem altare post
diem Sabbati quinta Junij praesente clero et populo praedictae
parochiae sunt solempniter collocatae».

Es kann sich bei dieser Feier nicht um eine bloße Verschiebung des Altares um 41 Fuß nach dem Chor hin gehandelt
haben, denn eine solche Verschiebung hätte keine neue Con-
secration erforderlich gemacht. Diese Weihung kann nur e i n
Object gehabt haben, nämlich einen neuen Altarschrein, der die
Darstellung der Altarheiligen, also der Apostel und des h. Deocarus, enthalten haben muß. Nun zeigt aber der untere Schrein,
der schon seinem Wappen nach (ganz abgesehen von seiner
später zu besprechenden Inschrift) der Volkamerschen Stiftung
des Jahres 1436 angehört, auf der Innenseite des rechten Flügels
zweimal die Abbildung des oberen Schreines mit seinen drei

---

[1] Nach Will (Von dem Heiligen Deokar, und dessen Gedächtniss und
Reliquien zu Nürnberg. Historisch-diplomatisches Magazin für das Vater-
land und angrenzende Gegenden, 1. Bd., Nürnberg 1781, S. 325 ff.) soll
Anauerensis das Adjectivum der cilicischen Stadt Anavarza sein, deren
Bischof in partibus infidelium Eyringus war.

von Kreuzblumen gekrönten Giebeln und seinen vier Fialen,
ganz so, wie wir heute noch den Schrein vor Augen haben.
Es kann also kein Zweifel sein, daß der untere Schrein 1437
den oberen schon vorfand und, wohl an Stelle eines einfacheren
Sarkophages, bloß unter diesen gestellt wurde. Wir dürfen
demnach den oberen Schrein ohne Bedenken mit dem 1406 ge-
weihten identificieren und ihn dementsprechend datieren.

Wenn nun Pückler-Limpurg ohne weiteres den oberen
Schrein in seiner Gesamtheit für ein einheitliches Werk des
Jahres 1406 nimmt, so vermag ich ihm hierin nicht zu folgen.
Die Malereien an den Außenseiten der Flügel scheinen mir
bedeutend später zu sein als die an den Innenseiten. Sie zeigen
eine viel flüssigere Malweise als die Innenseiten, sie sind in
der perspectivischen Darstellung weit vorgeschrittener und stehen
in Technik und perspectivischem Können den Malereien des
unteren Teiles viel näher als den Malereien auf der Innenseite
der Flügel. Auch sie geben bereits den Altar von 1406 wieder,
allerdings nicht mit der Genauigkeit des unteren Schreines,
(die Giebellinien sind hier nicht gerade, sondern leicht geschwungen). Bei dieser Abbildung sehen wir auf der Außenseite des Schreines die Gestalten der Madonna und zweier
Apostel und es ist demnach wohl anzunehmen, daß die Darstellung der Deocarus-Legende in späterer Zeit an die Stelle
dieser älteren Malereien getreten ist.

Die wie es scheint zweimalige Umgestaltung hatte den
Zweck, bei dem Altare, der in erster Linie den zwölf Aposteln
geweiht war, den Charakter eines Deocarus-Altares, entsprechend
dem wachsenden Ansehen dieses Heiligen, stärker zum Ausdruck zu bringen. Daraus erklärt es sich, daß auf dem unteren
Schreine Scenen aus der Legende des h. Deocarus wiederholt
sind, die auf dem oberen bereits erscheinen. Ist der Altar geschlossen, so haben wir oben die Legende des h. Deocarus,
unten die Gestalten der zwölf Apostel, ist er offen, dann oben
die mit den Aposteln in Verbindung stehenden Darstellungen
aus der Geschichte Christi und unten die Deocarus-Legende.
In beiden Fällen ist die Gleichberechtigung der Altarheiligen
genügend zum Ausdruck gebracht. Der Altar in seiner ursprünglichen Gestalt, der diesen Charakter noch nicht hatte,

wird in den Urkunden stets als der Zwölfboten-Altar bezeichnet.
Ich will danach den Meister, von dem der ursprüngliche malerische Schmuck des Altares, die Malereien auf den Innenseiten
der Flügel, herrührt, den Meister des Zwölfboten-Altares
nennen.[1]

Dieser Meister, in dem wir in Anbetracht der Würde
seines Auftrags wohl den bedeutendsten Vertreter der nürnbergischen Tafelmalerei im Anfang des XV. Jahrhunderts
zu sehen haben, geht in seiner Kunst in keiner Beziehung über
das hinaus, was sein Zeitgenosse, der Meister der Morizkapelle
leistet. Die Wiedergabe des Nachens mit den sich heraus-
beugenden Gestalten der fischenden Apostel in der Scene von
Petri Wandel auf dem Meere,[2] stark von oben gesehen wie sie
ist, ist viel weniger glaubhaft als die damit in Vergleich zu
setzende Darstellung auf dem Martyrium der h. Ursula. Die
Verkürzungsversuche in den Gestalten der Jünger in der Transfiguration oder in den schlafenden Wächtern der Auferstehung
sind in keiner Weise freier als das, was wir beim Meister der
Morizkapelle schon beobachten können. Auch der Meister des
Zwölfboten-Altars versucht bereits Affecte darzustellen wie
das Hülfeverlangen Petri, den zweifelvollen Schrecken der
Jünger beim Abendmahl, ohne es in frischer Natürlichkeit und
unmittelbarer Wirkung dem anderen Meister gleichzutun. Im
Perspektivischen ist er noch altertümlich befangen: das Abendmahl weiß er nicht anders als in zwei parallel übereinander
geordneten Reihen darzustellen.

Ist also die Stufe der Entwicklung, auf welcher der Zwölfboten-Altar steht, im ganzen die gleiche wie beim Meister der
Morizkapelle, so lassen sich doch direkte Beziehungen zwischen
den beiden nicht nachweisen, wenn man nicht etwa die Gleich-
heit der Rüstung des einen Grabwächters mit derjenigen des
Juden auf der Bestattung Mariae im Germanischen Museum,

---

[1] Die Maße der Flügel betragen in Giebelhöhe und Breite ohne
Rahmen je 227×76 cm.

[2] Thode (a. a. O., S. 34) sieht darin die Berufung Petri, Pückler-
Limpurg (a. a. O., S. 79) die Taufe Christi. Die Gestalt des im Wasser
versinkenden Apostels, der die Arme hülfesuchend nach dem am Ufer
stehenden Christus ausstreckt, läßt aber wohl über den Gegenstand der
Handlung keinen Zweifel.

auf die Pückler-Limpurg (a. a. O., S. 79) hinweist, als eine
solche nehmen will. Die Farben sind viel weniger hell als
bei jenen Bildern, obwohl auch sie noch von der Leuchtkraft
und Tiefe der Farben in der späteren Zeit weit entfernt sind.
In den Typen besteht keine unmittelbare Beziehung.

Wie der Meister zu seinem Stile oder genauer gesagt, bei
der minderen Wichtigkeit, die Raum- und Handlungsdarstellung
für ihn haben, wie er zur Ausbildung der ihm eigentümlichen
Typen gekommen ist, darüber können wir keinen Augenblick
im Ungewissen sein. Wir brauchen nur einen Blick zu werfen
auf die Holzschnitzerei des Altarschreines[1] und die geschnitzten
Apostelgestalten mit den gemalten zu vergleichen. «Was bei
näherer Betrachtung auf das Deutlichste ersichtlich wird, ist
die vollständigste stilistische Uebereinstimmung dieser Holz-
figuren mit denen auf den Gemälden, eine Uebereinstimmung,
die so groß ist, als sie überhaupt nur zwischen Gemälden und
Sculpturen sein kann» (Thode, a. a. O., S. 41). Es sind dieselben Köpfe mit gewölbter Stirn, mit starker etwas gebogener
Nase, großen, ausdrucksvollen Augen und welligem, in der
Mitte geteilten Barte. Auch die Art, wie die Apostel auf dem
Abendmahl zu einander in Beziehung gesetzt sind, ist die gleiche
wie im Schreine. Thode bezeichnet die holzgeschnitzten Apostel
als «die ins Plastische übersetzten Gestalten der Gemälde», ich
möchte umgekehrt in den Gestalten der Altarflügel die in die
Malerei übertragenen Apostel des Mittelschreins erblicken. Denn
aus allem geht mit Sicherheit hervor, daß hier der Plastiker den
Stil des Malers bestimmt hat, nicht umgekehrt. Die Holzschnitzereien nämlich stehen einem anderen Werke der Nürnberger Plastik,
den Tonaposteln der Kirche zu Kalchreuth, außerordentlich
nahe und fügen sich dadurch der Nürnberger Tradition zwanglos ein; die gemalten Gestalten aber sind in der Nürnberger
Malerei ohne unmittelbares Vorbild. Bei diesem, wie mir
scheint gesicherten, Verhältnis, das den Bildschnitzer als
den stilbestimmenden Künstler erscheinen läßt, liegt es auf
der Hand, daß hier nicht ein selbständiger und in seiner
Kunst bereits ausgebildeter Meister sich mit jenem vereint

---

[1] Abbildung bei Pückler-Limpurg, a. a. O., Tafel VI.

und unter Verleugnung seiner Eigenart die Gemälde im Stile der Schnitzereien geschaffen hat. Wir können uns vielmehr den unmittelbaren Einfluß des Schnitzers auf die Malereien nur dadurch erklären, daß wir annehmen, daß auch diese aus seiner Werkstatt hervorgegangen sind. Ihr Charakter aber ist doch wohl zu bedeutend und eigenartig, als daß wir sie bloß einem den Stil des Meisters in die Malerei umsetzenden Schüler zuerkennen dürften. Darum glaube ich, daß Thode im Recht ist, wenn er den Maler des Zwölfboten-Altars mit dem Schnitzer des Schreines identificiert.

1393 wird ein H a n s   V a c k a n d e y als Pildsniczer Moler in die Liste der Nürnberger Bürger aufgenommen, 1397, 1402 und 1406 können wir ihn in Nürnberg nachweisen (Gümbel, Archivalische Beiträge III, Repertorium XXX, 1907, S. 29). Ich führe seinen Namen an, um zu zeigen, daß in der Zeit, in welcher der Zwölfboten-Altar entstanden ist, uns die Vereinigung von Malerei und Bildschnitzerei in einer und derselben Werkstatt tatsächlich urkundlich bezeugt ist.

Mag der Meister des Zwölfboten-Altars als Bildschnitzer, wie Pückler-Limpurg ausgeführt hat, auch nur den letzten Ausläufer einer in der zweiten Hälfte des XIV. Jahrhunderts blühenden Sculptoren-Schule bedeuten, als Maler hat er einen Typus geschaffen, den die Nürnberger Malerei ein Menschenalter lang, bis ans Ende der 30 er Jahre, wie ein feststehendes Cliché beibehalten hat. Es ist jener Typus der würdigen, freundlichen Männergestalten, der für die erste Zeit der Nürnberger Malerei so charakteristisch ist, und den ich kurzweg den «Typus des Nürnberger Apostels» nennen will.

III.

Werke des zweiten Stiles.

1. Der Meister des Imhofschen Altares.

Mit dem Ende des XIV. Jahrhunderts haben die künstlerischen Beziehungen zwischen Nürnberg und Prag, von denen die in den Traditionen der Nürnberger Plastik wurzelnde Kunst des Meisters vom Zwölfboten-Altar sich unberührt zeigte, noch keineswegs aufgehört. Wir haben für sie ein directes, urkundliches Zeugnis. In dem anfangs des XV. Jahrhunderts angelegten Klosterbuche des Karthäuserklosters finden sich in der Reihe der Stiftungen, die das Kloster seit seiner Einweihung (1382) erhielt, auch die folgenden zweie aufgeführt (Kgl. Kreisarchiv zu Nürnberg, Ms. Nr. 215, S. 71 bis): «Item Cuntz mendell hat geben ein pild vnser frawen vnd das kost ze prag · V · gulden. Item Joes von Augspurg, der hat lazen gemacht ein črifix vnd daz stet in dem Chor ... vnd pracht vns vnser frawen pilt von prog kostet bey XXIIII gld . . ».[1] Diese Stiftungen lassen sich nicht genau datieren, fallen aber jedenfalls, da sich an ihre Beurkundung gleich Nachtragungen von fremder Hand anschließen, in die Zeit unmittelbar vor der Anlegung des Klosterbuches, also in das erste Viertel des XV. Jahrhun-

---

[1] Der Preis des zweiten Bildes ist für die damalige Zeit unverhältnismäßig hoch, erklärt sich aber vielleicht aus der besonderen Kostbarkeit der Ausschmückung.

derts.[1] Diese zufällig allein überlieferten, aber sicher nicht vereinzelten Beispiele eines Importes fremder Kunstwerke in Nürnberg zeigen uns, in welchem Ansehen die böhmische Kunst im Anfang des Jahrhunderts dort noch gestanden sein muß. Wollten die einheimischen Meister in ihrer Kunst nicht hinter diesen eingeführten Werken zurückstehen, so mußten sie es ihnen gleichzutun suchen. Sie hatten dazu nicht einmal nötig, nach Prag zu gehen, da ihnen ja die Beispiele jener fortgeschritteneren Kunst in Nürnberg selbst vor Augen waren. Daß nach dem Ausbruch der Hussitenkriege noch ein nürnbergischer Künstler in Prag seine Ausbildung suchte, ist unwahrscheinlich.

————

Dasjenige Werk, mit dem man in der Regel die Betrachtung der Nürnberger Malerei zu beginnen pflegt und das, wenn auch vielleicht nicht zeitlich, so doch jedenfalls seiner Bedeutung nach am Anfange des großen neuen Stiles in Nürnberg steht, ist der Imhofsche Altar auf der Imhof-Empore der Lorenzkirche.

Ueber die Zeit seiner Entstehung kann kein Zweifel mehr herrschen. Während man zunächst nach Waagens Vorgang den Altar in die 60er Jahre des XIV. Jahrhunderts verlegt hatte, setzte ihn Passavant (Beiträge zur Kenntnis der alten Malerschulen Deutschlands, Kunstblatt 1846, S. 189 ff.) ins Jahr 1420 und Rettberg (Nachträge zur Geschichte der Kunst in Nürnberg, Kunstblatt 1849, S. 14) schloß sich dieser Datierung an, indem er nach mündlichen Mitteilungen Hilperts, die wohl auch Passavant zur Verfügung gestanden, darauf hinwies, daß der auf dem Altar dargestellte Stifter den Wappen nach Conrad Imhof gewesen sein müsse, der sich im ganzen viermal verheiratet habe, hier aber nur mit drei Frauen erscheine. Thode (a. a. O., S. 23) steht dieser Behauptung mit Mißtrauen gegenüber, weil Bieder-

---

[1] Nach dem Hallerbuch (fo. 292b) ist Conrad Mendel, der Stifter des Zwölfbruderhauses und Bruder jenes Marquart Mendel, der die Karthause gestiftet, im Jahre 1414 gestorben.

mann in seinem Geschlechtsregister (Tab. CCVI) nur zwei
Frauen des Conrad Imhof aufführt. Tatsächlich haben aber
Passavant und Rettberg mit ihrer Vermutung das Richtige ge-
troffen.

Auf dem Altare knieen zu Füßen des h. Simon der Stifter
mit dem Wappen der Imhof und seine Frau mit dem Wappen
der Schatz, zu Füßen des h. Thaddaeus zwei Frauen mit den
Wappen der Hornlin und der Rothflasch. Nun finden wir im
Hallerbuch (fo. 340 a) über Cuntz Imhof die Nachricht, daß er
viermal verheiratet war, zuerst mit einer Schetzin, dann mit
einer Hornlyn, dann mit einer Rotfleschin und zuletzt mit einer
Volckamerin. Eine andere handschriftliche Genealogie der Fa-
milien Tucher, Imhof und Haller im Germanischen Museum
(S. 19) nennt vier Frauen des Conrad Imhof: eine Hörnlin oder
Däfflerin, Anna Rotflachin, Elisabeth Schätzin und Clara
Volckamerin, welch letztere Conrad Imhof 1422 geheiratet habe.
Die Wappen werden in beiden Genealogien genau so gegeben, wie wir sie auf dem Altare finden. Jeder mögliche
Zweifel wird aber ausgeschlossen durch eine Notiz aus dem
Imhofschen Familienarchiv, die Rée (Mitteilungen des Vereins
für Geschichte der Stadt Nürnberg, 9. Heft, Nürnberg 1892,
S. 243) in seiner Besprechung des Thodeschen Werkes veröffentlicht hat. Im Geschlechterbuch des Andreas Imhof (1491—1579)
heißt es: «Ein Altar in solcher Capellen (nämlich der Lorenzkirche), so Conradt Im Hoff, der die 4 Weiber gehapt, machen
lassen, aber dazumal nur 3 weiber gehabt». Rée bestimmt
auch nach den Papieren des Imhofschen Archivs die Todesdaten
der Frauen : die Rothflaschin ist 1413, die Schatzin, die Conrad Imhoff 1418 geheiratet, ist 1421, die Volckamerin 1438 gestorben. Es kann demnach kein Zweifel mehr sein, daß der
Imhofsche Altar zwischen 1418 und 1421 entstanden ist.

Der Altar befand sich bis zur Reformationszeit in einer
Capelle von St. Lorenz und war, wie die bemalte Rückseite
beweist, frei aufgestellt. Danach kam er auf die Imhofsche
Empore, wo ihn allmählich der Staub mit einer dicken Schicht
bedeckte. 1817 wurde er der Vergessenheit entrissen, «sorgfältig hergestellt» und kam in die auf der Burg befindliche Ge-
mäide-Sammlung. Wahrscheinlich war er schon vorher aus-

einandergenommen[1] und wurde nun noch zersägt. Erst um die Mitte des XIX. Jahrhunderts kehrte er nach nochmaliger Reinigung an seinen alten Platz auf der Imhof-Empore zurück, während die abgesägte Rückseite zunächst auf der Burg verblieb und dann ins Germanische Museum kam.

Das Mittelstück mißt in Höhe und Breite 142,5×74 cm, die Rückseite 115×73 cm, die Seitenstücke mit den Apostelgestalten messen durchschnittlich etwa 142×31 cm. Der Altar zeigt auf dem Mittelstück die Krönung der Maria auf Goldgrund, auf den zum festen Mittelteil gehörigen beiden Seitenstücken zwei Apostel gleichfalls auf Goldgrund mit den Stiftergestalten, auf den sechs Teilen der zerlegten Flügel sechs Apostel auf blauem Grunde, auf der Rückseite des Mittelstücks Christus im Grabe zwischen Maria und Johannes auf (erneuertem) roten Grunde.[2]

Mit Recht hat man von jeher im Imhofschen Altare den Beginn eines neuen Stiles in der Nürnberger Malerei erblickt. Die Kunst des Meisters der Morizkapelle, so gut sie schon zu beobachten, so lebendig sie zu erzählen weiß, haftet noch an der Fläche; völlig wohl ist ihr eigentlich nur, wenn sie flächenhafte, conturierte Profilgestalten zueinander in Beziehung setzen kann. Der Meister des Zwölfboten-Altares war darüber nicht weit hinausgekommen. Im Imhofschen Altar werden zum ˙ersten Male in der Nürnberger Malerei wirkliche Menschen in der Rundung glaubhafter Körperlichkeit dargestellt.

Das Streben nach einer plastischen Wiedergabe der Formen kommt in erster Linie den Köpfen zu Gute, die zumeist in dem eben das Plastische am besten zur Geltung bringenden Dreiviertelprofil gegeben sind. Die Köpfe der Apostel zeigen, im Gegensatz zu den Aposteltypen des Zwölfboten-Altares, ziemlich hagere Züge; die Augenpartie ist durch tiefe Schattenlage sehr kräftig modelliert, die Wangenpartie, die mittlere, nicht sehr

---

[1] Die kleine Abbildung aus dem XVIII. Jahrhundert in einem im Imhofschen Familienarchiv befindlichen Inventar der sämtlichen Imhofschen Stiftungen zeigt die Krönung, von den zwei Aposteln mit den Stiftern flankiert, und auf einem besonderen Blatt vier weitere Apostel.

[2] Abb. des Mittelteiles mit der Krönung Mariae bei Thode, a. a. O. Taf. 2; Abb. der Rückseite Tafel IV.

gewölbte Stirne und die etwas gebogene Nase sind durch Aufhöhen mit Weiß stark herausgearbeitet. (Das aufgehöhte Weiß dient auch dazu, die Hände mit den betonten Knöcheln zu modellieren.)

Auffällig ist der Unterschied des Incarnates von Christus und Maria in der Krönung: bei Christus stark durch Braun vertieft, ist es bei Maria durch Weiß aufgelichtet. In gleicher Weise ist auch auf der Rückseite des Altares der Fleischton Christi bräunlich, der der Maria rosig hell, während er bei Johannes die Mitte hält.

In weit geringerem Maße ist das Streben nach körperlicher Wirklichkeit in der Darstellung des Körpers erfolgreich. Man wird vergebens versuchen, sich unter dem Gewande Christi einen Körper vorzustellen; die Brust ist in der gleichen Weise verkümmert wie diese unmöglichen Arme. Auch die stark abfallenden Schultern der Apostelgestalten zeigen, wie weit der Künstler noch von einer unmittelbaren Wiedergabe der Wirklichkeit entfernt ist. Die Gestalten, in etwa dreiviertel Lebensgröße auf dem Mittelbilde, etwas kleiner auf den Seitenteilen, sind eher schlank als untersetzt zu nennen; die Körperlänge beträgt bei den Aposteln etwas mehr als das Sechsfache der Kopflänge, bei den sitzenden Gestalten ebenso viel, in Wahrheit also infolge der Verkürzung noch bedeutend mehr. Der nicht sonderlich charakteristische Faltenwurf ist derjenige gotischer Gewandfiguren; es sind weiche, langausgezogene Falten, die jede Brechung oder Stauung vermeiden. Die Wiedergabe der Musculatur des nackten Körpers, wie sie die Rückseite des Altares im Schmerzensmann zeigt, ist noch sehr schwach; die Arme sind dünn und leblos, die Muskeln des Bauches kaum angedeutet. Gerade hier aber finden wir einen Zug, der das Streben nach Illusion uns bekundet: das Schamtuch ist durchsichtig gemalt und läßt den aus der Wunde fließenden Blutstrom durchschimmern.

Anziehend ist der Empfindungsausdruck, den der Meister in seine Köpfe zu legen wußte, der feierliche Ernst in dem (an sich freilich etwas leeren) Christuskopf, die Demut des lieblichen Mariengesichtes, der in den hochgezogenen Brauen des Johannes und der Maria, in den niedergezogenen Mundwinkeln des Johannes zum Ausdruck gebrachte Schmerz, die Müdigkeit des überstandenen Leidens in dem Kopfe des Schmerzensmannes. Freilich ist es kein leidenschaftliches Temperament, das sich gerade in dieser Darstellung auf der Rückseite des Altares oder in den beschaulich stillen Apostelgestalten äußert.

Die Farben sind wohl etwas tiefer als in der bisherigen Kunst. Technisch geht der Imhofsche Altar aber anscheinend noch nicht über den Zwölfboten-Altar hinaus; er entbehrt noch der Leuchtkraft und Transparenz, die bald, wohl durch die Anwendung neuer Bindemittel, die Nürnberger Malerei zu erzielen lernte. So scheint der Oberflächen-Eindruck mehr durch die Trockenheit des Kreidegrundes als durch die den Grund bezwingende Macht des Bindemittels bestimmt. Das Blau im Gewande der Maria ist tiefer, satter als in der früheren Zeit. Das Kirschrot im Gewande Christi und das Moosgrün in dem des Bartholomaeus ist stark nach Weiß hin gebrochen. In dem Teppich, der den Sitz Christi und der Maria bedeckt, erscheint, zum ersten Mal in der Nürnberger Malerei, ein kostbarer Brokatstoff mit goldenem Ornament auf rotem Grunde.

Die Portraits der Frauen des Stifters sind sehr allgemein gehalten, wie es übrigens nicht anders zu erwarten ist, da der Künstler in zwei, vielleicht sogar in allen drei Fällen Verstorbene darzustellen hatte. Dagegen zeigt das Portrait des Stifters in höherem Maße das Streben nach Treue und stimmt mit dem Portrait Conrad Imhofs auf einem älteren, später zu erwähnenden Epitaph von der Hand des gleichen Malers sehr wohl überein.

Dem Meister des Imhofschen Altares gehört noch ein zweites Altarwerk an, in dem zwar Rotho (Die Malerschule Huberts van Eyck, 1. Th., S. 295) und Schnaase (Geschichte der bildenden Künste, 6. Bd., 2. Aufl., S. 460) nur eine Schularbeit sahen, das aber Thode (a. a. O., S. 24—26), wie ich glaube mit vollem Recht, dem Meister selbst zugeschrieben hat:

der Deichslersche Altar im Kaiser Friedrich-Museum zu Berlin.

Das Werk besteht aus zwei auseinandergeschnittenen Altar-
flügeln, die wohl ehedem ein geschnitztes Mittelstück umgaben
und abschlossen. Die Innenseiten zeigen auf Goldgrund, unter
Baldachinen und auf niederen Postamenten stehend die h. Elisabeth mit dem Bettler und Johannes den Täufer mit dem
Lamm, die Außenseiten auf (erneuertem) blauen, mit Sternen
besetzten Grund, auf blumigem Rasen stehend, Maria mit dem
Kinde und im Dominicanergewande den h. Petrus Martyr mit
der Kopfwunde und dem Schwerte.

Die Altarflügel wurden 1844 von Waagen für die Berliner
Sammlung erworben. Nach einer handschriftlichen Notiz Waagens
sollen sie aus der (abgebrochenen) Dominicaner- oder Predigerkirche zu Nürnberg stammen und auf einem Brette des geschnitzten Mittelstücks sei der Name Berchtold Deychsler zu
lesen gewesen.[1] In seinem «Handbuch der deutschen und niederländischen Malerschulen» (S. 64) gibt Waagen dagegen an, der
Altar sei nach urkundlicher Nachricht im Jahre 1400 von der
Familie Deichsler in die jetzt abgebrochene Katharinenkirche zu
Nürnberg gestiftet worden. Die erste Angabe ist zweifellos die
richtige. Für die Herkunft aus der Dominicanerkirche spricht
einmal die Darstellung des Dominicanermärtyrers Petrus. Dann
aber erwähnt Murr (Beschreibung der vornehmsten Merkwürdigkeiten in Nürnberg, 1. Aufl., S. 57) bei der Beschreibung der
Predigerkirche in der Behaimschen Kapelle ausdrücklich ein
Deichslersches Altärlein, das wir (der Diminutiv ist bei
dem Sprachgebrauche Murrs nicht auffällig) unbedenklich mit
dem Berliner Werke identificieren dürfen.

Die Wappen auf der Außenseite der Flügel erlauben uns
eine ungefähre Datierung. Das Wappen auf dem linken Flügel
(silberne Deichselbalken auf rotem Grunde) ist das der Familie
Deichsler, das Wappen auf dem rechten Flügel (in Rot, Silber
und Schwarz schräg geteilt) das der Familie Zeuner. Der

---

[1] Daß der Altar den Namen des Stifters getragen haben soll, kann
auffällig erscheinen, ist aber in der Nürnberger Kunst kein völliges Uni-
cum: auch der Schrein des Deocarus-Altars trägt den Namen Andreas
Volckamers.

Stifter war demnach Berthold Deichsler, der in zweiter Ehe mit
einer Zeunerin vermählt war (seine erste Frau war eine Eyß-
lingerin, deren Wappen eine schwarze Schildkröte auf goldnem
Grunde — Hallerbuch fo. 444 a). Die Stiftung muß demnach
in die zweite Ehe Berthold Deichslers, also in die spätere Zeit
seines Lebens fallen und da er 1419 starb,[1] dürfen wir den
Altar wohl in das zweite Jahrzehnt des XV. Jahrhunderts
setzen. Jedenfalls dürfte er früher sein als der Imhofsche Altar.

Auch dem Stil nach geht er offenbar dem Imhofschen Altare
voran. Die Gestalten, namentlich der h. Johannes, sind noch mehr
gotisch ausgebogen, die Köpfe, wenigstens auf den Innenseiten,
noch empfindsamer zur Seite geneigt. Der Eindruck des Ganzen
will mir viel frischer, unmittelbarer erscheinen als der des
späteren Werkes. Gegenüber dem glühenden, glaubenseifrigen
Leben, das die Gestalt des h. Johannes erfüllt, wirken die
Apostel des Imhof-Altares leerer, ja in ihrer langen Reihe fast
ein wenig monoton. Wie eindringlich ist die mitleidvolle Teil-
nahme der h. Elisabeth, der mahnende Ernst des Glaubens-
zeugen, die Liebe und die ahnungsvolle Trauer der Maria geschildert, die das Symbol der Erbsünde in der Hand trägt.

Die Gestalten sind denen des Imhofschen Altares aufs
engste verwandt. Man vergleiche den Kopf des Petrus mit der
ganz leicht geschwungenen Nase, der breiten Stirn und den
kräftigen Halsmuskeln mit dem Kopfe Christi, den langbärtigen
Johannes mit dem weichen, gekrausten Haar, der stark ge-
bogenen Nase und den brennenden Augen mit dem h. Thaddaeus zur Seite der Krönung Mariae, die h. Elisabeth mit dem
weißen, gefältelten Kopftuch mit der Maria auf der Rückseite
des Imhofschen Altares (auch die gleichsam abbreviierte Hand,
die das Brot hält, mit der Hand, die den Arm des Schmerzensmannes stützt), schließlich die Maria selbst mit den lieblichen
zum Oval gerundeten Zügen, der hoheitsvollen Stirne und dem
goldblonden Haare mit der Maria des Altares. Die Uebereinstimmung ist so groß, daß es unmöglich ist, den Berliner Altar
einer anderen Hand, der Hand eines Schülers nur, zuzuschreiben,

---

[1] Nach dem Hallerbuch; Würffel, Beschreibung der Dominicanerkirche,
S. 69 teilt seine Epitaphinschrift mit: «A. D. 1419 am St. Johannstag nach
Ostern verschied Berchtold Deichssler».

zumal da er an künstlerischer Bedeutung dem Nürnberger Altare mindestens ebenbürtig ist und ihm obendrein der Zeit nach vorangeht.

Ueber die Frage nach den Quellen des Stiles im Imhofschen Altare hat bisher im wesentlichen Uebereinstimmung geherrscht. Schon Thausing (Albrecht Dürer, 2. Aufl., S. 9) wies auf Werke der späteren böhmischen Schule als die Vorbilder hin und Thode bestimmte genauer den Kreis solcher Werke, die mit der frühen Nürnberger Malerei Verwandtschaft zeigen (a. a. O., S. 44—46). Darüber kann wohl gar kein Zweifel herrschen, daß die Grundlagen der Kunst des Imhof-Meisters in dem aus der böhmischen Kunst hervorgegangenen Zeitstil zu finden sind. Die Apostelgestalten des Meisters, die von den Typen des Meisters vom Zwölfboten-Altar wesentlich verschieden sind, finden wir wieder auf zwei räumlich so weit entfernten Werken wie dem ehemals in der Stadtkirche zu Pirna befindlichen Antependium mit der Krönung Mariae[1] und dem aus dem Schlosse Pähl stammenden Kreuzigungsaltar im Münchener National-Museum, den Voll für die Münchener Schule in Anspruch nimmt.[2] Der Gewohnheit der böhmischen Kunst entspricht auch die Gewandung der Maria mit dem weißen, gesäumten Kopftuch unter der Krone und dem blauen, innen roten, durch eine Schließe zusammengehaltenen Mantel; man vergleiche das Madonnenbild aus der Stiftskirche zu Hohenfurt,[3] die Maria des Pirnaer Bildes oder das aus der Wallerstein-Sammlung stammende böhmische Madonnenbild im Buckingham Palace.[4] Das Schema der Incoronation, das früh schon festgestellt wurde (schon auf dem Rosenheimer Altaraufsatz im Münchener National-Museum finden

---

[1] Der Altar von Pirna, auf den Thausing verweist, befindet sich heute nicht mehr dort. Ich kenne ihn nur aus der Abbildung in der Zeitschrift für bildende Kunst IV, 1869.

[2] Vgl. Katalog der Gemälde des bayerischen National-Museums. München 1908, S. XI; Abb. des Mittelteils ebend. Nr. 8 a.

[3] Abb. bei Janitschek, Geschichte der deutschen Malerei, Tafel nach S. 202.

[4] Abb. Plate IV des Illustrated Catalogue der Exhibition of early german art des Burlington Fine Arts Club 1906.

wir das stereotype Nebeneinandersitzen der beiden Gestalten),
entspricht in seinen allgemeinen Zügen der Incoronation aus
Pirna: auch hier sitzt Maria mit gefalteten Händen neben
Christus, während dieser ihr die Krone aufs Haupt setzt; nur
hält Christus in der anderen Hand ein Buch statt des Scepters
und der Sitz ist nicht die brokatbekleidete Polsterbank des Imhof-Altares, sondern die gotische Architektur eines Thrones.

Auffällig ist, daß das Mittelstück des Imhofschen Altares in
einer Uebereinstimmung mit venezianischen Incoronationsbildern
steht, die noch viel weitergeht als die Uebereinstimmung mit
jenem böhmisch-deutschen Bilde. Bei diesen finden wir nicht
nur Christus und Maria in der gleichen Stellung wie auf dem
Imhofschen Altar (nur die Hände der Maria sind in der Regel
über der Brust gekreuzt, nicht gefaltet); wir finden auch das
Scepter in der Linken Christi, den Polstersitz, ja den darüber
gebreiteten Brokatteppich wieder. Ich nenne als Beispiele
solcher Krönungsbilder Nr. 16, 22 und 702 der Accademia zu
Venedig, Nr. 16 des Museo Correr (mit gefälschter Inschrift
Alvise Vivarin), ferner ein Lorenzo Veneziano genanntes Bild
der Brera in Mailand und als dasjenige, das sich im Schema
(nicht in den Typen) am meisten dem Imhofschen Altare nähert,
die Incoronazione von Donatus und Catarinus vom Jahre 1372
in der Sammlung Querini-Stampalia in Venedig.[1] Die Uebereinstimmung des Imhofschen Altares mit dem Schema der venezianischen Incoronationen macht es wahrscheinlich, daß der
Meister derartige Bilder gekannt hat, wenn man nicht den Zufall einer parallelen Entwicklung annehmen will. Sie beweist
jedoch noch keineswegs, daß der Meister selbst in Venedig
war; denn bei den lebhaften Handelsbeziehungen zwischen
Nürnberg und Venedig konnten (so gut wie Prager) auch venezianische Bilder importiert werden.

Nun gibt es aber in der Kunst des Imhof-Meisters
Elemente, die sich meines Erachtens nicht aus der böhmischen
Kunst oder aus dem Zeitstil oder etwa aus der gelegentlichen
Kenntnis eines italiänischen Bildes erklären lassen. Zunächst

---

[1] Abb. bei Lionello Venturi, Origini della Pittura Veneziana, Venezia 1907.

steht das Christkind des Deichslerschen Altares mit seinen feinen, schlanken Gliederchen und dem lieblichen Lockenköpfchen in einem sehr auffälligen Gegensatz zu den viel plumperen, schwerer und größer gebildeten Bambini der böhmischen Kunst. Der Kopftypus der Madonna scheint wohl aus dem böhmischen hervorzugehen, ist aber auch im Gegensatz zu der überstarken Wölbung bei der Stirnpartie jener späten böhmischen Madonnen unter der Herrschaft eines andren Ideals ovaler, besser proportioniert gebildet. Am meisten von den Typen der böhmischen Kunst entfernt ist wohl der Christus des Imhofschen Altares.

In allen diesen Fällen scheint mir ein fremder Einfluß für den Meister maßgebend geworden zu sein — ich wage den Namen zu nennen: G e n t i l e d a F a b r i a n o. Am wenigsten ist die Madonna ausgesprochen gentilesk, und doch vergleicht sich die Himmelskönigin des Imhof-Altares derjenigen der Mailänder Krönung Gentiles[1] meines Erachtens nicht nur in der zarten, demutvollen Hingebung. In höherem Maße scheint mir der Christus dieses Altares mit der offenen, freien Stirne, der nur unmerklich geschwungenen Nase mit dem scharf gezeichneten Rücken, dem sprechenden Munde und dem vom Barte kaum verhüllten breiten Kinn an den Christus des Mailänder Bildes zu erinnern. Völlig gentilesk scheint mir das Christkind des Deichslerschen Altares, wenn man damit ein Kind wie das des Berliner Gentile-Bildes vergleicht.

1409—1414 hat Gentile da Fabriano in Venedig gearbeitet. Ich möchte annehmen, daß der Imhof-Meister dort mit seiner Kunst bekannt geworden ist.

Die Frage, ob wir wirklich das Recht haben, beim Meister des Imhofschen Altares bereits italiänische und zwar gerade gentileske Einflüsse anzunehmen, wird nun, wie ich glaube, entschieden durch ein Epitaph von seiner Hand, das sich in der Sebalduskirche an einem Pfeiler des Ostchores (dem letzten links vor dem Altare) befindet.[2] Es zeigt die h. Anna selbdritt

---

[1] Abb. bei Venturi, La Madonna, Milano 1900, S. 425.
[2] A b b. T a f e l IV.

zwischen dem h. Nicolaus von Myra und der h. Katharina, darunter einen Stifter mit dem Wappen der Imhof und eine Frau mit dem Wappen der Rothflasch. Die Maße des Bildes betragen in Höhe und Breite 111,5 × 90 cm. Das Bild ist übermalt und bei der neuerlich vorgenommenen Restauration der Bilder von S. Sebald durch einen Augsburger Restaurator leider nicht von seiner Uebermalung befreit, sondern nur durch den Pinsel des Restaurators in seinem bisherigen Bestande ergänzt worden.

Thode (a. a. O., S. 34) schreibt dieses Werk mit Bestimmtheit dem Meister des Imhofschen Altares zu, dessen Stil es unter seiner Uebermalung noch erkennen lasse.

Der Stifter der Tafel ist Conrad Imhof, der Stifter des Imhofschen Altares, das einzige Glied der Familie, das mit einer Rothflasch verheiratet war. Ihrem Andenken muß der Witwer dieses Bild geweiht haben, und da sie nach den Angaben der Genealogie des Imhofschen Familienarchives 1413 starb und da sich Conrad Imhof 1418 zum dritten Mal mit einer Schatzin vermählte, muß die Stiftung zwischen diese Jahre fallen.[1] Die Tafel von S. Sebald ist demnach gleichzeitig mit dem Deichslerschen Altar, um etwas älter als der Imhofsche.

Ist es an sich wahrscheinlich, daß Conrad Imhof zwei Werke, die er nicht lange nach einander stiftete, beim gleichen Meister in Auftrag gegeben habe, so wird diese Praesumption, bei aller Reserve, die die Uebermalung zur Pflicht macht, durch die Betrachtung der noch erkennbaren Stileigentümlichkeiten bestätigt. Die h. Katharina gleicht in ihrer ausgebogenen Haltung, einer Altertümlichkeit, die uns bei späteren Meistern nie mehr begegnet, und in dem reichen, ausgezogenen Fluß ihres

[1] Das Wappen der Rothflasch zeigt die rote Flasche auf silbernem Grunde. Ich möchte bemerken, daß der Sohn Conrad Imhofs, Hans, in erster Ehe mit einer Neydungin verheiratet war (Hallerbuch fo. 341 b), deren Wappen ebenfalls diese Flasche führt, aber nicht Rot auf Silber, sondern Silber auf Rot. Er kann somit nicht als Stifter in Frage kommen. Nach dem Hallerbuch (fo. 340 a) war übrigens die Rothflaschin die dritte, die Schatzin die zweite Frau Conrad Imhofs. Wäre dies richtig (die Verteilung der Frauen auf dem Imhof-Altare scheint zu widersprechen), so wäre das Epitaph in das Todesjahr der dritten Frau, 1421, zu verlegen — Die h. Anna war die Namenspatronin der verstorbenen Anna Rothflaschin; daher erklärt sich die Wahl des Stoffes für das Epitaph.

Gewandes dem Täufer des Berliner Altares; man vergleiche
solche Faltenmotive wie das Umschlagen des Gewandes, das
durch die sichtbar werdende Innenseite eine andre Farbe hin-
zubringt und dadurch den Oberkörper gegen den Unterkörper
absetzt. Man vergleiche ferner das in symmetrischen Wellen-
linien gelegte Kopftuch der h. Anna mit dem gleich angeord-
neten Kopftuch der h. Elisabeth in Berlin oder die Motive des
die Innenseite sichtbar machenden Gewandes der Anna mit
den Motiven des gerafften Gewandes der Elisabeth. Der
Kopftypus der h. Katharina steht dem der Berliner Madonna
unmittelbar nahe, das Christkind gleicht Zug um Zug dem
Kinde des Deichsler-Altares. Auch die Stifter, deren Köpfe mit
merkwürdiger Freiheit der Auffassung über das sie von den
Heiligen trennende Band hinausragen und die dadurch mit
jenen in Beziehung gesetzt erscheinen, erinnern ebenfalls an
die Wiedergabe der Stifter beim Imhofschen Altar; bei Conrad
Imhof kann man deutlich die Aehnlichkeit mit seinem Portrait
auf dem Altare noch durch die Uebermalung hindurch erkennen. (Die Malweise läßt sich natürlich bei dem heutigen Zustand des Werkes nicht mehr vergleichen.) In diesem übermalten
Bilde haben wir eines der großen Hauptwerke der frühen Nürnberger Malerei vor uns, dessen w i r k l i c h e Wiederherstellung
eine Ehrenpflicht seines Besitzers, der den Restaurationen ja nicht
abgeneigten Verwaltung des Nürnberger Kirchenvermögens wäre.

Für die Kenntnis vom Ursprung des Stiles des Imhof-
Meisters ist dieses Werk von großer Bedeutung. Für das Christkind gilt wieder, was ich schon vom Christkind des Deichslerschen Altares gesagt habe: es gleicht ganz und gar dem Typus
des Christkindes bei Gentile da Fabriano und gar nicht dem
der Böhmen oder des Tomaso da Modena. Vor allem aber ist
dieser h. Nicolaus in seinem Typus völlig gentilesk; man
vergleiche ihn mit dem h. Nikolaus auf dem Berliner Bilde
des Gentile und es kann kein Zweifel sein, daß beide sich zu
einander verhalten wie Vorbild und Nachbildung.

Als Zeugnis dieser Beziehungen ist das Epitaph, wie es zeitlich am Anfang des neuen Stiles in der Nürnberger Malerei steht,
zugleich erleuchtend für die Frage nach den Quellen dieses Stiles.

Die Tatsache, daß ein Nürnberger Maler Venedig besucht, um seine Kunst weiterzubilden, ist an sich durchaus nicht überraschend. Die Bedeutung, die in der Mitte des XIV. Jahrhunderts Prag als Cultur-Centrum besessen, schwand bald wieder, nachdem es aufgehört, der Sitz der kaiserlichen Hofhaltung zu sein; sie verlor sich vollends, als Böhmen durch die hussitische Bewegung zu einem Herd der Beunruhigung für das Reich wurde. Wenn auch noch im weiteren Verlaufe des XV. Jahrhunderts zwischen Prag und Nürnberg Beziehungen fortbestanden, so dürften sie doch mehr mercantiler als cultureller Natur gewesen sein. In dieser Hinsicht war an die Stelle Prags seit dem Beginne des XV. Jahrhunderts Venedig getreten.[1]

Schon aus dem Jahre 1331 sind uns Handelsbeziehungen zwischen Nürnberg und Venedig bezeugt. Seit dem Anfang des XV. Jahrhunderts nahm dieser Handel einen solchen Aufschwung, daß sich die venezianische Regierung geradezu rühmen konnte, die Nürnberger seien erst durch den Handel mit Venedig «gewissermaßen von nichts zu den größten Reichtümern gelangt». In den Listen des Fondaco dei Tedeschi finden wir die Namen fast sämtlicher Nürnberger Geschlechter. Die Nürnberger hatten, ein Zeichen ihres Ansehens in Venedig, den ständigen Vorsitz an einer der beiden Tafeln (Gruppen), in welche sich die im Fondaco weilenden Kaufleute schieden.[2]

Im XIV. Jahrhundert bereits wurden junge Leute, die für den Kaufmannsstand bestimmt waren, zu ihrer Ausbildung nach Venedig geschickt; im XV. Jahrhundert wurde diese Uebung allgemein. Das Geschlecht, das in erster Linie den Handel mit Venedig pflegte, war das der Imhof.[3] Von einem Imhof, dem

---

[1] Vgl. zum Folgenden Reicke, Geschichte der Reichsstadt Nürnberg, Nürnberg 1896, S. 647 ff., und Simonsfeld, Der Fondaco dei Tedeschi, Bd. II, Stuttgart 1887, S. 39 ff.

[2] Man hat früher behauptet, Nürnberg habe die Hauptsumme seiner Gesetze aus Venedig entlehnt; von der Nürnberger Vormundschaftsordnung bezeugt uns dies tatsächlich eine Epistel des Dr. Christoph Scheurl (Chroniken der deutschen Städte XI, Leipzig 1874, S. 799).

[3] Lazarus Holzschuher berichtet in seinem Geschlechtsbuch: die Tucher führten ihren Handel in Frankreich und hätten ein großes Geschäft in Lyon. die Haller handelten in Ungarn, die Fütterer in Mailand und Genua, die Imhof hätten ihren Handel in Venedig und Niederland (s. Chroniken der deutschen Städte: die Chroniken der fränkischen Städte I, Leipzig 1862, S. 218).

älteren Conrad Imhof, erfahren wir, daß er 1396 in Venedig starb und in einer Capelle von San Giovanni e Paolo begraben wurde (Biedermann, Geschlechtsregister Tab. CCXV).[1] Sein Sohn, von dem wir darnach als sicher annehmen dürfen, daß auch er seine Lehrjahre in Venedig verbracht, der jüngere Conrad Imhof, ist der Stifter des Imhofschen Altares.

Abgesehen von Dürers zweiter venezianischer Reise ist uns ein Aufenthalt von Nürnberger Malern in Venedig bisher urkundlich noch nicht bezeugt.[2] Daß sich aber zahlreiche deutsche Künstler im XV. Jahrhundert in Venedig aufgehalten haben, ist uns aus den Urkunden genugsam bekannt (vergl. Ludwig und Paoletti, Neue Beiträge zur Geschichte der venezianischen Malerei, Repertorium XXII, 1899, S. 435—441). Sollten darunter gerade keine Maler aus dem zu Venedig · in so mannigfachen Beziehungen stehenden Nürnberg gewesen sein ? Sollten sich von dem Aufenthalte deutscher Künstler in Oberitalien in der Kunst nördlich der Alpen gar keine Spuren nachweisen lassen?

2. Der Meister des Cadolzburger Altares.

Während über die Zugehörigkeit des Deichslerschen Altares und des Imhof-Rothflasch-Epitaphs zum Werke des Imhof-Meisters meines Erachtens kein Zweifel sein kann, vermag ich in einem andern, ihm zugeschriebenen Werke nicht mit Sicher-

---

[1] Dies bestätigt Ulman Stromer in seinem Püchel von meim geslechet und von abentewr (Chroniken usw., S. 95).

[2] 1458 wird ein Johannis q. Johannis de Normerigo partibus alemanie, intaleatore Sᵃ Mᵉ nove erwähnt (Paoletti, l'Architettura e la Scultura del Rinascimento in Venezia, Venezia 1893, I, S. 81, Anm. 2). Ob dieser Giovanni de N o r m e r i g o Nürnberger war, wage ich nicht zu entscheiden, halte es aber für wahrscheinlich. (Auf der Unterschrift der Trautschen Sebastians-Zeichnung in Erlangen schreibt Dürer für Nürnberg Nornmirchkg.) Ein Nürnberger Bildschnitzer, Magister Sixtus q. Henrici Syri de Norimberga Alemanorum fertigte nach einer erhaltenen Urkunde in Bergamo (bei Ludwig und Paoletti, Repertorium XXII, 1899, S. 438, Anm. 89) die hölzerne, vergoldete Reiterstatue des Bartolomeo Colleoni auf dessen Grabmal bei S. Maria Maggiore. Von einem quondam Johannes Vagener de Norimbergo de confinio sancti Juliani, dessen Sohn 1460 erwähnt wird (ebend. S. 441, Anm. 101), wissen wir nicht das Handwerk.

heit die Züge seiner Hand zu erkennen. Dieses Werk ist der
C a d o l z b u r g e r A l t a r i m H o h e n z o l l e r n - M u -
s e u m z u B e r l i n.

Er wurde 1854 zu Cadolzburg, dem ehemaligen Sitze der
hohenzollernschen Burggrafen von Nürnberg, entdeckt und 1874
von der Gemeinde dem damaligen Kronprinzen Friedrich Wilhelm (auf dessen unausgesprochenen Wunsch hin) geschenkt.
Eine Uebermalung im Jahre 1662 hatte den Altar bis zur Un-
kenntlichkeit des Stiles entstellt (dabei war u. a. über den
brandenburgischen Adler des Wappens das spätere viergeteilte
hohenzollernschen Wappen gemalt worden); nun wurde er durch
den Maler Stübbe von den Farben den XVII. Jahrhunderts, wie
es scheint in nicht sehr glücklicher Weise, befreit.[1] Er ist in
den «Gemälden alter Meister im Besitze seiner Majestät des
Deutschen Kaisers und Königs von Preußen» in zwei Tafeln
veröffentlicht und im Texte dieses Werkes (S. 45 f.) von Friedländer in die Kunstgeschichte eingeführt worden.

Friedländer datiert das Werk um 1410 und gibt es dem
Meister des Imhofschen Altares, den er, Thodes Hypothese
folgend und die Feststellung Gümbels sich zu Nutze machend,
Berthold Landauer nennt. Ich habe die Gründe dargelegt, aus
denen es mir unmöglich scheint, den Namen dieses Meisters
mit Werken jener Zeit zu verbinden. Aber auch die Datierung
Friedländers scheint mir zu früh. Das Wappen des Stifters
zeigt den Brandenburger Adler, das der Stifterin den bayerischen
Schild: die Stifter müssen demnach Friedrich V., Burggraf von
Nürnberg, und seine Gemahlin, die schöne Elisabeth von
Bayern gewesen sein. Den Brandenburger Adler konnte aber
Friedrich doch wohl erst von dem Jahre an im Wappen führen,
in dem er mit der Mark Brandenburg belehnt worden war.
Der Altar kann demnach nicht vor 1417 entstanden sein. Da
Kurfürst Friedrich aber im Alter von ohngefähr 45 bis 50 Jahren
dargestellt ist und da seine Geburt ins Jahr 1372 fällt, da
ferner die «schöne Else» im Alter von ohngefähr 35—40 Jahren

---

[1] Stillfried, Kloster Heilsbronn, Berlin 1877, S. 130 f. In der Sakristei
der Kirche zu Cadolzburg befinden sich zwei gut ausgeführte farbige
Skizzen, die den Altar vor und nach der Restauration wiedergeben.

wiedergegeben ist und ihre Geburt ins Jahr 1385 fällt, so
dürfen wir den Altar wohl etwas nach 1420, also in die Zeit
nach dem Imhofschen Altare setzen.

Der Altar hat die Form eines zweigiebligen Triptychons,
dessen Mittelteil den Gekreuzigten zwischen Maria und Johannes,
zu deren Füßen in kleinen Kirchenstühlen die Stifter, in den
Giebeln Sonne und Mond mit Menschengesichtern zeigt. Auf
der Innenseite der Flügel finden wir links eine weibliche Heilige mit Krone, Märtyrerpalme und einem Rosenkranze, rechts
einen männlichen Heiligen mit Kurhut, Schwert und Hermelin-
mantel (im übermalten Zustande hatten sie die Unterschriften
Sta. cecilia v̄go und S. valerianus), über beiden in den Giebeln
schwebend zwei Engel. Auf der Außenseite ist eine (heute
ziemlich zerstörte) Verkündigung gemalt. Die Maße der Mittel-
stücke ohne Rahmen betragen in der Giebelhöhe 162, in der
Breite 98 cm, die Maße der Flügel in der Giebelhöhe 162, in
der Breite 42 cm; ohne die Giebel beträgt die Höhe 131 cm.

Die Beziehungen des Cadolzburger Altares zum Imhof-
Altare sind offenbar. Die Maria gleicht im Typus des Gesichts
Zug um Zug der Maria von der Rückseite des Imhofschen
Altares, so daß man auf den ersten Blick geneigt wäre, hier
die Hand des gleichen Künstlers anzunehmen. Auch die weibliche Heilige erinnert an den Madonnentypus des Imhof-Meisters
und mehr noch an die Heilige des Imhof-Rothflasch-Epitaphs.
Der Crucifixus schließlich steht in weitgehender Uebereinstimmung mit dem Schmerzensmann im Germanischen Museum.
Wir finden im allgemeinen den gleichen Kopftypus, die gleiche
(vielleicht beim Cadolzburger Altar etwas breitere) Nase mit
dem im Lichte scharf gezeichneten Rücken, das gleiche durch-
sichtige Schamtuch mit dem durchschimmernden Blute, auch
ein ähnliches, nur etwas reicher ornamentiertes Kreuz im
Heiligenschein. Diesen Uebereinstimmungen gegenüber macht
sich um so mehr eine gewisse Verschiedenheit der Auffassung
geltend. Die Gestalt Christi ist auf dem Cadolzburger Altar
viel gedrungener als auf dem Imhofschen, damit gehen auch
die Maße des Kopfes viel mehr ins Breite. Im Ausdruck ist
der Cadolzburger Christus viel schwächer, an Stelle des Adels
jenes müden, leidvollen Hauptes ist eine etwas fatale Bonbom-

mie getreten. Am weitesten entfernt sich der Johannes von
den Typen des Imhof-Meisters; er zeigt zu dem Johannes des
Imhof-Altares so gut wie gar keine Beziehung, nähert sich
vielmehr im Typus wie im Ausdruck späteren, ihrerseits wieder
vom Imhof-Meister abhängigen Werken wie etwa dem Johannes
auf dem Rymensnyder-Epitaph der Lorenzkirche.[1] Gerade
diese Unterschiede in der Uebereinstimmung und die unver-
kennbare Schwäche der ganzen Auffassung machen es mir unmöglich, den Cadolzburger Altar dem Meister des Imhofschen
Altares selbst zuzuschreiben. Ich möchte in ihm nur das Werk
eines von ihm abhängigen, seinen Stil weiterbildenden Künstler-
sehen. Wie der Imhof-Meister selbst, wurzelt auch er in
den Traditionen der böhmischen Kunst. Sein fürstlicher Hei-
liger vergleicht sich solchen Gestalten wie dem h. Wenzel oder
dem h. Palmatius auf dem Wiener Bilde des Tomaso da
Modena.[2]

Vom Meister des Cadolzburger Altares vermag ich zunächst
noch zwei weitere Arbeiten nachzuweisen. Dies sind z w e i F l ü-
g e l mit einem bischöflichen und einem fürstlichen Heiligen, die
ich in einem Nebenraume der K i r c h e z u C a d o l z b u r g
auffand. Sie müssen ursprünglich als feststehende Flügel zu
dem nach Berlin gekommenen Altar selbst gehört haben, denn
sie stimmen in den Maßen mit diesem überein. Sie zeigen die
Giebelform der Flügel dieses Altares, mit denen sie sich decken;
ihre Breite beträgt 59,5 cm, ihre Höhe mit dem Giebel 181,
ohne ihn 136 cm. (Der Rahmen, der sie wohl ursprünglich
umschloß, mag diese Maße genau auf diejenigen der Berliner
Bilder reduciert haben.) Sie sind sehr stark übermalt, doch ist
wenigstens der Kopf des fürstlichen Heiligen, der in der Uebermalung als S. Kilianus bezeichnet wird (der Bischof heißt
S. Urbanus), soweit verschont, daß über seine fast völlige
Identität mit dem anderen fürstlichen Heiligen des Cadolz-

[1] Abb. bei Redslob, a. a. O., Mitteilungen des Germanischen National-
museums, 1907, S. 21. S. Anhang II.
[2] Abb. bei Neuwirth, Mittelalterliche Wandmalereien und Tafelbilder
der Burg Karlstein in Böhmen, Tafel I.

burger Altares und damit auch über seine Zugehörigkeit
zu diesem Altare kein Zweifel sein kann. Auch abgesehen
von der Uebermalung ist der Zustand der beiden Tafeln be-
klagenswert; Namen des XVIII. und des XIX. Jahrhunderts
sind aufgekritzelt, Nägel von hinten durch die Malerei getrieben
worden. Es wäre sehr zu wünschen, daß eine verständige
Wiederherstellung diese bisher völlig unbeachteten Tafeln wieder
zu Ehren brächte.

Daß der Meister des Cadolzburger Altares selbst Nürnberger
war, ist bei der Nachbarschaft der Hohenzollern-Burg und der
Reichsstadt und bei den ständigen Beziehungen zwischen Cadolzburg und Nürnberg fast selbstverständlich. Es wird bestätigt durch ein weiteres Werk, das, wie ich glaube, der gleiche
Meister für Nürnberg selbst gearbeitet hat. Dies ist das
E p i t a p h   d e r   W a l p u r g   P r ü n s t e r i n   i m   G e r-
m a n i s c h e n   M u s e u m (Nr. 103).[1] Bis in die 80er
Jahre des vorigen Jahrhunderts war das Werk noch an seinem
ursprünglichen Orte, einem Pfeiler der Frauenkirche, aufgehängt; aus diesem Bestimmungsort erklärt sich auch seine
schildförmig gebogene Gestalt. Die Inschrift, die es oben, unter
einem Zinnenkranze, trägt, lautet: «Anno dn̄i m⁰ cccc⁹ vn̄ in dē
xxxiiii iar am erchtag noch sant mertins tag do v̇schid fraw
walpurg dy steffan prunsterin». Es zeigt die Anbetung des
Kindes durch Maria und Joseph, darunter in kleinen Verhältnissen Christus als Schmerzensmann im Sarge stehend (der
Sarg ist zum Symbol des Meßopfers auf eine Altarmensa gestellt) zwischen einem Papst und einem Bischof, zur Seite den
Stifter und die Verstorbene, darunter das Tuch der h. Veronica.
Die Maße des Schildes betragen in Höhe und Breite 140×111 cm.
Die Tafel, die bei ihrem Uebergang ins Museum nicht gereinigt
werden konnte, ist durch den Schmutz sehr in ihrer Wirkung
beeinträchtigt.

Zweifellos gehört die liebliche Composition dieser Weih-
nacht zu den harmonischsten Schöpfungen der frühen Nürn-

---

[1] Abb. bei Redslob, a. a. O., Mitteilungen des Germanischen National-
museums, 1907, Tafel III.

berger Malerei. In einem Strahlenkranze liegt das Christkind vor der anbetenden Maria in der Hütte, während außerhalb Joseph in die Kniee gesunken ist. Ohne sich viel um den heiligen Vorgang zu kümmern, wenden Ochs und Esel dem Futter ihre Aufmerksamkeit zu. In der Höhe singen drei Engel ihr Gloria in excelsis deo. Die Farben sind tiefer, kräftiger als auf dem Imhofschen Altare; Maria ist in ein Blaugrün, Joseph in ein ehemals leuchtendes Weinrot gekleidet.

Das Recht, dieses Werk dem Meister des Cadolzburger Altares zuzuschreiben, glaube ich aus der weitgehenden Uebereinstimmung der Maria mit der Heiligen jenes Altares herleiten zu dürfen. Es ist der gleiche zwar dem Imhof-Meister verwandte, aber doch sich von ihm entfernende, mehr runde als ovale Kopftypus mit ziemlich weit von einander stehenden, kindlichen Augen und leicht gewelltem, über das Ohr zurückgelegten Haar. Die Engel gleichen völlig den Engeln in den Giebeln des Cadolzburger Altars. Auch der Schmerzensmann zeigt weitgehende Verwandtschaft mit dem Crucifixus jenes Werkes. Schließlich lassen sich die Bildnisse des hohenzollernschen Fürstenpaares in ihrer bestimmten, klaren, gut charakterisierenden Form wohl mit dem Bildnisse des überlebenden Gatten auf dem Epitaphe vergleichen.

Das Nürnberger Werk, das ja wohl um eine Reihe von Jahren später entstanden ist als das Berliner, weist Züge auf, die es von dem Imhofschen Altare entfernen. Im h. Joseph erkennen wir den durch den Meister des Zwölfboten-Altares aus der Plastik heraus entwickelten «Typus des Nürnberger Apostels» wieder, den wir in den Werken des Imhof-Meisters nicht gefunden, den aber die Nürnberger Malerei inzwischen wieder aufgenommen hatte. Das Christkind ähnelt, bei etwas volleren Formen, dem Christkind, wie wir es in der Kunst der 30 er Jahre mehrfach finden werden, während es sich von dem schlankeren und gracileren Kinde des Deichslerschen Altares und des Imhof-Rothflasch-Epitaphs entschieden unterscheidet.

Thode hat (a. a. O., S. 31) angesichts des Prünsterin-Epitaphs die Frage aufgeworfen, ob der Meister, der dieses in der Empfindung wie in der Composition an italiänische Werke anklingende Bild geschaffen, selbst italiänische Werke gekannt habe, und zwar denkt er gerade an Schöpfungen Gentiles da Fabriano. Mir scheint das Werk nicht in dermaßen nahen Beziehungen zur italiänischen Kunst zu stehen, daß man einen Aufenthalt des Meisters in Italien annehmen müßte. Der Typus der Madonna ist böhmisch ; man vergleiche mit ihr die kleine anbetende Maria auf dem Rahmen des böhmischen Madonnenbildes in der Sammlung des Buckingham Palace[1] und man wird den gleichen Schnitt des Gesichtes, die gleiche Haartracht und Gewandung, die gleiche Handbildung wiederfinden. Immerhin könnte die von Gentile beeinflußte Kunst des Meisters vom Imhof-Altare dem Schüler weitere Elemente übermittelt haben, die den italiänischen Eindruck des Werkes verstärken. In diesem Sinne wäre dann auch der italiänische Charakter dieses Bildes ein Zeugnis für die Beziehungen zwischen Nürnberg und der Kunst Italiens.

---

[1] Abb. Burlington Fine Arts Club, Exhibition of early german art, illustrated catalogue, London 1906, Plate IV.

IV.

Werke des dritten Stiles.

---

1. Der Meister des Bamberger Altares.

Erst durch Thode wurde ein Werk in den Zusammenhang der Nürnberger Malerei eingefügt, das schon vorher die Aufmerksamkeit der Forschung auf sich gelenkt, der **Bamberger Passionsaltar im National-Museum zu München**.[1]

Dieses Werk ist eines der umfangreichsten, das die deutsche Kunst jener Tage geschaffen hat. Das Mittelstück mißt in Höhe und Breite 225×285 cm, die Flügel je 225×127 cm. Das Mittelstück zeigt die Kreuzigung Christi mit der Gruppe der Frauen, Longinus, dem römischen Hauptmann, den würfelnden Kriegsknechten und einer Reihe von Kriegern, der linke Flügel auf der Innenseite die Kreuzschleppung, auf der Außenseite die Dornenkrönung, der rechte auf der Innenseite die Kreuzabnahme, auf der Außenseite das Ecce homo. Das auf glatten Goldgrund gemalte Werk ist vorzüglich erhalten. Am unteren Rande des Mittelstücks liest man, heute vom

---

[1] Abb. des Mittelstücks bei Thode, a. a. O., Taf. 3, Abb. des Mittelstücks und der Flügel Katalog der Gemälde des Bayerischen National-Museums Nr 329 a—c.

Rahmen halb verdeckt, die Jahreszahl 1429. Die ursprüngliche Predella ist nicht auf uns gekommen.

Der Bamberger Altar ist das mächtigste Werk, das zu jener Zeit im Gebiete der deutschen Kunst entstanden ist. Kein anderes kann sich an Innerlichkeit der Empfindung, an monumentaler Größe des Stiles, an vollkommener Beherrschung der künstlerischen Ausdrucksmittel mit ihm vergleichen. Bis zu den Visionen Grünewalds ist die Tragödie des Kreuzestodes in der Kunst des Nordens nicht eindrucksvoller dargestellt worden. Auf die Gestalten der Schächer, die die Aufmerksamkeit ablenken, hat der Künstler verzichtet. Einsam ragt das Kreuz mit der Gestalt des Erlösers, keine Linie überschneidet, keine berührt diese dominierende Silhouette. Die Arme des Kreuzes greifen weit aus, alle, die zu seinen Füßen stehen, überschattend. Zu Seiten der Kreuzarme Sonne und Mond mit Menschengesichtern. Die kindliche Symbolik primitivster Kunst wird hier zum eindrucksvollsten Symbole der weltgeschichtlichen Handlung. Kein Lächeln ob der Naivetät dieser Zeichen kann bestehen vor den großen Frageaugen dieses Mondes, vor dem Medusenblick dieser Sonne. (Man vergleiche damit die kindischen Gesichter des Cadolzburger Altares.) Um den Eindruck der Darstellung an der Hauptstelle zu steigern und im Nebenbei abzuschwächen, bedient sich der Meister eines Mittels, das wir oft in der primitiven Kunst, aber auch in der Kunst Grünewalds finden, der Aenderung des Maßstabs: Christus ist langgestreckt, fast um ein Fünftel seiner Länge größer als die anderen Gestalten, während die bei Seite gerückten Vordergrundfiguren der würfelnden Kriegsknechte nahezu um ein Drittel der ihnen an dieser Stelle zukommenden Größe verkürzt sind. Die Gestalten sind von vollstem innerlichen Leben erfüllt. Wie tief ist der Schmerz der Frauen, wie innig der Glaube des anbetenden Longinus, wie lebendig die Zwiesprache des römischen Hauptmanns, der den lauschenden und zweifelnden Zuhörern die aufkeimende Ueberzeugung kündet: vere filius dei erat iste. Gibt auch das Bild noch den Eindruck einer Bühne, hierin an das Vorbild aller Passionsdarstellungen, das Oster-Mysterium erinnernd, so hat doch diese Bühne Tiefe; die Gestalten stehen nicht an der

Rampe, sie erfüllen wirklich den Raum. In weiser Beschränkung hat der Meister Pferdedarstellungen vermieden und mit kluger Oekonomie durch die ragenden Lanzen den Eindruck der Menge verstärkt. Durch die Macht des gleichen Gedankens sind die Menschen seiner Darstellung zusammengeschlossen und dabei ist die Linie immer zum Mittelpunkt, zu Christus hingeführt. Unwillkürlich folgt man dem staunenden Blicke des Mannes mit dem Ysopschwamm, der das Gebahren des Longinus nicht verstehen kann und schaut mit der gläubigen Anbetung Longins auf zum Haupte des Erlösers. Mit vollendetem Stilgefühl meidet der Meister jede Uebertreibung, jede Caricatur, wie sie sonst die Kreuzigungsdarstellungen dieser Zeit unserm Gefühle fremd machen. Die Schergen, die der Abscheu der Zeit nicht häßlich und abstoßend genug sich vorstellen konnte, sind schlichte Leute aus dem Volke, während die Träger der Handlung, die am Fuße des Kreuzes knieende Magdalena, Johannes, Longin oder der römische Hauptmann durch den Adel ihrer Erscheinung über jene hinausgehoben sind

Die Flügel zur Linken und zur Rechten bringen in der Kreuzschleppung die Einleitung, in der Kreuzabnahme den Ausklang der Tragödie. Die gutmütig mitleidsvolle Hülfe des Joseph von Arimathia, das mit den Tränen kämpfende Leid der Veronica, der im Schmerz über das unwürdige Leiden zu den Freunden sich wendende Christus zeigen, wie sehr auch hier der Meister die rohe Handlung zu verinnerlichen wußte. Auch in dieser Darstellung ist wieder die Sicherheit der Raumgestaltung bewundernswert. Nicht durch seinen geistigen Gehalt, aber durch die Schwierigkeit seines Problems (eines der schwierigsten, die das Christentum der bildenden Kunst gestellt) interessiert die Kreuzabnahme, die freilich der Künstler mit den Mitteln seiner Zeit noch nicht glaubhaft darzustellen wußte. Daß die Rückseiten der Flügel mit der Dornenkrönung und dem Ecce homo nur von Schülerhand ausgeführt seien, wie Schnaase (Geschichte der bildenden Kunst, 2. Aufl. 6. Bd. S. 466), Woltmann (Geschichte der Malerei, S. 91) und Janitschek (Geschichte der deutschen Malerei, S. 285) meinten, kann ich nicht finden. Kein andrer als der Meister selbst konnte mit solcher Sicherheit die Gestalten in den Raum hinein componieren und ohne Caricatur den Stoff so lebendig und charakteristisch zur Darstellung bringen. Die Gestalt, die im Ecce homo rechts im Vordergrund steht, wird uns noch auf einem weiteren, unzweifelhaft eigenhändigen Werke des Meisters begegnen.

Der Meister des Bamberger Altares geht in seiner Kunst weit über das hinaus, was der Imhof-Meister geleistet hatte. Dieser hatte zuerst plastisch die menschliche Gestalt dargestellt, aber noch in einem idealen Raume und in feierlich ruhigem Nebeneinander. Jener versetzt sie nun in die räumliche Wirklichkeit eines Feldes, eines Weges oder einer Halle und stellt sie in den Dienst einer Handlung. Es ist ein gewaltiger Fortschritt, den die Nürnberger Kunst in dem kurzen Zeitraum eines Jahrzehnts vom Imhofschen zum Bamberger Altare gemacht hat. Ist dieser Fortschritt lediglich der frei-schöpferischen Tat eines genialen Meisters zu verdanken? Ich glaube es nicht, möchte vielmehr annehmen, daß hier, auf einer höheren Stufe der Entwicklung, von neuem Einflüsse einsetzen, die sich bereits auf einer niedereren geltend gemacht haben.

Im Gegensatz zum Meister des Imhofschen Altars, der schon der Herkunft seines Stiles nach im eigentlichen Sinne Tafelmaler war, ist der Stil des Bamberger Altares ausgesprochen der Stil eines Wandmalers. Nur aus der Freiheit der Freskenkunst erklärt sich die Großzügigkeit dieses Werkes. In Nürnberg selbst können wir die Wandmalerei nicht über die in der Fläche befangene Kunst des Meisters der Morizkapelle hinaus verfolgen; aus ihr aber läßt sich die Kunst des Meisters vom Bamberger Altare nicht erklären. Auch sein Stil dürfte nach fremden Vorbildern entwickelt sein und hier kommen wohl nur die gleichen in Frage, die schon einmal die Nürnberger Malerei beeinflußt, die Fresken Oberitaliens. Zwar vermag ich unmittelbare Beziehungen oder gar Entlehnungen im Bamberger Altar nicht mit Bestimmtheit nachzuweisen und die Typen scheinen im Wesentlichen dem Meister eigentümlich zu sein. Am ehesten könnte der Typus der Frau mit der Haube, den der Meister zuerst bildet, und der uns wieder begegnen wird, an die breitknochigen, etwas derben Frauentypen der

Padovaner Fresken erinnern; man vergleiche etwa die weinende Frau vorn bei der Kreuzigungsgruppe in der Capellá San Felice mit der einen der Marien des Bamberger Altares oder die Frau, die auf jenem Fresco gleich hinter der schönen Gestalt des schwangeren jungen Weibes sichtbar wird, mit der auf dem Altar von links hereinschreitenden. Einzelheiten in den Trachten wie namentlich die seltsamen spitzen Hüte finden sich ebenfalls dort wieder. Auch das Motiv der Lanzen könnte von Italien her entlehnt sein, wo es auf die Erfindung Giottos zurückgeht. Ganz italiänisch, ja giottesk im Typus, im Fluß des Haares wie in den Linien der Gewandung scheint mir die herrliche Gestalt der am Kreuze knieenden Magdalena; ich wüßte nicht, diese Gestalt aus der deutschen Kunst zu erklären.[1] Stärker als solche Einzelheiten scheint mir die Raumkunst und das Stilgefühl des Meisters seine Bekanntschaft mit der oberitaliänischen Wandmalerei zu verraten.[2]

Sicher scheint es mir, daß der Meister aus der Nürnberger Malerei hervorgegangen ist. In Gestalten wie dem Pilatus der Dornenkrönung und des Ecce homo oder in dem einen Zuschauer und dem einen Mithandelnden der Kreuzabnahme finden wir den auf den Meister des Zwölfboten-Altares und über ihn auf die frühere Nürnberger Plastik zurückgehenden «Typus des Nürnberger Apostels» wieder. Damit knüpft der Meister des Bamberger Altares nicht an den Imhof-Meister an; vielmehr nimmt er damit die älteren Traditionen der Nürnberger Kunst

---

[1] Man vergleiche mit ihr auch etwa eine Gestalt wie die des Fragmentes der knieenden Frau (Magdalena?) im Chor von San Fermo zu Verona, um das Italiänische der h. Magdalena des Bamberger Altares zu empfinden.

[2] Ein Beispiel dafür. daß ein Meister seinen Stil wohl an solchen Werken gebildet haben kann, ohne doch in seinen Typen völlig von ihnen abhängig zu sein, bietet L u c a s M o s e r. Auch er hat die Padovaner Fresken gekannt. Seine Erscheinung der h. Magdalena vor dem König von Marseille ist der Erscheinung des h. Jacobus vor König Ramiro nachgebildet (Abb. bei Schubring, Altichiero und seine Schule, Abb. 2). Auch dort haben wir den Einblick in das Schlafgemach mit dem schräg gestellten Bett, hinter dem der Heilige erscheint. Aehnlich ist die Lage des Schlafenden, der mit halbem Profil auf dem Kissen liegt, dort die Arme verschränkt, hier den einen Arm unter den Kopf gelegt. Auch der Typus des Königs mit dem geteilten Vollbart ist in beiden Fällen der gleiche. (Diesen Hinweis verdanke ich Herrn Dr. Hermann Voss.)

wieder auf. Diese Feststellung ist von Bedeutung für die Frage nach der Herkunft des Meisters.

Nicht nur für die Entwicklung der künstlerischen Ausdrucksmittel bedeutet der Bamberger Altar einen Wendepunkt in der Geschichte der Nürnberger Malerei; auch auf dem Gebiete des Technischen bringt er entscheidend Neues. Im Gegensatz zu der trockenen Farbengebung des Imhofschen Altares ist die seinige flüssig, mit dem Lüstre des Feuchten, Fettigen. Damit erreicht er eine ganz andre Transparenz und Leuchtkraft der Farben als sein Vorgänger. Die Farbenstimmung des Werkes ist tief, kräftig, gesättigt, ein Olivebraun dominiert und der in dieser Farbe gehaltene Boden, der auf den Flügeln des Altares mit einigen Gräsern belebt ist, gibt den Grundton an. Die Modellierung des Fleisches ist viel energischer als bei dem Meister des Imhof-Altares; sie wird durch braune, tiefe Schatten gewonnen. Die Gewänder sind meist in der Art der älteren Malerei noch einfarbig, nur beim Longinus und bei dem einen Krieger rechts auf dem Mittelstück finden wir ein sparsam mit Gold ornamentiertes rotes Gewand.

Im Gegensatz zum Imhof-Meister gibt der Meister des Bamberger Altares seinen Gestalten (bis auf den Christus am Kreuze) kurze, gedrungene Verhältnisse. Die Körperlänge beträgt kaum das Fünffache (beim Imhof-Meister mehr als das Sechsfache) der Kopflänge.

Haben wir aber wirklich das Recht, wie Thode es getan, im Meister des Bamberger Altares einen Vertreter der Nürnberger Malerei und zwar den größten in dieser frühen Zeit zu erblicken? Diese Frage ist vor kurzem aufgeworfen worden und wurde in verneinendem Sinne beantwortet. In seiner Einleitung zu dem vortrefflichen und an Neuem so reichen «Katalog der Gemälde des Bayerischen National-Museums» sagt Voll vom Bamberger Altar: «Man hat ihn lange Zeit der Nürnberger Schule zuweisen wollen; aber obschon die Verwandtschaft mit dem Stil des Imhofmeisters sehr groß ist, wird man doch berücksichtigen müssen, daß Bamberg nicht nur im tiefen Mittelalter eine reiche, selbständige Kunsttätigkeit entfaltet hat, sondern auch noch im XV. Jahrhundert künstlerisch nicht erstarrt war. Das Nationalmuseum besitzt noch mehrere Bamberger Arbeiten aus dem Anfang der XV. Jahrhunderts, darunter das Epitaph der Gerhauserin, und diese gehen, ohne von derselben Hand wie der große Bamberger Altar zu sein, stilistisch doch so eng mit ihm zusammen, daß wir wohl daran denken dürfen, eine selbständige Bamberger Schule anzusetzen.» Ich kann dieser Meinung nicht beistimmen. Voll hätte, um seine Behauptung zu beweisen, zunächst zeigen müssen, daß es in Bamberg tatsächlich eine Kunst gab, aus der ein Werk von der Bedeutung und der Ausdrucksfähigkeit des Bamberger Altares hervorgehen konnte. Dieser Beweis läßt sich jedoch nicht führen. Der Bamberger Altar ist in Bamberg völlig ohne Vorgänger; es gibt dort kein Werk, das auf einen Meister schliessen lassen könnte, aus dessen Kunst der Meister des Bamberger Altares hervorgegangen wäre. Von den späteren Bamberger Werken aber, auf die Voll hinweist, wie dem Epitaph jener Nonne, (die er eine Gerhauserin nennt, die aber in Wirklichkeit eine Ferin war und den im Mittelalter gebräuchlichen Vornamen Gerhaus führte,) von diesen Werken wird es sich im Verlauf unsrer Betrachtung zeigen, daß sie mit einem Hauptwerke der Nürnberger Malerei im unmittelbaren Zusammenhang stehen und der uns bekannten Nürnberger, aber nicht einer uns unbekannten Bamberger Malerei angehören. Sie sprechen darum nicht für, sondern gegen die Annahme einer selbständigen Bamberger Schule. Wollte man aber annehmen, der Meister des Bamberger Altares habe zwar seine Kunst an der Nürnberger Malerei gebildet, sei jedoch ein Bamberger gewesen, so bliebe er darum doch ein Vertreter der Nürnberger Malerei und ein Glied in der Kette ihrer Entwicklung. Aber selbst diese Möglichkeit, den Meister für Bamberg in Anspruch zu nehmen, halte ich für ausgeschlossen.

Der Bamberger Altar ist 1860 mit der Sammlung des Herrn von Reider in Bamberg an das National-Museum gekommen. Vorher befand er sich in der Sammlung des Dr. Kirchner in Bamberg. Dort sah ihn Passavant (1846) und er berichtet, daß der Altar aus der Bamberger Franciscanerkirche stamme (Kunstblatt 1846, S. 189ff.). In der Tat schreibt Murr in seinen «Merk-

würdigkeiten der Fürstbischöflichen Residenzstadt Bamberg»
(Nürnberg 1799, S. 135) von der Kirche des Franciscaner-Klosters:
«Es sind auch etliche uralte auf Goldgrund gemalte Tafeln da
zu sehen.» Das Franciscaner-Kloster wurde 1806 aufgelöst,
die Kirche diente noch einige Zeit zum Militärgottesdienst und
wurde dann niedergelegt (Jäck, Bamberg und dessen Umgeb-
ungen, Erlangen, 1813, S. 63). In dieser Zeit muß das Altarwerk veräußert worden sein.

Nun finden wir in Biedermanns Geschlechtsregister (Tabula
CCXCIX) über ein Glied der Nürnberger Patricierfamilie Löffelholz folgende Notiz:

«Burckhard Löffelholtz stiftete eine wieder ausgegangene
Linie, wohnte zu Bamberg am Kaulberg im sogenannten Stein-
Haus, und besaß in selbiger Gegend noch mehrere Wohnungen,
welche denen Barfüser Mönchen verzinslich waren. Bey diesen
Barfüsern fundirete er eine ewige Lampe vor dem Sacrament
im Chor, wie nicht weniger vor ihm und seine Nachkommen
einen ewigen Jahrs Tag, mit dem ausdrücklichen Befehl, daß
seine Nachkommen Acht haben solten, ob alles wohl und richtig
gehalten würde, was er verordnet habe. In nur besagtes
Barfüser Kloster ließ er auch einen Altar
und Fenster machen, und mit dem Löffel-
holtzischen Wappen bezeichnen. An. 1420
ward er Bürger zu Nürnberg, und zog an. 1430 von Bamberg
würcklich nach Nürnberg wo er die Behausung auf der Füll
gekauffet, welche noch bis diese Stunde bey der Familie ist.
Wie er sich nun bereits zu Bamberg mit milden Stiftungen
hervor gethan, so wolte er es auch hierinnen in Nürnberg nicht
ermangeln lassen. Er verordnete demnach bey der Kirche zu
St. Sebald ihme und seinen Nachkommen, einen ewigen Jahrs
Tag allda, starb an. 1434 zu Nürnberg, und ward seinem letzten
Willen gemäß nach Bamberg geschaffet, und daselbsten in der
Frauen Kirche begraben.»

Diese Angaben werden bestätigt durch eine Nachricht,
die sich in «Des Herrn Hanns Wilhelm Löffelholz von Kolberg (geb. 1656, † 1716) Familienbuch» im Löffelholzschen
Familien-Archiv im Germanischen Museum (S. 32) findet:
«Burckhardt Löffelholz, deß Martin Sohn, hat zur ehe Clara

Münzmeisterin, wohnte lange Zeit und jahr zu Bamberg am Kaulberg, in den Hauß, so man daß Steinhauß nennet. Hatte daselbst herum noch viel mehr Häußer, so den Barfüßern zinßen. Er stiftete bei den Barfüßern daselbst eine ewige Lampe vor den Sacrament im Chor, und Ihm und seinen erben einen ewigen jahrtag, mit Befehl, daß seine Nachkommen achtung solten haben, ob daß gehalten würde, wie denn in gedachten Clöster und der Kirch daselbsten daß alte Löffelholzische Wappen in Fenster, Crenzgang, und sonderlich in der Capell so daß Capitul genennet wird, s a m b t e i n e m a l t a r , s o o h n e Z w e i f e l d i e L ö f f e l h o l z d a - h i n g e s t i f t e t , g e f u n d e n w i r d. Nachmals kam er gen Nürnberg und kaufte aᵘ 1430 die Behausung auf der Füll. . . . Er wurde uᵘ 1420 Bürger allhier [zu Nürnberg].»[1]

Barfüßer (Discalceaten) sind von den für Deutschland in Betracht kommenden Orden nur die Franciscaner (Heimbucher, Die Orden und Congregationen der katholischen Kirche, Paderborn 1907, I, S. 44 f.). Das Barfüßerkloster ist also das Franciscanerkloster. Die Stiftung des Altares muß vor das Jahr 1434 fallen; da aber Burckhard Löffelholz 1430 Bamberg verlassen hat, ist zu vermuten, daß sie auch vor dieses Jahr fällt und es ist nicht unwahrscheinlich, daß gerade die bevorstehende Uebersiedlung der Anlaß der Stiftung war. Der Bamberger Altar des National-Museums trägt die Jahreszahl 1429. Da er nun seinem Stil nach sicher aus der Nürnberger Malerei hervorgegangen ist, so will es mir nicht zweifelhaft erscheinen, daß er identisch ist mit jenem von einem Nürnberger Patricier für die

---

[1] In einer «Kurzen jedoch durch und durch gegründeten und mit vielen Documentis bestättigten Beschreibung der uralten Hochadelichen Familie der Herren Löffelholtz von Colberg» aus dem Ende des XVIII. Jahrhunderts, die noch auf dem Löffelholzschen Gute Giebitzenhof aufbewahrt wird und deren Kenntnis ich der Güte des Herrn Hauptmann Freiherrn Georg von Löffelholz verdanke, findet sich über Burckhard Löffelholz in bezug auf das Franciscanerkloster die Notiz: «In dieser Closter Kirche sieht man einen Altar und Fenster so er machen lassen, mit den Löffelholzischen Wappen bezeichnet. A° 1430 zog er von Bamberg nach Nürnberg, wo er schon a° 1420 Bürger worden». Wahrscheinlich hat aber der Verfasser trotz der Versicherung des Titels hier nur aus Biedermann geschöpft.

Bamberger Franciscaner-Kirche gestifteten Altarwerk.[1] Ich
schließe daraus, daß er nicht nur seinem Stile nach der Nürnberger Kunst angehört, sondern daß wir allen Grund haben
anzunehmen, daß sein Meister gerade so wie sein Stifter selbst
ein Nürnberger gewesen ist.

Daß der Meister des Bamberger Altares wirklich Nürnberger
war, scheint mir noch sicherer dadurch bewiesen, daß in Nürnberg selbst ein Werk zu seiner Kunst in solch engen Beziehungen
steht, daß man es ohne Bedenken seiner Hand zuschreiben
darf. Es sind die Außenseiten der Flügel vom
oberen Schrein des Deocarus - Altares mit vier Darstellungen aus des Legende des Heiligen.[2]

Bei geschlossenen Flügeln sieht man oben links den
h. Deocarus in der Waldeseinsamkeit vor seiner Abtei Herrieden
im Gebete knien; rechts oben liegt er, von seinen Mönchen
umgeben, auf dem Totenbett, während zwei schwebende Engel
seine Seele gen Himmel tragen; links unten finden wir ein von
seinen Reliquien bewirktes Wunder, die Heilung eines blinden
Knaben, rechts unten die Uebergabe dieser Reliquien durch
Kaiser Ludwig den Bayern an die Nürnberger Geistlichkeit.
Bei der Darstellung des Wunders soll offenbar der ursprüngliche Ort des Deocarus-Sarkophages in Herrieden, bei der Uebergabe der Reliquien, wenn auch nicht genau, der Altar in seiner
ursprünglichen Form von 1406 geschildert werden.

Will man sehen, welche Fortschritte in der malerischen
Technik die Nürnberger Malerei im Laufe eines Vierteljahr-
hunderts gemacht hat, so braucht man nur die Außenseite und
die Innenseite dieser Flügel miteinander zu vergleichen. Auf
den Außenseiten finden wir nun jene flüssige, weiche Malweise wieder, die den Bamberger Altar so völlig von den frü-

---

[1] Daß der Altar nicht das Löffelholzsche Wappen trägt, spricht
nicht gegen diese Annahme, es erklärt sich vielmehr leicht aus dem Fehlen
der ursprünglichen Predella. Auch der Tucher-Altar trug das Wappen
der Stifter auf seiner in Verlust geratenen Predella.

[2] Die Maße der Flügelaußenseiten sind dieselben wie der Innenseiten.
Abb. Tafel V.

heren Werken, dem Imhofschen und dem Deichslerschen Altare, trennt. Aber nicht nur die Malweise, auch die Typenbildung, das Raumgefühl, die Gewandbehandlung entsprechen völlig dem Bamberger Altare. Der «Typus des Nürnberger Apostels», den der Meister übernommen, findet sich wieder unter dem Gefolge Kaiser Ludwigs, der «Typus der Frau mit der Haube» auf der Darstellung des Wunders. Auch zwei nicht typische, sondern individualisierte Köpfe des Bamberger Altares sind auf dem Deocarus-Altar geradezu wiederholt: der Knecht des Longinus erscheint wieder als der eine nur dem Kopf nach sichtbare Cleriker zu äußerst rechts bei der Uebergabe der Reliquien, den Juden im Vordergrund des Ecce homo finden wir in ähnlicher Stellung als Geistlichen eben auf jenem Teile des Flügels wieder. Wie auf dem Bamberger Altar finden wir rote, mit Gold ornamentierte Gewänder, aber noch nicht die reichen Goldbrokatstoffe der späteren Zeit.

Bot die Heiligenlegende und der beschränkte Raum der Altarflügel dem Meister auch nicht die volle Freiheit zur Entfaltung seiner Kunst, so verdienen doch diese seine Schöpfungen unter den Frühwerken der Nürnberger Malerei einen ausgezeichneten, ihnen bis jetzt noch nicht zuerkannten Rang. Auch in ihnen lebt etwas von der monumentalen Größe des Bamberger Altares und bannt aus den kleinen Verhältnissen der Altartafeln jede Kleinlichkeit des Stiles. Schöpfungen wie das Gebet des h. Deocarus oder die Uebergabe der Reliquien, voll Würde und Schönheit, unterscheiden sich ebenso sehr von den primitiven Malereien des alten Zwölfboten-Altares wie von den späteren und schwächeren des Deocarus-Schreins.

Die Bemalung der Außenseite des Zwölfboten-Altares mit der Legende des h. Deocarus muß in die Zeit zwischen der Weihung des Altares und der Stiftung des unteren Schreins, also zwischen 1406 und 1436 fallen. Dem Stile nach wird man die Malereien dem Bamberger Altar zeitlich nahe, also etwa in das Ende der 20er oder Anfang der 30er Jahre des XV. Jahrhunderts setzen dürfen.

Noch ein drittes Werk dürfen wir dem Meister des Bamberger Altares zuteilen, ein Werk freilich, von dem sich nur Fragmente uns erhalten haben. In der schönen Kirche des Städtchens L a n g e n z e n n bei Nürnberg finden sich zwei bemalte Tafeln, die lange Zeit auf, die Vorderseite gelegt, als Bodenbelag gedient haben, dann aber entdeckt und gerahmt wurden.[1] Die eine von ihnen, in Höhe und Breite 169,5 × 102,5 cm groß, stellt die V e r l o b u n g J o s e p h s u n d d e r M a r i a dar, die andere, deren Größe 193 × 96,5 cm beträgt, die Z u r ü c k w e i s u n g d e s O p f e r s J o a c h i m s.[2] Die Tafeln sind stark beschnitten, die letztere namentlich hat ihre ganze untere Partie eingebüßt. Die ursprünglichen Dimensionen müssen, wie beim Bamberger Altar, sehr bedeutend gewesen sein. Die Erhaltung der Tafeln ist trotz ihres Schicksals gut.

Die Typen sind völlig die des Bamberger Altares. Im Hohepriester ebenso wie in Joseph, in Joachim und in manchen der Zuschauer erscheint der etwas modificierte «Typus des Nürnberger Apostels» wieder, so wie dort im Pilatus. Den vom Bamberger Altar her vertrauten «Typus der Frau mit der Haube» finden wir auf dem Verlobungsbild in der h. Anna sowie in den Zuschauerinnen wieder. Die architektonischen Formen dieses Bildes entsprechen denen der Kreuztragung, die Raumgestaltung in der Zurückweisung des Opfers der Dornenkrönung oder dem Ecce homo jenes Altares. Die Farben sind auch hier voll und leuchtend. Die Maria des Sposalizio ist in ein tiefes Blaugrün, Anna in ein kräftiges Rot, Joseph in ein lichtes Rot, der Hohepriester in goldornamentierten Brokatstoff gekleidet. Die andere Tafel ist ganz in braunem Ton gehalten, in welchen ein helles Blau in der Kapuze des Joachim und bei dem einen Zuschauer eine heitere Auflichtung bringt. Im Unterschied vom Mittelbild des Bamberger Altares ist hier der Farbenauftrag ziemlich dünn, die Zeichnung hart, die Ausführung im einzelnen minder liebevoll. Namentlich die Hände und die Augenpartien sind wie nach bestimmtem Schema gemalt.

---

[1] Die Kenntnis von der Existenz dieser Tafeln danke ich den Herrn Dr. Hampe und Dr. Schulz vom Germanischen Museum in Nürnberg.
[2] A b b. T a f e l VI a und b.

Noch ehe ich die beiden Tafeln in Langenzenn kennen gelernt, hatte ich in M ü n c h e n, in der S a m m l u n g v o n
P r o f e s s o r S e p p zwei Bilder gefunden, der n Zusammenhang mit dem Bamberger Altar sich auf den ersten Blick ergab.
Sie stellen die B e g e g n u n g J o a c h i m s u n d A n n a s
vor der goldenen Pforte und den T e m p e l g a n g M a r i a e
dar.[1] Auch diese Tafeln sind beschnitten, sie messen in Höhe
und Breite 100,5 × 54 cm. Ueber ihre Provenienz ließ sich
nichts weiter feststellen, als daß sie aus unbekanntem Privat-
besitz erworben wurden. Die Bekanntschaft mit den Langenzenner Bildern gab mir sofort die Ueberzeugung, daß die beiden
Münchener Tafeln nicht nur von der gleichen Hand stammen,
sondern daß sie ursprünglich Teile des gleichen Altarwerks
gewesen sein müssen. Die Uebereinstimmung der Bilder in
den Typen wie in der Malweise geht bis ins Kleinste. (Man
vergleiche z. B. den h. Joachim im Tempel mit dem vor der
goldenen Pforte, wie vollkommen Kopftypus, Haarbehandlung,
der Schnitt, ja die Falten der Kapuze übereinstimmen, oder
man vergleiche die Maria und Anna des Tempelgangs mit der
des Sposalizio.) Dazu kommt noch, daß sich diese doch ver-
hältnismäßig seltenen Darstellungen inhaltlich so ergänzen, daß
geradezu die einen die andern voraussetzen.

Steht auch das Langenzenner Altarwerk, das wir in diesen
vier Bruchstücken kennen lernen, künstlerisch nicht auf der
Höhe des Bamberger Altares, so bietet es uns doch einen
schätzenswerten Beitrag zur Kenntnis dieses bedeutenden Meisters der Frühzeit Nürnbergischer Malerei.

Schließlich dürfen wir noch in einem kleineren Einzel-
bilde die Hand des Meisters erkennen, in der aus der Juden-
kapelle zu Bamberg stammenden M a d o n n a i m A e h r e n-
k l e i d i m M ü n c h e n e r N a t i o n a l - M u s e u m (Katalog Nr. 330,[2] Maße in Höhe und Breite 192,5 × 90 cm). Daß

---

[1] A b b. T a f e l VII a und b.
[2] Abb. ebend.

dieses Werk nürnbergisch ist,[1] wird schon durch den vollkommen nürnbergischen Typus der Engel bezeugt. Es ist
derselbe Typus, den wir auf dem Cadolzburger Altar, dem
Prünsterin- und dem Imhof-Thürler-Epitaph (der Imhofschen
Madonna) dortselbst finden. Die betend im Tempelraum dargestellte Maria gleicht ganz der Maria des Sposalizio in
Langenzenn; die Architektur ist genau die gleiche, die wir in
der Zurückweisung des Opfers Joachims ebendort finden. Die
auf schweren Ton gestimmte Farbengebung ist die des Meisters
vom Bamberger Altar. Die Würde und der Ernst, die hier
der Lieblichkeit sich einen, sind nur ihm eigen.

Da der Meister des Bamberger Altares zweifellos ein
jüngerer Künstler ist als der Imhof-Meister, und da sein Hauptwerk 1429 datiert ist, so dürfen wir annehmen, daß er in den
20er Jahren seine Tätigkeit in Nürnberg begonnen hat. Als
Andreas Volckamer 1436 den Deocarus-Sarkophag stiftete,
wurde nicht der Meister des Bamberger Altares selbst, der
doch die bedeutenden Malereien an den Außenseiten der Flügel
des oberen Schreines geschaffen hatte, zur malerischen Ausschmückung des unteren Schreines herangezogen, sondern nur
ein Schüler, der sich die Schöpfung des Meisters zum Vorbild
nahm. Da sicher der reiche Stifter oder die Vollstrecker seines
letzten Willens sich an den angesehensten Künstler der Stadt
gewandt haben werden, so liegt die Vermutung nahe, daß damals der Meister des Bamberger Altares nicht mehr am Leben
war. Seine Tätigkeit würde also nur in die 20er und den
Anfang der 30er Jahre fallen. Unter den Künstlern der ersten
Hälfte des XV. Jahrhunderts, die wir aus den Forschungen
Gümbels kennen, treffen diese Kriterien eigentlich nur auf
einen einzigen zu, auf C o n r a d   L u c k e m p a c h (vergl.
Gümbel, a. a. O., Repertorium XXX, 1907, S. 42 f.). Dieser
ist 1423 Bürger in Nürnberg geworden, wird 1427, 1429, 1430

---

[1] Die Juden-Capelle wurde übrigens nach «Des Herrn Hanns Wilhelm
Löffelholz von Kolberg Familienbuch» von der Löffelholzschen Familie
ebenfalls besonders reich mit Stiftungen bedacht.

und 1433 erwähnt und muß vor 1438 gestorben sein, denn in diesem Jahre erscheint an seiner Stelle in den Steuerlisten seine Witwe.

Vielleicht spricht noch ein Umstand für die Vermutung, die in diesem Conrad Luckempach den Meister des Bamberger Altares sehen möchte. In dem Rechnungsbuch der Stadt Nürnberg vom Jahre 1436 (Liber Registrorum de Receptis et Expositis stube losunge Ciuitatis Nürembergeñ Inchoatus sabbato ante Annuntiationis Marie virginis gloriosissime anno domini millesimo quadringentesimo Tricesimo secundo, Ms. im kgl. Kreisarchiv zu Nürnberg) finden wir fo. 204 a eine Eintragung, auf die schon Baader (Beiträge zur Kunstgeschichte Nürnbergs, 2. Reihe, Nördlingen 1862, S. 4) hingewiesen hat: «Item de[dim]us 1 c lvij guld landeßwerung das die Ratstub gekost hatt zu molen des gab man dem moler Hannsen Luckempach». Dieser Hans Luckempach, der eine für die damalige Zeit so exorbitant hohe Summe erhielt, muß der damals angesehensten Maler-Werkstatt in Nürnberg vorgestanden sein. Nun finden wir aber auffallenderweise seinen Namen in der Losungsliste des Jahres 1438 überhaupt nicht, sondern nur den einer Albeid Luckenbachin an der Stelle jenes Conrad Luckempach. Daraus dürfen wir doch wohl schließen, daß Albeid die Werkstatt ihres Gatten fortgeführt unter der Mithülfe jenes Hanns Luckempach, der vermutlich ihr Sohn war. Daß diese Werkstatt in der Mitte der 30 er Jahre gerade auf dem Gebiete der Wandmalerei die renommierteste war, läßt auch einen Schluß zu auf die Bedeutung des Conrad Luckempach, und wir werden uns dabei erinnern, daß gerade die Kunst des Meisters vom Bamberger Altar mit der Wandmalerei in den engsten Beziehungen stand. Genügen auch diese Argumente nicht, um den Meister mit Sicherheit mit Conrad Luckempach zu identificieren, so darf doch diese Identification wenigstens als Vermutung ausgesprochen werden.

---

2. Der Meister des h. Deocarus.

Der untere Schrein des Deocarus-Altars, der einst den silbernen Sarkophag des Heiligen umschloß, ist neben dem Bamberger Altar das einzige Werk der frühen Nürnberger

Malerei, das inschriftlich datiert ist. Diese durch den Staub der Jahrhunderte fast unlesbar gewordene und bisher unbeachtete Inschrift zieht sich an der Rückseite des Schreines den Rand entlang, die liegende Gestalt des h. Deocarus umgebend. Durch die Säule, an welcher der Altar befestigt ist, wird sie den Blicken zum Teil entzogen, läßt sich aber aus der zum größeren Teil gleichlautenden Inschrift des Sarkophags, die Hilpert (Die Kirche des h. Laurentius, S. 17) überliefert hat, stellenweise ergänzen. Auf den beiden verticalen Rändern und dem oberen horizontalen Rand lautet sie mit der Ergänzung: «Anno dñi m° cccc° xxx vii in die sci laurentij cōpletū est hoc [opus in honorem st. deocari abbatis per dominum] ludovicum imperatorem romanorum huc de herrieden translati». Auf dem unteren horizontalen Rand besteht sie aus diesen zwei Zeilen:

«Anno dñi m° cccc xxx vi . . . . . freitag noch dē . . gen.
andres volkmar der elt . . . margret die alt ādres volkmar.»

Wir dürfen demnach den Schrein des h. Deocarus in die Jahre 1436/37 setzen; am 10. August 1437, dem Laurentiustage, war er vollendet. Da Andreas Volckamer nach der Inschrift seiner Grabplatte im Chor von St. Lorenz schon 1436 starb, handelt es sich wohl um eine Stiftung von Todes wegen.

Der Schrein zeigt auf der Innenseite der Flügel wiederum vier Darstellungen aus der Legende des h. Deocarus; es sind von links nach rechts: Karl der Große, dem h. Deocarus beichtend, der Tod des h. Deocarus, die Uebergabe der Beliquien an die Nürnberger Geistlichkeit und das Wunder der Blindenheilung. Auf der Außenseite finden sich die zwölf Apostel dargestellt, auf dem Grund des Schreins die fast lebensgroße liegende Gestalt des h. Deocarus, auf der Rückseite des Schreins die gleiche Gestalt von rückwärts gesehen. Die Flügel messen in Höhe und Breite je 78,5 × 89 cm, der Grund mißt 59 × 160 cm.[1]

Entscheidend für den Stil der Malereien des Deocarus-

---

[1] Abb. der Innenseiten Tafel VIII.

Schreines ist die außerordentlich nahe Verwandtschaft, in der sie sowohl in technischer wie in formaler Beziehung zu den Außenseiten der Flügel des oberen Schreines, also zum Meister des Bamberger Altares, stehen. Der «Typus des Nürnberger Apostels» kehrt wieder, so im Kaiser Karl und in dem Träger seiner Krone, und vor allem in den Aposteln der Rückseite, ebenso der «Typus der Frau in der Haube» in den Zuschauern des Wunders. Kaiser Ludwig ist eine etwas dem Aposteltyp angenäherte Copie des Kaisers auf dem oberen Schreine; der im Gebet knieende Heilige dort hat dem Beichtvater Karls zum Vorbild gedient. Die Composition der Uebergabe der Reliquien vom oberen Schrein ist auf dem unteren im Gegensinn übernommen; auch die Art, wie auf der Darstellung des Wunders die Gestalten knieen, ist dieselbe. Es kann kein Zweifel sein, daß wir hier einen unmittelbaren Schüler jenes Meisters tätig sehen, der das Werk des Lehrers zum Vorbild gebraucht. Aber auch darüber. kann kein Zweifel sein, daß dieser Schüler dem Lehrer an künstlerischer Begabung bei weitem nachsteht. So anziehend auch seine Gestalten in ihrer kindlichen Harmlosigkeit uns erscheinen, so sind sie doch bei weitem kraftloser und ausdrucksloser als die Gestalten des Meisters. Am besten sind die Apostel wiedergegeben; auch die große Gestalt des h. Deocarus ermangelt nicht einer gewissen Würde. In einem geht der Schüler über den Lehrer hinaus. Der Meister des Bamberger Altars gibt nur in geringem Maße golddurchwirkte Stoffe; nur auf den Kaisermantel Ludwigs und auf den Bischofsmantel des h. Deocar hat er das Rot mit einem spärlichen goldenen Ornament geschmückt. Der Meister des Deocarus-Schreins dagegen kann sich in der Wiedergabe goldbrokatener Stoffe gar nicht genug tun. Die beiden Kaiser und der Bischof sind in solche Gewänder gekleidet; besonders reich ist der Mantel des liegenden Heiligen im Grunde und selbst auf dem Totenbett ist der Heilige von einer reichen Goldbrokatdecke verhüllt.

Bei der nahen Verwandtschaft der Malereien des unteren Schreines mit denen der Außenseite des oberen könnte man wohl auf die Vermutung kommen, daß hier der größere Meister sich der Hülfe eines Schülers bedient, der unter seiner Anleitung und in seiner Werkstatt diesen minder wichtigen Teil des umzugestaltenden Altares vollendet habe. Dem widerspricht ein innerer Grund. In der Darstellung der Deocarus-Legende auf dem oberen Schreine ist in der Reihe der Bilder das dritte das Wunder der Blindenheilung, das vierte die Uebergabe der Reliquien. Nach der Ansicht des Meisters fand das Wunder vor dem Transport der Reliquien, also nicht in Nürnberg, sondern in Herrieden statt. Dementsprechend läßt er das Wunder vor einem altertümlichen (romanischen) Altare mit dem Sarkophag vor sich gehen, der den Herriedener Altar darstellen sollte oder vielleicht wirklich dargestellt hat. Auf dem unteren Schreine dagegen ist die Darstellung des Wunders die vierte und letzte in der Reihe; sie folgt der Uebergabe der Reliquien, hat also in Nürnberg statt und demgemäß hat der Maler auf beiden Bildern, der Uebergabe wie des Wunders, den gleichen Altar gemalt, nämlich den Nürnberger Deocarus-Altar in seiner heutigen Gestalt. Diese inhaltliche Verschiedenheit in der Darstellung der Legende ist allein schon der schlagendste Beweis dafür, daß der untere Schrein nicht zur gleichen Zeit entstanden sein kann wie die Malereien des oberen Schreines, daß vielmehr der jüngere Künstler, den ich nach diesem datierten Werke den M e i s t e r d e s h. D e o c a r u s nennen will, dem Entwurfe wie der Ausführung nach unabhängig ist von seinem älteren Vorgänger, dem er im Stile folgt, vom Meister des Bamberger Altares.

Das zweite Hauptwerk des Deocarus-Meisters, das dem Deocarus-Schrein zeitlich und stilistisch sehr nahe steht, ist der jetzt auseinandergenommene A l t a r i n d e r S a k r i s t e i d e r J a k o b s k i r c h e, der im Mittelstück die Verlobung der h. Katharina mit dem Christkind zwischen Heiligen, auf den gegenüberhängenden beiden Flügeln je vier Heilige zeigt.[1] Die Heiligen des Mittelstücks sind: zur Linken Margaretha mit dem Drachen, Barbara mit dem Hostienkelch, zur Rechten ein h. Papst mit Buch und Stab, Nicolaus von Myra mit

[1] Abb. Tafel IX und X.

den drei goldenen Kugeln und Egidius mit der Hindin; die Heiligen auf dem linken Flügel sind: Eustachius mit dem Hirschgeweih, Pantaleon mit dem Nagel im Kopf und den Nägelmalen der Hände, Sebastian, bärtig dargestellt, mit den Pfeilen, Georg mit der Kreuzesfahne, die auf dem rechten Flügel: Leonhard mit Fußfessel und Buch, Erasmus mit den um die Winde geschlungenen Gedärmen, ein Bischof mit Buch und Stab und Christophorus mit dem Christkinde. Die Zahl der Heiligen, vierzehn, macht es wahrscheinlich, daß es sich um einen Altar mit den vierzehn Nothelfern handelt. Danach dürfte der eine Bischof der h. Blasius sein. Thode (a. a. O., S. 30) identificiert den Altar mit einem Altärlein, das Murr in St. Jobst sah und das ebenfalls eine Verlobung der h. Katharina enthielt; aber abgesehen davon, daß weder der Inhalt noch die Form des beschriebenen Altares zu dem unsrigen recht stimmen, erfahren wir, daß dieser aus der Hallerschen Stiftungskapelle zum h. Kreuze stammt, wo ihn noch Waagen (Kunstwerke und Künstler in Deutschland, S. 284) und Rettberg (Nürnberger Briefe, Hannover 1846, S. 79) sahen und beschrieben.[1] Ueberzeugend scheint mir Thodes Datierung zu sein. Er bringt den Altar mit den Nothelfern mit dem Jahre der großen Not, dem furchtbaren Pestjahr 1437 in Zusammenhang und datiert demnach den Altar, was mit dem Stile sehr gut übereinstimmt.[2]

Das Mittelstück des Altares mißt in Höhe und Breite 101,5×242 cm, die Flügel je 101,5×114 cm. Der Altar ist vorzüglich erhalten; namentlich das Mittelstück, das 1906 auf der Nürnberger Jubiläums-Ausstellung war und bei dieser Gelegenheit einer Reinigung unterzogen wurde, zeigt sich in voller Farbenschönheit. Auch die Rückseiten der Flügel sind

---

[1] Dadurch könnte sich auch das Fehlen der Wappen an diesem Altar erklären: was von einem Haller in die Hallersche Heiligkreuz-Capelle gestiftet wurde, brauchte nicht besonders als Hallersche Stiftung bezeichnet zu werden. Es ist aber wohl möglich, daß sich die Wappen doch auf der Rückseite der Flügel finden.

[2] Daß anstatt des h. Veit als Nothelfer der h. Sebastian erscheint, möchte ich allerdings nicht als eine Hindeutung auf das Pestjahr auffassen, denn auch der h. Veit ist Pestpatron. Die Persönlichkeiten der Nothelfer stehen aber nicht absolut fest und gerade Veit und Sebastian vicariieren.

bemalt; da es mir nicht möglich war, die Bilder von der Wand abnehmen zu lassen, konnte ich den Gegenstand der Malereien nicht feststellen. Sie sind offenbar sehr verstaubt und über sie hinweg sind auf den Rahmen je zwei Leisten genagelt. Dörnhöffer ist neuerdings (a. a. O., Repertorium XXIX, 1906, S. 446) für die unmittelbare Zugehörigkeit des Altares zu den Werken des Imhof-Meisters eingetreten, allerdings ohne nähere Begründung. Ich vermag ihm hierin nicht zu folgen, möchte nicht einmal unbedingt zwischen dem Meister des Imhofschen Altares und unserem Meister das directe Verhältnis von Lehrer und Schüler annehmen. Vielmehr glaube ich, daß zwischen dem Imhofschen Altare und diesem jene Wandlung im Stile und in der Technik steht, die in der Nürnberger Malerei mit der Person des Meisters vom Bamberger Altare verknüpft ist. Man braucht meines Erachtens bloß eine der weiblichen Heiligen in St. Jakob mit der h. Katharina des Imhof-Meisters in St. Sebald oder der h. Elisabeth in Berlin zu vergleichen, um des Unterschiedes in Formengebung und Stilgefühl inne zu werden. Vergleicht man dagegen den Altar mit dem Deocarus-Schrein, so wird die größte Uebereinstimmung ersichtlich. Die Clerikerköpfe des Schreines finden wir in den bischöflichen Heiligen wieder; die Vorliebe des Meisters für kostbare Brokatgewänder findet hier in den Dalmatiken reichen Stoff. Auch hier können wir die gleichen Beziehungen zur Kunst des Meisters vom Bamberger Altar beobachten; der h. Sebastian steht im engsten Zusammenhang mit Kaiser Ludwig auf der Außenseite der Flügel des Deocarus-Altares; im h. Christophorus erscheint der «Typus des Nürnberger Apostels» wieder. Einen neuen Typus dagegen, der sich beim Meister des Bamberger Altares noch nicht findet und zu welchem sich dem Deocarus-Meister auf dem Deocarus-Schrein die Gelegenheit noch nicht bot, bildet er in seinen weiblichen Heiligen aus. Gestalten dieser Art begegnen uns zum ersten Male auf dem Pühler Altar, sodann auch auf dem Cadolzburger Altar. Wir finden sie auch außerhalb Nürnbergs und wie ich glaube unabhängig davon in der Nördlinger Kunst jener Zeit, in den Seligenstädter Heiligen der Darmstädter Galerie, die schon Thode (Die Malerei am Mittelrhein, Jahrbuch der kgl. preuß.

Kunstsammlungen XXI, 1900, S. 73) der fränkischen Kunst zugewiesen und als deren Maler Director Back Meister Berthold von Nördlingen erkannt hat (vgl. Bericht über die Verbandlungen des VIII. internationalen kunsthistorischen Kongresses, S. 117).

Der Nothelfer-Altar der Jakobskirche, der das Hauptwerk des Deocarus-Meisters bildet, ist eines wenn auch nicht der bedeutendsten, so doch der anziehendsten Werke der Nürnberger Malerei. Seine Farben, heiterer als die das Bamberger Altares, sind von außerordentlicher Schönheit; das Gold dominiert und verbindet sich mit einem leuchtenden Rot und einem tiefen, etwas nachgedunkelten Blaugrün zu festlich feierlicher Wirkung. Es ist eine vornehme Gesellschaft, die sich zur Santa Conversazione um den Thron dieses göttlichen Kindes geschart, dessen fast italiänische Süße Thode hervorhebt, vornehme Jungfrauen mit goldblondem Haar und lichten, blühenden Wangen, Kirchenfürsten, deren kindlich offene Züge nichts von den Würde und Schwere ihres Amtes verraten, höfisch elegante Heilige, die wie zum Spiele die grausigen Zeichen ihres Martyriums in den Händen tragen. Die große, strenge Kunst des Meisters vom Bamberger Altar ist hier ins Sanfte, Liebliche, der innerlich ernste Charakter seines Schaffens ins anmutig Heitere umgesetzt.

Das Altarwerk von St. Jakob rechtfertigt es nun auch, zwei andere Werke mit Thode der Nürnberger Schule zuzuschreiben, die Voll kürzlich ebenfalls als Zeugnisse einer selbständigen Bamberger Kunst in Anspruch genommen hat. Es sind zwei Epitaphien des Bayerischen National-Museums zu München (Katalog Nr. 331 und 332), auf denen beiden die Verstorbenen in der Tracht von Klosterfrauen durch Johannes den Evangelisten dem auf dem Schoße der Mutter sitzenden Christkinde empfohlen werden.[1] Auf dem einen Bilde steht neben der Maria noch die h. Elisabeth, wohl die Namenspatronin der Verstorbenen, auf dem anderen halten

---

[1] Abb. Tafel XI a und b.

Engel einen Brokatteppich hinter der Madonna. Die Schrift-
bänder des ersten Bildes tragen die Inschrift: «Secundum ·
multitudinē · miséacionu · tuaru · dete · iniquitatem · eius ·
dominus · ops·» «domine · ihesu · criste · fili · dei · vivi·»
«delicta · iuventutis · et · ignorācias · ei' · ne · meminer' ·
dñe·» Das zweite Epitaph trägt die Unterschrift: «Anno domini mⁿ cccc dernoch im xliii iar an vnsers herrē leichnā obēt
do vschied gerhaus ferin klosterfraw zum heiligen grab der got
genedik sey.» Die Maße der ersten Tafel betragen in Höhe und
Breite 67 × 82 cm, die der zweiten 114 × 87,5 cm. Beide
stammen aus dem Nonnenkloster zum h. Grab in Bamberg
und sind aus der Reiderschen Sammlung in das National-Museum gekommen. Die Werke sind gut erhalten, nur bei dem
Bild der unbekannten Nonne sind die Spruchbänder etwas
übermalt und an den Aermchen des Kindes einige Retouchen
angebracht.

Daß die beiden Bilder, weit entfernt davon, selbständige
Werke einer Bamberger Malerschule zu sein, mit dem Not-
helfer-Altar in St. Jakob im engsten Zusammenhang stehen,
lehrt schon die Vergleichung der Abbildungen auf den ersten
Blick. Wir können nicht daran zweifeln, daß wir es hier mit
Werken der gleichen Hand zu tun haben. Die Uebereinstimmung der Madonna wie des Kindes könnte nicht größer sein.
Die Züge des Gesichtes, das blonde, gelb gehöhte Haar, das
Kopftuch, die Gewandung der Madonna (man vergleiche die
Schließe auf dem Nürnberger Altar und dem Epitaph der Ferin),
der Körperbau, die Haltung und die Bewegung des Kindes
sind auf allen Bildern gleich. Dabei sind die Münchener
Werke, trotz des Tadels, den ihnen Janitschek (Geschichte der
deutschen Malerei, S. 285 f.) gibt, doch zu gut gemalt, als
daß wir in ihnen bloße Nachahmungen sehen dürften.

Die Farben sind die vollen, schönen des Nothelfer-Altars.
Der Johannes des Epitaphs der unbekannten Nonne ist in
einen lichten roten Mantel mit moosgrünem Futter, die Madonna in Blaugrün, die h. Elisabeth in helles Moosgrün mit
rotem Futter gekleidet, während auf dem anderen Epitaph die
Madonna das gleiche blaugrüne, innen rote Gewand, Johannes
aber einen weißen Mantel trägt.

Die h. Elisabeth des einen Epitaphs hat offenbar die b.
Elisabeth des Deichslerschen Altares zum Vorbild, an die nicht
nur Kopftypus und Kopftuch, sondern selbst noch die Gewand-
motive erinnern. Aber gerade in der Weiterentwicklung dieser
volleren Züge macht sich meines Erachtens, ganz abgesehen von
der Verschiedenheit der malerischen Technik, die Verschiedenheit der ausführenden Hände geltend.

Das Epitaph der Gerhaus Ferin führt uns schon in die
40er Jahre des XV. Jahrhunderts. Am Ende dieses Jahrzehnts
ist ein anderes Werk entstanden, das wir vielleicht ebenfalls dem
Meister des h. Deocarus zuschreiben dürfen. Dieses Werk ist
die I m h o f s c h e M a d o n n a in der, vom Chor aus gerechnet vorletzten, linken Seitencapelle von St. L o r e n z.[1]
Man hat dieses Werk schon früh mit dem Imhofschen
Altare in nahe Beziehung gebracht. In der Tat erinnert es in
formaler Hinsicht ebenso sehr an diesen, wie es hinsichtlich
der Technik und der Zeit seiner Entstehung ihm ferne steht.
Das Bild zeigt die Madonna, den blauen, innen roten Mantel
über den von einem Tuche bedeckten Kopf gezogen, das sehr
groß gebildete, nackte Kind in Händen haltend, von vier Engeln
mit ausgebreiteten Flügeln umschwebt. Die Predella, durch
einen ornamentierten Streifen vom Bilde getrennt, zeigt den
Stifter mit acht Söhnen und seine Frau mit vier Töchtern.
Hinter dem Stifter sehen wir das Wappen der Imhof, hinter
der Frau das Wappen der Thürler (die Türe im roten Felde);
die älteste Tochter in der Frauenhaube hat bereits ihr eigenes
(nicht nürnbergisches) Wappen.
Hilpert (Die Kirche des hl. Laurentius, S. 20) berichtet,
das Bild sei aufgehängt «zum Gedächtnis Christian Imhofs
(† 1448), wie die ehedem vorhanden gewesene Inschrift bezeugt.» Thode (a. a. O., S. 32), dem diese späte Datierung mit
dem Stilcharakter des Werkes unvereinbar erscheint, hält
diese von Hilpert angeführte Inschriftstafel mit dem Todesdatum

---

[1] Abb. bei Thode, a. a. O., Taf. 4.

für eine spätere Hinzufügung und setzt das Bild in die dreissiger Jahre.

Tatsächlich sind die Angaben Hilperts vollkommen unrichtig. Christian Imhof, ein jüngerer Bruder des Stifters des Imhofschen Altares, ist nicht 1448 gestorben, sondern ist noch von 1441—1452 Kirchenpfleger von St. Lorenz (Würffel, Diptycha Ecclesiae Laurentianae, S. 49), wird 1449 und 1460 noch in den Getreidebüchlein aufgeführt (Getreidebüchlein von 1449, fo. 41, Getreidebüchlein von 1460, fo. 3a) und ist nach der handschriftlichen Genealogie der Familien Tucher, Imhof und Haller im Germanischen Museum (fo. 18b) 1466, nach Biedermann (Geschlechtsregister des Patriciats zu Nürnberg, Tab. CCXV) und nach der Genealogie des Imhofschen Familienarchivs am 23. Juni 1466, nach seinem von Rötenbeck (Descriptio Epitaphiorum et Monumentorum der beiden Hauptkirchen zu St. Sebald und St. Laurentzen, Ms. Nr. 143 des Kgl. Kreisarchivs zu Nürnberg) überlieferten Epitaph [1] 1467 gestorben. Zum Gedächtnis des Christian Imhof kann also diese Tafel unmöglich gestiftet sein, wohl aber muß sie v o n ihm gestiftet sein, denn nur er war mit einer Thürlerin verheiratet (vgl. die angeführte handschriftliche Genealogie und Hallerbuch fo. 340b). Da das Wappen der zweiten Frau des Christian Imhof, einer Prünsterin, sich auf dem Bilde nicht findet, kann dieses nur dem Andenken der ersten Frau gewidmet sein. Diese ist nach der Nachricht einer Chronik (Chroniken der deutschen Städte II, Leipzig 1864, S. 342) 1449 gestorben und die Genealogie des Imhofschen Familienarchivs gibt den 7. Juli als ihren Todestag an. Rötenbeck hat uns (a. a. O.) die Inschrift ihrer Totentafel überliefert, die sich über dem Bilde befand und so lautete: «Als man zählt nach Christi Geburth 1449. jahr, an vnser lieben frauen tag, als sie über das Geburg ging, da verschiedt frau Anna Im Hoff, die hie begraben liegt.» [2] Daß es

---

[1] «Anno Domini 1467, am Sambstag vor St. Johannistag, da verschiedt der Erbarig Christian Im Hoff. Dem Gott genad.»

[2] Kern, der die oben angeführte Chronik herausgegeben hat, verweist auf eine Abschrift der Totentafel, die in Ms. Schwarz fol. 265, S. 464 der Nürnberger Stadtbibliothek überliefert sei. Durch die seither erfolgte

sich bei dieser Inschrift nicht um eine nachträgliche Hinzufügung zu dem bereits früher gestifteten Bilde handelt, beweist die Predella, die nach Form und Malweise sicher mit der
Tafel gleichzeitig ist. Christian Imhof hatte von dieser seiner
ersten Frau nach der Genealogie des Imhofschen Familienarchivs zwölf Kinder, acht Söhne und vier Töchter, die gleiche
Anzahl also, die wir auf dieser Predella erblicken, und von
dem drittletzten Kinde wissen wir, daß es nach 1442 geboren
wurde.[1] Die Tafel kann also erst nach der Geburt des letzten
Kindes gemalt sein und wir können nicht daran zweifeln, daß
sie wirklich das Epitaph der 1449 verstorbenen Frau des
Christian Imhof darstellt und daß sie demnach ins Jahr 1449
zu setzen ist.

Die Maße des Bildes betragen in Höhe und Breite 90 ✕
75,5 cm. Es wurde 1824 bei der allgemeinen Restauration
der Bilder von St. Lorenz durch den Maler Pereya, 1862
im Auftrag der Familie Imhof durch den Maler Tratz restauriert, beidesmal ohne Schaden zu nehmen.

Daß die Imhofsche Madonna volle dreißig Jahre nach dem
Imhofschen Altare entstanden ist, zeigt sich zunächst in der
Technik. Der Farbenauftrag ist viel weicher, verschmolzener,
die Trockenheit des Kreidegrundes ist in viel höherem Maße
überwunden. Es ist jene Technik, die wir in den dreißiger
Jahren in Nürnberg allgemein finden. Auch das Incarnat der
Madonna unterscheidet sich in seinem warmem, goldenen Ton
sehr von dem kühlen, lichten Incarnat der Maria des Imhofschen Altares. Um so auffallender ist gerade bei dieser Verschiedenheit die Uebereinstimmung der Typen in diesen beiden
zeitlich so weit auseinander liegenden Werken. Es ist das
gleiche nach der Stirne zu etwas verstärkte Eirund des Gesichtes, es sind die gleichen milden, sinnenden Augen, die
gleichen feinen Linien der Brauen, es ist derselbe knospend
liebliche Mund, dieselbe gerade Nasenlinie; nur das Verhältnis

---

Neuordnung der Stadtbibliothek war diese Handschrift nicht mehr auffind-
bar. Die Genealogie des Imhofschen Familienarchivs nennt die Thürlerin
übrigens nicht Anna, sondern Margarete.
[1] Die Kenntnis der Papiere des Imhofschen Familienarchivs danke
ich der Güte des Herrn Major Freiherrn von Imhof in Nürnberg.

der unteren zur oberen Gesichtspartie ist bei dem späteren
Bilde durch die Verstärkung der letzteren um etwas verschoben,
so daß die Wangen mehr gerundet und das Oval in der Form
des Gesichtes mehr dem Kreise genähert erscheinen. Das Kind
dagegen hat gar nichts gemein mit dem Kinde auf dem Deichslerschen Altare; es ist als viel größer und älter gebildet, im
Kopftypus völlig verschieden, nur wie dort ganz unbekleidet.
Blickt es dort zutraulich heiter zur Mutter auf, so sucht es
hier, indem es auf ihren Händen ruht, voll tiefen, heiligen
Ernstes ihren Blick. Auch die Madonna scheint ernster geworden und selbst die Engel teilen die feierlich schwere Stimmung. Das Blau im Mantel der Maria ist tiefer, dunkler als
auf dem Imhofschen Altare und die wenigen, sichtbaren Stellen
der Innenseite des Mantels begleiten es in ihrem Blutrot wie
in düsterem Accord. Die Verstärkung der Formensprache und
die Vertiefung der Farben geben dem Werke im Vergleich zum
Imhofschen Altare den Charakter eines schwereren Ernstes und
einer bedeutungsvollen Feierlichkeit.

Wie erklären sich nun die Uebereinstimmungen und Unterschiede des Imhofschen und Deichslerschen Altares einerseits
und der Imhofschen Madonna andererseits? Die nächstliegende
Erklärung wäre wohl, daß der gleiche Meister diese Werke gemalt, die einen in seiner Jugend, das andere mit veränderter
Technik und gewandelter Formensprache im Alter. Diese Annahme ist jedenfalls, bei dem langen Zeitraum, der zwischen
den Werken liegt, und dem Fehlen jeglicher Zwischenglieder,
unerweislich und bei dem doch sehr verschiedenen Charakter
der Werke selbst, wie mir scheinen will, nicht sehr wahrscheinlich. Auch daß der Meister der Imhofschen Madonna an
den Werken des Meisters vom Imhofschen Altare seinen Stil
gebildet oder daß er, etwa auf Wunsch des Bestellers, die
Maria dieses Altares sich zum Vorbild genommen habe, möchte
ich nicht so ohne weiteres annehmen. Vielmehr scheint mir
die Uebereinstimmung in den Marientypen auf das Vorhandensein gleicher Vorbilder hinzudeuten. Gerade so wie der Typus
der Madonna des Altares mit dem weißen, gesäumten Kopftuch
unter der Krone auf böhmische Vorbilder zurückging, so finden
wir auch das Motiv des über den Kopf gezogenen Mantels,

der darunter ebenfalls ein weißes Kopftuch sehen läßt, schon
in der böhmisch-italiänischen Kunst, so in dem Wiener
Tafelbild des Tomaso da Modena. Auch der Kopftypus selbst,
das Oval des Gesichts, das kurze Kinn, die gerade Nase, die
gerundete Wange, klingt hier schon an. Das Kind der Imhof-
Madonna erinnert an das ähnlich groß gebildete und auch im
Typus ähnliche Kind auf dem Marienbild der Stiftskirche zu
Hohenfurt oder des Bildes im Buckingham Palace; auch das
Motiv der die Madonna umschwebenden Engel, allerdings nicht
in Farben ausgeführt, sondern nur in das Gold des Grundes
eingezeichnet, findet sich dort bereits, wie denn auch das
Verhältnis von Mutter und Kind hier wie dort durchaus
das gleiche ist. Bei diesen Uebereinstimmungen will es mir
sehr wahrscheinlich dünken, daß der Meister der Imhofschen Madonna uoch ein Marienbild der böhmischen Schule,
das sich vielleicht besondren Ansehens erfreute, zum Vorbild
hatte, als er sein Werk schuf; an eine unmittelbare Berührung
mit böhmischer Kunst dürfen wir ja in so später Zeit kaum
mehr denken. Jedenfalls würde sich bei der Verwandtschaft
der anzunehmenden Vorbilder die formale Uebereinstimmung
der beiden Werke, des Imhofschen Altares und der Imhofschen
Madonna, ungesucht erklären. Daß dabei auch das Vorbild
des berühmten Altares auf die Formensprache des Bildes einge-
wirkt haben kann, ist durchaus möglich.

Für eine derartige Annahme eines älteren Vorbilds spricht
es auch, daß die Composition der Imhofschen Madonna in Nürnberg durchaus nicht allein steht. In der Tetzelkapelle der Aegydienkirche finden wir in dem Epitaph der 1437 gestorbenen Elisabeth Tetzel genau das gleiche Motiv der Madonna mit dem
groß gebildeten Kinde auf dem Schoße, von einem Kranze von
Engeln umschwebt. Wie weit hier die Uebereinstimmung nicht
nur im Schema, sondern auch im Typus ging, läßt sich nicht
mehr sagen, da das Werk durch die in der Aegydienkirche
besonders zerstörende Uebermalung völlig den Charakter des
XVII. Jahrhunderts erhalten hat.

Bei diesen besonderen Beziehungen des späten Werks zu
der die Frühzeit der Nürnberger Malerei bestimmenden Kunst
ist es schwer, über den Urheber zu einem bestimmten Urteil

zu gelangen. Da das Epitaph der Ferin uns bezeugt, daß der
Meister des h. Deocarus noch in den 40er Jahren tätig war,
da ferner die (nicht böhmisch-italiänischen) Engel der Imhof-
Madonna mit den Engeln eben dieses Epitaphs aufs genaueste
übereinstimmen und da auch die Malweise beider Werke die
engsten Beziehungen zeigt, so glaube ich, daß wir in der Imhof-
Madonna ein Spätwerk des Deocarus-Meister erblicken dürfen.

Die gleiche Hand dürfen wir mit Sicherheit in einem
weiteren, allerdings nicht sehr bedeutenden Werke erkennen,
in der Gedenktafel des Anton Imhof im Germanischen Museum
(im Raum neben der Kirche). Sie zeigt den in eine silber-
glänzende Rüstung gekleideten jungen Mann knieend und
betend, daneben die Inschrift: «Anno dn̄i m⁰ cccc⁰ xlviiii⁰ iar
do hern v̄n stet mitenander krigten nam antoni cristā im hoff
svn schadē bei fūrt am nestē mitwoch noch martini der hy
begrabē leit.» Diese Tafel hing, wie noch die kleine Abbildung
im Inventar der Imhofschen Stiftungen im Imhofschen Familienarchiv zeigt, ursprünglich unmittelbar unter der Imhofschen
Madonna, wie denn eine derartige oblonge Tafel mit der Darstellung des Verstorbenen immer das Votivbild voraussetzt, das
dem Heil seiner Seele geweiht ist. So haben wir keinen Grund
daran zu zweifeln, daß diese kleine Tafel trotz der Selbständig-
keit ihrer Maße (sie mißt in Höhe und Breite $27{,}5 \times 96$ cm)
der gleichen Stiftung ihre Entstehung verdankt wie die über
ihr angebrachte Madonna, und tatsächlich stimmt sie in ihrem
Stil aufs genaueste mit den Stifterportraits des großen Bildes
überein. Daß die beiden in der Zeit der Kriegs- und Seuchen-
not so rasch sich folgenden Todesfälle des Sohnes und der
Frau des Christian Imhof zu einer einzigen, und nicht zu zwei
verschiedenen Stiftungen Anlaß gaben, ist ja nicht ver-
wunderlich.

———

Nach den Datierungen, die uns seine Werke erlauben, fällt
die Tätigkeit des Meisters des h. Deocarus, dessen Kunst in
der im Anfang der 30er Jahre herrschenden wurzelt, in die
Zeit von 1437—1449. Wir haben in ihm gegen das Ende
seiner Tätigkeit ein (nicht vereinzelt dastehendes) Beispiel

eines Meisters, der in seinem Stile weiterarbeitet und damit
noch Beifall findet, während rings um ihn schon der Stil sich
gewandelt hat. Das Epitaph der Ferin ist um ein Jahr später
als die Heilsbronner Madonna, die Imhofsche Madonna geht
nur um ein Jahr dem Tucherschen Altare vorauf.

Sprach eine gewisse Wahrscheinlichkeit dafür, daß der
Meister des Bamberger Altares mit Conrad Luckempach zu
identificieren sei, so wäre es denkbar, daß der Deocarus-Meister,
der seinen Stil fortsetzt und weiterbildet, mit seinem vermutlichen
Nachfolger Hans Luckempach identisch ist. Man möchte auch
hier wieder den bedeutendsten Künstler aus dem Ende der 30er
Jahre mit dem angesehensten Meister dieser Zeit identificieren.

Im Anfang der 40er Jahre muß Conrad Walch einer der
angesehensten Künstler in Nürnberg gewesen sein, denn 1442
ließ durch ihn der Rat die Gemälde in der Ratsstube restaurieren,
welche sechs Jahre vorher Hans Luckempach wie es scheint nicht
sehr dauerhaft mit den Schöpfungen seiner Kunst geschmückt
(vgl. Baader, Beiträge zur Kunstgeschichte Nürnbergs, 2. Reihe,
Nördlingen 1862, S. 4). Diesen Meister finden wir 1443 und
1447 in den Salzbüchlein wieder; 1455 ist er gestorben [1] (vgl.
Gümbel, a. a. O., Repertorium XXX, 1907, S. 56). Auch er, den
sein Vorkommen in den Salzbüchlein und im Großtotengeläutbuch von St. Lorenz als wohlhabenden Mann bezeugt, könnte
wohl als der Meister des b. Deocarus in Betracht kommen.

---

3. Der Meister des Wolfgangs-Altares.

Gleichfalls in der Kunst der 30er Jahre wurzelt ein anderer
Meister, der die Traditionen der frühen Nürnberger Malerei
noch in fortgeschrittener Zeit vertritt, der M e i s t e r d e s

---

[1] Der Name Walch bedeutet hier nicht wie später bei Jacopo Bar-
bari italiänische Abstammung. Conrad Walch muß vielmehr, da wir
seinen Namen in den Bürgerbüchern nicht finden, Sohn eines Nürnbergers
gewesen sein. In der Tat gibt es in Nürnberg häufig den Namen Walch
(Bürgerbuch Nr. 233: fo. 113a, 1393, Peter Walch spengler, fo. 169b,
1424, Görg Walch koch, Nr. 234: fo. 166b, 1443, Hans Walch sneider,
fo 114b, 1457, Michel Walch peck, fo. 43b, 1460, Snyder Stephan Walch,
Nr. 235: fo. 51b, Becker Hans Walch, fo. 160b derselbe als Bürger, Getreidebüchlein von 1460 Michel Walch etc.).

Wolfgangs-Altare's. Thode hat (a. a. O., S. 49—55) sein Werk zusammengestellt, seine Art bestimmt, seinen Namen nach einer seiner bedeutendsten Schöpfungen gebildet. Es ist nicht nötig, des Näheren auf ihn einzugehen, da er nur der Fortsetzer einer vorhandenen Richtung, nicht der Träger einer neuen Entwicklung ist.

Eines seiner Hauptwerke ist der (mir im Original nicht bekannte) M a r i e n - A l t a r i m B r e s l a u e r M u s e u m, die Stiftung eines Gliedes der Familie Imhof.[1] «Gesättigte Farben: ein starkes Blau, Lackrot und Grün, das warme Rötlich des Incarnats bringen auf dem goldenen Hintergrunde eine volle, kräftige Gesamtwirkung hervor. Ein freundliches, noch kindliches Empfinden spricht aus den Figuren» (Thode).

Sein zweites Werk ist ein zu Murrs Zeiten in der Predigerkirche, zu Rettbergs Zeiten auf der Burg, jetzt auseinandergenommen in zwei Capellen von St. L o r e n z befindliches A l t ä r c h e n, das im Mittelteil das Gebet in Gethsemane, auf den Flügeln in vier Darstellungen Abendmahl, Geißelung, Christus vor Pilatus und Dornenkrönung zeigt. Wir finden hier den «Typus des Nürnberger Apostels» und zwar in einer dem Meister des Zwölfboten-Altares nahestehenden Form wieder. (Offenbar hat der Künstler für sein Abendmahl, dessen perspectivische Schwierigkeit er durch die Anordnung an einem runden Tisch zu lösen sucht, das Abendmahl des Zwölfboten-Altares benutzt.) Seine Typen sind leer und hölzern; kein Zug der Seelenqual zeigt sich in dem Gesichte des am Oelberge betenden Christus. Auffallend ist dabei das gute Raumgefühl, worin er den Deocarus-Meister entschieden übertrifft; offenbar ist er hierin der Erbe des Meister vom Bamberger Altare.

Gegenständlich interessant ist eine von dem 1464 verstorbenen P r o f e s s o r F r i e d r i c h S c h o n gestiftete T a f e l, die ebenfalls von der Hand des Meisters herrührt und sich in der gleichen Kirche befindet.[2] Es ist ein Beispiel der mittelalterlichen Mariensymbolik, wie sie auch an anderen Orten in Bil-

---

[1] Abb. des Mittelteils mit der Himmelfahrt Mariae bei Thode, a. a. O., Taf 6.

[2] Abb. bei Redslob, a. a. O., Mitteilungen des Germanischen Nationalmuseums 1907, S. 25.

dern ihren Ausdruck gefunden. Wir sehen im Rechteck des Mittelfeldes die Geburt Christi, in der Composition an das Prünsterin-Epitaph sich anschließend, in den Ecken eines um dieses Rechteck gelegten Rhombus eine Jungfrau mit dem Einhorn, den Pelikan mit seinen Jungen, den Phönix und den Löwen mit seinen Jungen, in den vom Rhombus gebildeten äußeren Ecken der Tafel Moses vor dem brennenden Busch, Aaron vor dem blühenden Stahe, Gideon vor dem im Regen trockenen Vließe und Ezechiel vor der verschlossenen Pforte, in Medaillons an den Ecken des Rechtecks die Evangelistensymbole. Lateinische Versinschriften erläutern die Darstellungen.[1]

Daß dieses Product scholastischer Gelehrsamkeit nicht aus der Phantasie eines Malers hervorgegangen ist, liegt auf der Hand. Wir dürfen annehmen, daß der Geistliche, der mit gläubigem Ausdruck auf dem Bilde dargestellt ist, dem Maler selbst das Programm geliefert hat. Die Darstellungen sind für sich betrachtet reizvoll, da die geistige Leere in diesem kleinen Maßstab und bei der relativen Gleichgültigkeit der Vorgänge weniger hervortritt. Die Typen sind ganz die des Breslauer Altares, namentlich die Maria gleicht völlig der Assunta jenes Werkes.

Ein Hauptwerk des gleichen Meisters ist schließlich noch der W o l f g a n g s - A l t a r, auch dieser in St. L o r e n z. Er zeigt den schon im Cadolzburger Altar festgelegten und gegen die Mitte des XV. Jahrhunderts in Nürnberg allgemein herrschenden Typus des Altares mit gemaltem Mittelstück, zwei beweglichen und zwei feststehenden Flügeln. Im Mittelteil zeigt er die Auferstehung Christi, auf dem linken beweglichen Flügel vorn den h. Konrad, hinten den h. Levinus, auf dem rechten vorn den h. Wolfgang, hinten den h. Erhard. Die

---

[1] Diese Inschriften lauten: beim brennenden Busch: «Bubus ignescit necnon ramos ignis calescit», beim blühenden Stab: «Hic contra morem produxit virgula florem», beim trockenen Vließ: «Hec madet tellus, sed permanet arida vellus», bei der verschlossenen Pforte: «Hec porta clausa non permansit sine causa», beim Einhorn: «Virgineis digitis capitur bestia in stramentis», beim Pelikan: «Vivificans parvulos ipse sanguine pellicanus,» beim Phönix: «Cum fenix senescit per ignem se iuvenescit», beim Löwen: «Leo suos catulos excitat rugitu cum potenti.» Thode (a. a. O., S. 53) gibt die Inschriften nach Schultz' «Legende der Maria» wieder, doch hat Schultz meistens falsch gelesen. Eine Nachahmung der Tafel mit deutschen Inschriften findet sich in St. Sebald, gestiftet von Ulrich Stark († 1478).

feststehenden Flügel, jetzt zur Seite des Altares an der Fenster-
wand aufgehängt, zeigen den h. Georg und den h. Servatius.
Die Predella enthält in der Mitte eine holzgeschnitzte Grablegung, auf dem linken Flügel das Noli me tangere, auf dem rechten
die Frauen am Grabe; bei geschlossenen Predellenflügeln sieht
man klein in ganzen Figuren die h. Christophorus, Conrad,
Eustachius und Wolfgang. Die Typen der jugendlichen Bischöfe
zeigen mit den bischöflichen Heiligen des Deocarus-Meisters
Verwandtschaft, auch der goldgepanzerte h. Georg erinnert an den
h. Georg des Nothelfer-Altares. Die Verhältnisse sind schlanker
geworden, die Farben lichter. Sehr merkwürdig ist die Auferstehung des Mittelbilds, die auch in den nicht ungeschickten
Verkürzungen die Raumkunst des Meisters zeigt.[1] Dieses Bild
werden wir noch in anderem Zusammenhange zu betrachten
haben. Um das Wunder der Auferstehung recht sinnfällig zu
machen, steckt noch das eine Bein Christi durch die Steindecke
hindurch im Sarge und dieser Sarg selbst ist mit roten Siegeln
an den Rändern verschlossen.

Diesen von Thode zusammengestellten Werken kann ich
noch eine Arbeit hinzufügen, die ohne Zweifel ebenfalls von
der Hand des Wolfgangs-Meisters herrührt. Es ist dies eine
Tafel mit der Darstellung des T o d e s M a r i a e in der Kirche
zu K a l c h r e u t h b e i N ü r n b e r g.[2] Kalchreuth war ehedem ein Gut der Familie Haller und seine Kirche ist von diesem Geschlechte reichlich mit Stiftungen bedacht worden. Auch
unsre Tafel ist eine Hallersche Stiftung; der Stifter, der neben
seinen drei Söhnen kniet, führt das Wappen der Haller; auf der
anderen Seite knien drei Frauen in der Haube mit einem ver-
mehrten Hallerwappen, mit dem Wappen der Fütterer und der
Groland, sowie zwei Töchter. Der Stifter ist demnach Leupollt
Haller, der drei Söhne hatte, dessen erste Frau Dorothea aus
dem Geschlecht der Fütterer, dessen zweite Frau Martha aus

---

[1] A b b. T a f e l XXX b.
[2] Die Nachricht von dem Vorhandensein der Tafel verdanke ich Herrn
Dr. Schulz in Nürnberg. In der Kirche zu Kalchreuth befindet sich auch
noch ein Schnitzaltar, der auf der Außenseite der Flügel Malereien etwa
im Stile der 80er Jahre, der Stilstufe des Rochus-Altars in St. Lorenz,
freilich von leerer und handwerksmäßiger Art, zeigt.

dem Geschlecht der Groland stammte und dessen Tochter Ursula mit Jorge Haller von Daxbach vermählt war (Hallerbuch fo. 102 b). Leupoltt Haller ist erst 1485 gestorben, sein Vater Paulus Haller noch 1461 in den Rat gekommen, und die Kinder Leupoltts müssen zur Zeit der Stiftung schon herangewachsen gewesen sein. All dies deutet darauf hin, daß die Tafel viel später entstanden sein dürfte, als ihr Stil vermuten ließe, wohl zu einer Zeit, da der niederländische Stil schon längst in Nürnberg zur Herrschaft gekommen war. Der Gegenstand des Bildes läßt wohl darauf schließen, daß es sich um ein Epitaph handelt. Daß dieses Werk vom Wolfgangs-Meister herrührt, ist sicher; die Apostel gleichen völlig denen des Breslauer Altares, die sterbende Maria der Maria dieses Altars und der Schonschen Tafel. Auch hier dominiert das kräftige Lackrot. Maria ist im Bette liegend dargestellt. Wohlgemut hat im Haller-Epitaph des Germanischen Museums diese Composition weitergebildet.

Werke des vierten Stils.

Im weiteren Verlauf der dreißiger Jahre bereits macht sich in der Nürnberger Malerei eine Stilwandlung bemerkbar, die sich an verschiedenen Werken dieser Zeit deutlich erkennen läßt. Das neue Stilideal, das sich in den Werken der 40er Jahre geltend macht, soweit sie nicht bloß Nachzügler der früheren Kunst sind, tritt nicht plötzlich und unvermittelt auf. Die Werke aber, in denen wir seine Vorbereitung zu sehen glauben, dürfen nur mit großer Vorsicht zum Gegenstande unserer Forschung gemacht werden. Sie befinden sich in der Sebalduskirche und sind durch die Restauration, die im XVII. Jahrhundert einen großen Teil der Bilder dieser Kirche heimsuchte, zwar nicht wie die Bilder der Aegydienkirche völlig im Werke des XVII. Jahrhunderts verwandelt, aber doch in ihrem ursprünglichen Charakter sehr alteriert worden. Die Restauration der Sebalduskirche hat ihnen leider nicht die Wiederherstellung, sondern nur eine neue Uebermalung gebracht.

Das bedeutendste dieser Werke ist ein E p i t a p h m i t d e r G e b u r t C h r i s t i am letzten Pfeiler rechts vor dem Hochaltar von St. S e b a l d.[1] Das Bild zeigt unten, durch ein rotes Band von dem heiligen Vorgang geschieden, den

---

[1] Abb. Tafel XII a.

Stifter mit vier Söhnen und seine Gemahlin mit fünf Töchtern. Der Mann führt das Wappen der Imhof, die Frau das Wappen der Volckamer. Der Stifter kann demnach kein anderer sein, als Conrad Imhof, der Stifter des Imhofschen Altars, der mit Clara Volckamerin vermählt gewesen ist (Hallerbuch fo. 340 a, s. o. S. 32). Diese Frau, deren Andenken das Epitaph geweiht sein muß, starb 1438. In diese Zeit haben wir also das Bild zu setzen. Bestätigt wird diese Datierung durch die alte Inschrift des Epitaphs, die wir auf der kleinen Abbildung desselben aus dem XVIII. Jahrhundert im Inventar der Imhofschen Stiftungen im Imhofschen Familienarchiv finden; sie lautet: «Anno doṁn m̅ cccc xxxviii jar am nechsten mitwoch · noch pfingsten do verschid frav clara die konradin ym hoff der gott genedig sey.»

Das Epitaph gewährt den Einblick in eine vorn offene, sehr compliciert gebaute Hütte, deren Grundriß in zwei senkrecht zueinander gestellten Rechtecken zu bestehen scheint. Zwei Tragebalken des Daches zerlegen die Composition in drei Teile. In der Mitte kniet Maria, zur Rechten liegt das Kind, von zwei Engeln angebetet, während darüber zwei Hirten von außen zum Fenster hereinschauen, zur Linken kniet Joseph in einer Küche vor einer geöffneten Truhe. Ochs und Esel sind klein hinter der Maria zu sehen. Von den Farben des Bildes zu reden, scheint mir unangebracht, da wir die ursprünglichen Farben nicht mehr vor uns haben.

Was das Bild von den früheren Werken unterscheidet, ist vor allem der Wandel im Ideal der Maria. Gegenüber der Schlichtheit der Maria des Meisters vom Bamberger Altare und gegenüber der Anmut der Maria des Deocarus-Meisters strebt der Künstler sichtbar nach Würde und Hoheit. Nicht mehr die lieblich demütige Jungfrau des Prünsterin-Epitaphs kniet vor ihrem Kinde, eine Königin neigt in hoheitsvoller Gebärde das Haupt. Wo früher die schlichten Linien des einfachen Gewandes zur Erde glitten, rauschen jetzt majestätische Faltenmassen. Mit diesem Streben nach Größe contrastiert in merkwürdiger Weise das Bemühen um getreue Wiedergabe der Natur. Mit peinlichster Gewissenhaftigkeit wird die Küche mit allen ihren Details geschildert; das Kochgeschirr an der Wand,

den Krug auf dem Boden, ja selbst den Inhalt der Truhe noch
bekommen wir zu sehen. In einem freilich unterscheidet sich
der Künstler nicht zu seinem Vorteil von seinen Vorgängern.
Seine Composition läßt das Geschlossene der Composition der
früheren Zeit (man vergleiche nur das Prünsterin-Epitaph)
vermissen; sie ist auseinandergerissen, zusammenhangslos.

Thode (a. a. O., S. 69) sah in diesem Bilde ein Werk des
Meisters vom Tucherschen Altare. Dem widersprach jedoch
Pückler-Limpurg (Kunstchronik 1900|1901, N. F. XII, S. 163).

Mit dem Imhof-Volckamer-Epitaph stimmt nun ein weiteres,
gleichfalls stark übermaltes E p i t a p h i n S t. S e b a l d dem
Stile nach überein. Es befindet sich im Westchor, dem sog.
Löffelholz-Chor dieser Kirche. Auf dem unteren Teile dieses
Epitaphs, das eine V e r k ü n d i g u n g darstellt, sehen wir einen
Stifter mit einem Sohne und seine Frau mit zwei Töchtern.
Sein Wappen ist das Löffelholzsche, das ihre das Zollnersche.
Der Stifter war danach Burckhardt Löffelholz, der mit einer Zollne-
rin vermählt war (Hallerbuch fo. 393 a) und von ihr einen Sohn
und zwei Töchter hatte (Biedermann, Geschlechtsregister, Ta-
bula CCCII, Des Herrn Hanns Wilhelm Löffelholz Familienbuch,
Germ. Museum, S. 50). Die Frau, Margareta Zollnerin, mit der
er sich 1445 vermählte, ist 1448 gestorben. In dieses Jahr
fällt also die Stiftung der Tafel.

Auf Rasenboden kniet Maria vor ihrem Betpult, die Hand
auf ein aufgeschlagenes, mit hebräischen Lettern beschriebenes
Buch gelegt. Mit mächtigen Flügeln ist der Engel ihr genaht
und beugt vor ihr das Knie, in den Händen die Botschaft: «ave
gratia plena.» Hinter der Jungfrau erscheint der brennende Busch
und darüber Moses mit einem Spruchband: «Et nobis agnoscit
contra quae fecimus», hinter dem Engel Aarons Altar mit dem
einen blühenden Stabe und Aaron mit dem Spruchbande: «hic
contra moré prodret ex virgine.» In der Mitte des Bildes steigt ein
Baum auf, der sich kreuzförmig in zwei Aeste teilt. Zwischen
diesen Aesten sehen wir Gott Vater mit der Taube und dem
Christkind, darüber einen Engel mit dem Spruchband: «Aeque
īdivisa confitebimur ey oñia.» Im Laub des Zweiges links
ist ein Engel mit dem Spruchband: «benedickta sit sancta tri-
nitas», rechts ein solcher mit dem Spruchband: «fetzit nobiskū

misericordiam tvam.» Die Symbolik des Bildes erinnert an das Schonsche Votivbild in St. Lorenz; stilistische Beziehungen zu diesem scheinen mir jedoch nicht vorhanden zu sein.

Das Werk zeigt eine seltene Größe. Nichts mehr von jener Anmut, mit der die Verkündigung auf dem Cadolzburger Altare dargestellt ist. Eine königliche Jungfrau empfängt den himmlischen Boten. Das Werk muß einst von außerordentlicher Schönheit gewesen sein. Noch jetzt glaubt man durch die Uebermalung hindurch den Adel dieser Gestalten, den vornehmen Anstand in der Bewegung dieses Engels zu spüren.

Mit dem Imhof-Volckamer-Epitaph zeigt dieses große Verwandtschaft, die nicht lediglich auf der gleichen Art der Uebermalung beruhen kann. Der Kopftypus der Marien scheint ursprünglich der gleiche gewesen zu sein, die Flügel der Engel scheinen in der gleichen Weise gezeichnet, vor allem aber stimmt die Art, wie sich das Gewand in Falten gestaut über dem Boden verbreitet, auf beiden Bildern völlig überein. Diese Beziehungen scheinen mir so nahe, daß sie auf den gleichen Meister als den Urheber der beiden Werke schließen lassen. Ich will ihn, mit allem Vorbehalt, den seine einstweilen noch hypothetische Existenz erforderlich macht, den M e i s t e r d e r S e b a l d e r E p i t a p h i e n nennen.

———

Im Westchor von St. Sebald befinden sich noch zwei weitere Epitaphien, die gleichfalls Löffelholz-Wappen tragen. Das eine zeigt eine Dornenkrönung, darunter den Stifter mit dem Wappen der Löffelholz, begleitet von sechs Söhnen und die Frau des Stifters mit vier Töchtern; ihr Wappen ist das der Haller von Bamberg oder der Müntzmeister. Das zweite Epitaph zeigt, auf einer Estrade sich abspielend, die Geißelung Christi, unterhalb der Estrade den Stifter mit dem Wappen der Löffelholz und seine Frau mit dem Wappen der Rummel. Der Stifter des ersten Epitaphs ist demnach Hans Löffelholz, genannt der Carthäuser oder der Kurze, ein Sohn jenes Burckhard, des mutmaßlichen Stifters des Bamberger Altares, der nach «des Herrn Hanns Wilhelm Löffelholz Familienbuch» (S. 36) und nach Biedermann (Tab. CCCI) mit Ursula Müntz-

meisterin verheiratet war und von ihr zehn Kinder hatte.
Seine Frau starb 1433; in diese Zeit fällt also das Epitaph.
Der Stifter des andern Epitaphs ist Hans Löffelholz, genannt
der Krause, ein zweiter Sohn jenes Burckhard, der in dritter
Ehe mit Catharina Rummlin verheiratet war (Hallerbuch, fo.
393b, Biedermann, Tab. CCXCIX und des Herrn H. W. Löffelholz Familienbuch, S. 39). Das Todesjahr dieser Frau, deren
Epitaph wir vor uns haben, ist 1435. Bei der starken Uebermalung dieser Bilder und bei der Höhe ihres Platzes ist es
schwer, über den Stil sich ein Urteil zu bilden. Daß sie von
der gleichen Hand seien wie die beiden anderen besprochenen
Epitaphien in St. Sebald, scheint immerhin nicht ausgeschlossen.

Ist meine Annahme eines Meisters der Sebalder Epitaphien
gerechtfertigt, so dürfen wir diesem Meister wohl auch eine weitere
Arbeit zuschreiben, jene Feder-Zeichnung in der Sammlung der
Universitäts-Bibliothek zu Erlangen, die Thode (a. a. O., S. 74)
gleichfalls dem Meister des Tucherschen Altares gegeben hat.[1]
Maria kniet vor ihrem Betpult, von Johannes gehalten, während
einige der Apostel das leere Lager umstehen, einige zu ihr
herangetreten sind. Darüber schweben zwei Engel mit Weih-
wasserbecken, und in der Höhe erscheint zwischen zwei weiteren
Engeln, die Wolken zu halten scheinen, Christus, die Krone in
den Händen. Was bei dieser Zeichnung, die aus Darstellungen
wie dem Tode der Maria auf dem Glockengießer-Epitaph der
Lorenzkirche heraus entwickelt scheint, in erster Linie in die
Augen fällt, ist wieder die große Zusammenhangslosigkeit der
Composition. Schlechter componiert ist das gleiche Thema
wohl nie in der Nürnberger Kunst dargestellt worden; das
Auge muß sich die einzelnen Gestalten geradezu erst zusammen-
suchen. Erinnert schon diese Eigenheit an das Imhof-Volckamer-
Epitaph, so überzeugt wohl eine nähere Vergleichung, daß wir
wirklich eine Arbeit des gleichen Meisters in dieser Zeichnung
vor uns haben. Der Typus der Maria, die hoheitvolle Art im

[1] Abb. Tafel XII b.

Knieen und in der Bewegung des Kopfes, vor allem aber die
Behandlung des in Falten sich verbreitenden Gewandes sprechen
dafür; die Typen der Apostel, die sich von den in Nürnberg
üblichen durchaus unterscheiden, entsprechen ganz den Typen
der Hirten oder des Joseph auf jenem Epitaph.

Was uns diese Arbeit besonders wertvoll macht, ist der
Umstand, daß wir in ihr die Hand des Meisters frei von jeder
Entstellung kennen lernen und zugleich, daß sie uns die Gewißheit gibt, daß jene Epitaphien doch in ihrem Charakter
nicht so gänzlich verändert sein können. Vielleicht wird eine
spätere Restauration sich dieser Bilder in glücklicherer Weise
annehmen und wir werden dann mehr Aufklärung erhalten
über den Meister, der zu dem neuen Stil der 40er Jahre, zur
Vollendung der Nürnberger Malerei dieser Frühzeit den Uebergang zu bilden scheint.

VI

Der Meister des Hallerschen Altares.

Nicht der noch einigermaßen problematische Meister der Sebalder Epitaphien ist es jedoch, der heute für uns als der erste den Stil repräsentiert, der in den 40er Jahren in der Nürnberger Kunst zur Herrschaft gelangte. Die (wie wir glauben nicht unvorbereitete) Wandelung des Stiles zeigt sich vollzogen in einem kleinen, vom Geschlechte der H a l l e r ge- stifteten A l t a r e in der S e b a l d u s k i r c h e, der sich gleich zur Linken darbietet, wenn man durch die westliche Türe vom Süden her in die Kirche eintritt.[1] Bei geöffneten Flügeln zeigt der Altar den Crucifixus zwischen Maria und Johannes im Mittelstück, auf dem linken Flügel die h. Barbara mit dem Hostienkelch, auf dem rechten die h. Katharina mit Schwert und Rad, bei geschlossenen Flügeln im Mittelstück das Gebet in Gethsemane, auf den feststehenden Flügeln zwei bischöfliche Heilige. Würffel (Diptycha Ecclesiae Sebaldinae, Nürnberg 1756) erwähnt den Altar nicht, auf seiner Abbildung des Innern der Kirche aber läßt er sich ganz deutlich erkennen: die Flügel sind geöffnet, darüber steht derselbe bemalte Ver- kündigungsengel mit der Maria wie heute, nur lag der Stand- ort des Altars um einen Pfeiler weiter nach dem Hauptchor zu. Auf der Uebersichtstafel bei Rettberg (Nürnberger Briefe zur

---

[1] A bb. Tafel XIII und XIV.

Geschichte der Kunst, Hannover 1846) steht er auf seinem heutigen Platze. Mayer (Nürnbergs Merkwürdigkeiten und Kunstschätze, 1. Heft, Die Kirche des hl. Sebaldus, Nürnberg 1831, S. 22) beschreibt den Altar. Nach ihm ist der Heilige auf dem festen linken Flügel der h. Erasmus, der auf dem festen rechten Flügel der h. Joachim. Die Namen, die wir heute unter die Heiligen geschrieben finden, S. Erhard und S. Gori (?), dürften durch eine mißverstehende Erneuerung dorthin gekommen sein; denn in der Tat trägt der Bischof links das Attribut des h. Erasmus, die Winde mit den Gedärmen. Der Bischof rechts aber ist, wie sein Symbol, die Kerze, erkennen läßt, der h. Blasius.

Die Stifter des Altares lassen sich ohne Schwierigkeit bestimmen. Der Mann mit dem Haller-Wappen und die beiden Frauen mit den Wappen der Seckendorff und Forstmeister auf dem rechten Flügel sind Ulrich IV. Haller († 1422) und seine beiden Frauen Margaretha von Seckendorff und Margaretha Forstmeister, der Mann mit dem Haller-Wappen und die Frau mit dem Falznerschen Wappen auf dem linken Flügel sind Ulrich V. Haller († 1456), der Sohn Ulrichs IV., und seine Frau Katharina Falznerin (Hallerbuch, fo. 95b und 96b, Genealogie der Familien Tucher, Imhof und Haller, Ms. im Germ. Museum, S. 65a, Biedermann, Geschlechtsregister, Tab. XCVII und XCVIII A). Für die Datierung des Altares läßt sich nur der sehr ferne terminus ne ultra aus dem Todesjahr Ulrichs V., 1456, gewinnen;[1] offenbar ist aber der Altar eine ganze Reihe von Jahren früher, wohl im Beginne der 40er Jahre, entstanden. Auffallend ist es, daß neben dem Sohne auch der längst verstorbene Vater als Stifter auftritt, eine Erscheinung, die, so viel ich weiß, sonst in der Nürnberger Kunst uns nicht begegnet. Nun wissen wir von Ulrich IV., daß er 1418 einen Jahrtag bei St. Sebald gestiftet hat. Ich möchte nun annehmen, entweder daß dieser Jahrtag in irgendwelcher Weise mit dem Altar verbunden wurde, oder was mir wahrscheinlicher dünkt, daß dieser Jahrtag mit einem älteren Altar verbunden war, an

---

[1] Biedermanns Angabe, der als Todesjahr 1454 nennt, ist nach den anderen Quellen zu berichtigen.

dessen Stelle der neue dann getreten sein mag. Für die letztere
Annahme scheint mir auch das Portrait Ulrichs IV. zu sprechen,
das durchaus nicht den Eindruck eines Phantasieportraits macht,
(welches es doch wohl sein müßte, wenn der Dargestellte mehr
als zwanzig Jahre zuvor gestorben wäre,) das vielmehr recht
wohl auf ein älteres Stifterportrait zurückgehen könnte.

Die Erhaltung des Altares ist gut, die Farben sind noch
von wunderbarer Frische und Leuchtkraft. Nur der h. Blasius
auf dem festen rechten Flügel ist in seinem oberen Teile einer
Uebermalung des XVII. Jahrhunderts zum Opfer gefallen und
nimmt sich mit seinem gequälten Barockkopf unter den Heiligen
des XV. Jahrhunderts seltsam genug aus. Die Maße des Mittelstücks betragen in Höhe und Breite 113,5 × 69 cm, die der
Innenseiten der beweglichen Flügel 114,5 × 27,5, die der
Außenseiten der beweglichen Flügel 114,5 × 28, die der festen
Flügel 113,5 × 33,5 cm. Der Typus des Altares ist der in
Nürnberg übliche des Klappaltares mit festen Flügeln, doch
fehlt hier, bei den kleineren Verhältnissen, die Predella. Das
in flachen Bogen nach oben abschließende Maßwerk ist bei der
allgemeinen Restauration der Kirche an die Stelle eines (wohl
nicht ursprünglichen) in Giebeln sich ordnenden Maßwerks gesetzt worden. Auch der blaue Hintergrund der Außenseite
dürfte erneuert sein.

Worin besteht nun das Neue, der Fortschritt, den der
Hallersche Altar gegenüber den Werken der früheren Zeit bedeutet? Zunächst im Streben des Meisters nach dem Wirklich-
keitseindruck. Einen Crucifixus, wie er ihn malt, hatte die Nürnberger Malerei noch nicht gesehen. Der Körper ist gedrungen,
breit und wuchtig der Brustkorb herausgearbeitet, die Musculatur
am Bauche, an den Knieen, an den Schultern zu voller Plastik
gerundet, der Körper durch tiefe Schattenlagen an der Seite, an
den Beinen und unter den Achseln aus der Fläche herausge-
holt. Schwer fällt das reiche, dunkle Haar über die Schulter
nieder, in starkem Fluß ergießt sich das Blut aus der Seitenwunde. Die Füße sind plump und schwer, starke Hände
krampfen sich um die Nägel des Kreuzes. Die großen Füße
weit auseinandergestellt steht Johannes auf dem Rasenboden,
als ob er in ihm wurzle, plump, häßlich, mit derbem Bauern-

schädel; in schwerem Stoffe umschließt das rote Gewand und
der Mantel den massigen Körper. Auch hier ist es bewundernswert, wie dieser Kopf durch seine Schattenlagen modelliert, wie
die Muskeln des Halses herausgearbeitet, wie weich und malerisch
fein diese rötlich braunen Haare wiedergegeben sind. Der Ausdruck des Kopfes ist voll Leben, wenn er auch nicht von tiefem
Schmerze Zeugnis ablegt. In schweren Falten umgibt das dunkle,
blaugrüne Gewand die Mutter Christi, rote Blutstropfen sind auf
ihr weißes Kopftuch gefallen; in gehaltener Trauer legt sie die
Hände zusammen. In den heiligen Jungfrauen der Flügel hat
der Meister auf Anmut und Lieblichkeit völlig Verzicht geleistet; diese Köpfe, die anstatt geneigt leicht seitlich verschoben
erscheinen, haben etwas Herbes, Sprödes. Auch hier, beim tief-
roten Gewande der Barbara mehr noch als bei dem schwarzorna-
mentierten und von goldenen Streifen unterbrochenen hellgrünen
der Katharina, umgeben schwere, am Boden sich stauende
Stoffe den Leib; auch hier ist das langwallende braune Haar
wunderbar weich und fein gezeichnet. Reicher in den Farben
sind die heiligen Bischöfe der festen Flügel. Beim h. Erasmus
verbindet sich das Goldbraun der Dalmatica mit dem Weiß
des Untergewandes, dem Rot der Außenseite und dem Grün
der Innenseite des Mantels, bei dem andern Bischof das
Grün des Mantels mit dem goldornamentierten Rot der Dalmatica und dem Weiß des Untergewandes. Die Verhältnisse
sind hier schlanker, die Gestalten lasten nicht so auf dem
Boden, die leicht sich stauenden Falten scheinen die Schwere zu
nehmen. Die Darstellung des Oelbergs fällt in zwei Hälften
auseinander. Links kniet Christus in blutigem Schweiße vor dem
Kelche im Gebet, rechts schlafen unter einem Baume die Jünger.
Die Köpfe der Schlafenden, auch der des Christus sind plump mit
kräftigen Zügen. Die Verkürzungen sind ungeschickt; beachtens-
wert ist der freilich wenig geglückte Versuch, wie der rundliche
Kopf des jugendlichen Apostels von vorne verkürzt dargestellt
wird. Das Streben nach Naturwahrheit kommt auch den Stifterportraits zu gute; der scharf gezeichnete Greisenkopf Ulrichs IV.,
die feisten Züge Ulrichs V. stellen, so klein die Gestalten sind,
die besten Portraits dar, die die Nürnberger Malerei bislang
geschaffen hat.

Das andere, durch das sich der Meister vor allen seinen Vorgängern auszeichnet, sind seine Farben. Das kräftige Rot des Johannes, das tiefe Blaugrün der Maria, das satte Himbeerrot der Barbara haben an Intensität und Leuchtkraft in der Nürnberger Kunst nicht ihres Gleichen. Auch darin unterscheidet er sich von seinen Vorgängern, daß er nicht einfachen, goldnen Hintergrund gibt, sondern schwere, reiche Rankenornamente in diesen eingräbt.

Wenn man von den Sebalder Epitaphien absieht, ist der Meister des Hallerschen Altares der erste, der sich von jener Tradition der Nürnberger Kunst löst, die mit dem Meister des Zwölfboten-Altares begann und im Meister des Wolfgangs-Altares ihren letzten Vertreter hatte. Nur von ferne noch erinnern seine Apostel an die Typen der älteren Kunst, sein Christus an den Christus am Oelberg des Wolfgangs-Meisters oder sein Bischof an die Bischöfe des Deocarus-Meisters. Seine Menschen gehören einer anderen Welt an, sie haben an Adel und Vornehmheit verloren, was sie an Wirklichkeit, an Leben gewonnen haben.

Wenn man solche unmittelbar gesehene Gestalten wie seinen Crucifixus oder seinen Johannes ins Auge faßt, so empfängt man durchaus den Eindruck, als habe ein origineller Geist ganz aus eigenem und im Gegensatz zur herrschenden Kunst sein Ideal entwickelt. [1] Und doch ist auch der Meister des Hallerschen Altares nicht ganz so traditionslos, wie er scheint. Pückler-Limpurg (Die Nürnberger Bildnerkunst, S. 167 f.) wurde durch die Gestalten des Tucher-Meisters, oder sagen wir einstweilen (denn Pückler-Limpurg sieht im Hallerschen Altare ja ein Werk von der Hand dieses Meisters) durch die Gestalten des Haller-Meisters an Werke der Steinplastik erinnert; er vergleicht den Crucifixus zwischen Maria und Johannes mit einem Werke wie dem Hochrelief des Crucifixus

---

[1] Eine gewisse Verwandtschaft im Charakter mit den Gestalten des Haller-Meisters zeigt das Stuttgarter Formschneide-Blatt des Nürnberger Kartenmalers Hans Paur von 1470. (Abb. in Holzschnitte des Fünfzehnten Jahrhunderts in der königlichen Landesbibliothek zu Stuttgart von W. L. Schreiber, Straßburg 1907). Dieser Hans Paur ist 1445 Bürger von Nürnberg geworden (vgl. Gümbel, a. a. O., Repertorium XXIX, 1906, S. 334).

am östlichen Teile der Nordseite von St. Sebald. In der Tat scheint mir die Beobachtung Pückler-Limpurgs geeignet, manches in dem Stile des Haller-Meisters zu erklären. Seine heiligen Jungfrauen stehen vor uns wie in die Fläche übertragene bemalte Holzreliefs. Die Composition seines Oelbergs geht auf Werke der Plastik zurück; sie ist eine ins Malerische übertragene Weiterbildung jener Oelberg-Reliefs, wie wir deren fünf an der Nordseite von St. Sebald, eines an der Morizkapelle in der Form von Epitaphien finden. [1] (Nur der Christus ist bei diesen der Gruppe der Apostel zu, also nach rechts gewendet).

Aber mag immerhin der Meister des Hallerschen Altares aus der Plastik hervorgegangen sein oder wenigstens von ihr Einwirkungen erfahren haben, jedenfalls dürfen wir in ihm einen Meister erblicken, der von der herrschenden und schon sich erschöpfenden Kunst sich abwandte und auf neuen Wegen neuen Zielen zustrebte. Der Vollender der Frühzeit nürnbergischer Malerei ist er nicht geworden. Doch ist er es, der diese Vollendung vorbereitet und der bei gereifter Kunst an dem Werke mitzuarbeiten berufen wurde, in dem die erste Periode der Nürnberger Malerei ihren Höhepunkt und ihren Abschluß fand.

Ueber die Mitarbeit des Haller-Meisters am Tucherschen Altare wird an späterer Stelle zu reden sein. Hier möge nur noch auf eine kleinere Arbeit hingewiesen werden, die uns den Meister des Hallerschen Altares als Gehülfen eines jüngeren Künstlers zeigt.

Noch Waagen (Kunstwerke und Künstler, 1. Theil, 1843, S. 260 f.) und Rettberg (Nürnberger Briefe, 1846, S. 147) sahen in der Frauenkirche einen Altar, der im Mittelbild die Gregorsmesse, auf den Flügeln männliche Heilige enthielt. Der Altar war lange verschwunden und wurde von Thode in seinem dankenswerten Verzeichnis der verschollenen Werke (a. a. O.,

---

[1] Abb. von dreien bei Redslob, a. a. O., Mitteil. des Germ. Nationalmuseums 1907, S. 14 und 16 und Taf. I. Man vergleiche besonders die Tafel.

S. 311) aufgeführt. Erst in neuerer Zeit wurde er auf dem Speicher der neuen (katholischen) Elisabeth-Kirche entdeckt und von Direktor Stegmann noch im rechten Augenblick für das Germanische Museum gerettet. Nachdem er in München einer Restauration unterzogen worden, ist er nun in der Sammlung des Museums ausgestellt. Schon früher besaß das Museum zwei Teile des Altares: die h. Thomas und Dominicus, die Thode (a. a. O., S. 116) dem Hans Pleydenwurff zuschrieb.

Dieser Altar, welcher mit dem in der zweiten Hälfte des XV. Jahrhunderts in Nürnberg herrschenden Stile noch Eindrücke des Tucherschen Altares (in seinen Heiligengestalten) verbindet, ist künstlerisch nicht sehr bedeutend und fällt zeitlich außerhalb der Grenzen unserer Betrachtung. Mit den Flügeln dieses Altares waren nun zwei kleine Tafeln verbunden, die je drei weibliche Heilige zeigen. An der ursprünglichen Zugehörigkeit dieser beiden, jetzt unter den Flügeln aufgehängten Tafeln zum Altare kann kein Zweifel sein, denn ein und dasselbe gotische Rahmenwerk, das wegen seiner Morschheit nicht beibehalten werden konnte, umschloß die Tafeln wie den Altar; übrigens decken die Flügel erst mit diesen zusammen das Mittelbild. Die linke Tafel zeigt die Heiligen Katharina, Ursula und Dorothea, die rechte Agnes, Margaretha und Barbara.[1] Die Tafeln messen in Höhe und Breite je 36 × 55,5 cm. Die vorgenommene Restauration hat den Bildern, nicht zu ihrem Vorteil, einen etwas bunten Charakter verliehen.

Das Merkwürdige ist nun, daß die beiden Tafeln mit den heiligen Jungfrauen ihrem Stile nach von den übrigen Teilen des Altares völlig verschieden und ihnen an künstlerischem Werte weit überlegen sind. Man braucht nur die h. Katharina der rechten Tafel mit der h. Katharina zu vergleichen, die oben der Gregorsmesse assistiert, um dessen inne zu werden.[2] Wir finden hier einen Künstler im Dienste eines Handwerkers. Dieser Künstler aber ist uns nicht unbekannt — es ist kein anderer als der Meister des Hallerschen Altars. Die Typen

---

[1] Abb. Tafel XV a und b.
[2] Auch beim Peringsdörffer-Altar sind die kleinen unteren Tafeln von ganz anderer und weit altertümlicherer Hand als der Altar selbst.

sind (trotz der nun im restaurierten Zustande etwas schreienden Incarnation) völlig die seinen, wie wir sie von der h. Katharina und der h. Barbara des Haller-Altars her kennen; es ist die gleiche mit der Neigung des Kopfes gleichsam etwas verschobene Gesichtsform. (Besonders deutlich ist die Uebereinstimmung der h. Ursula mit der h. Katharina des Haller-Altars.) Das Gesicht selbst ist etwas voller geworden, doch ist die kurze, gerade Nase, das kurze Kinn, die breite, klare Stirn sich gleich geblieben. Die Haarbehandlung ist zwar minder sorgfältig, aber doch in der Art noch dieselbe; man vergleiche vor allem die Locken der h. Agnes mit denen der h. Barbara des Haller-Altars. Die Farben sind voll und kräftig, leider nicht unversehrt. Katharina ist in Lichtgrün, Ursula in Himbeerrot, Dorothea in sattes Olivgrün, Agnes in entschiedenes Hellrot (wie der Johannes des Haller-Altars), Margaretha in mattes Grün und Olivebraun, Barbara wieder in Himbeerrot gekleidet.

Ueber die Kunst des Meisters sagen diese beiden Tafeln uns wenig, viel über das Schicksal des Künstlers, der einst zu den ersten seiner Stadt gehörte. Eine neue Zeit ist angebrochen, die kein Auge mehr für das hat, was kaum zwei Jahrzehnte zuvor als die Offenbarung neuer künstlerischer Möglichkeiten erschienen sein muß. Und der Meister, der wenige Jahre zuvor mit dem größten Meister seiner Zeit zusammen das größte Werk dieser Zeit geschaffen, mußte froh sein, wenn ein anderer, an Begabung weit unter ihm stehender seiner Kunst uoch ein kleines Plätzchen gönnte an einer den Blicken am wenigsten sich darbietenden Stelle seines Werkes.

———

Vielleicht ist es möglich, dem Meister des Hallerschen Altars noch ein drittes Werk zuzuschreiben. In der Gottesackerkirche zu Langenzenn hat sich ein Passions-Altar erhalten, der sich zur Zeit zum Zwecke einer Restauration in München befindet. Ich sah dort nur die Predella des Altares mit den zwölf Aposteln und glaubte in diesen den Einfluß des Haller-Meisters wahrzunehmen. Seitdem sich

mir in den beiden Tafeln des Germanischen Museums die
Hand des Haller-Meisters gezeigt, halte ich es für möglich, daß
auch jene Predella von ihm herrührte. Doch wage ich aus
der bloßen Erinnerung und ohne die Kenntnis des Altars selbst
darüber nichts zu entscheiden. Jedenfalls scheint mir die
Frage einer Prüfung wert.

VII.

Die Frühwerke Hans Peurls.

1. Das Ebenheimsche Epitaph in St. Lorenz und das Heilsbronner Schutzmantelbild.

Links in der dritten Capelle der Lorenzkirche (vom Chor aus gerechnet) befindet sich ein Bild, auf dem der h. Laurentius, die h. Kaiserin Kunigunde und der h. Kaiser Heinrich dargestellt sind, wie sie einen knieenden, in kleineren Verhältnissen gegebenen Geistlichen dem Schmerzensmann empfehlen.[1] Hilpert (Nürnbergs Merkwürdigkeiten und Kunstschätze, 2. Heft, die Kirche des hl. Laurentius, Nürnberg 1831, S. 18) sagt von diesem Bilde: «Es hängt hier vielleicht zum Andenken des nicht ferne davon beerdigten Dr. Johann von Ebenheim.» Thode (a. a. O., S. 71) hat diese Vermutung übernommen. Ich glaube sie zur Gewißheit erheben zu können.

Zu Füßen des h. Heinrich befindet sich ein bisher noch nicht beachtetes Wappen, das einen weißen Streifen in schwarzem Felde zeigt. Dieses Wappen ist tatsächlich das des fränkischen Geschlechts der Ebenheim (vgl. Siebmacher, Erneuert- und vermehrtes Wappen-Buch, Nürnberg 1696, S. 100). Nun beweist aber die Wahl der dargestellten Heiligen, daß der von ihnen patronisierte Geistliche zu St. Lorenz in besonderen Be-

---

[1] A b b. T a f e l XVI.

ziehungen gestanden sein muß: der h. Laurentius ist der
Patron der Kirche, die Heiligen Heinrich und Kunigunde aber
sind die Patrone der Dioecese Bamberg, zu der die Lorenzkirche
gehörte. In der Tat war ein Johann von Ebenheim 1438 Plebanus (Hauptpfarrer) der Lorenzkirche (s. Würffel, Diptycha
Ecclesiae Laurentianae, Nürnberg 1756, S. 35, Hilpert, a. a. O.,
S. 37). Sein Epitaph befand sich bis 1812 in der Kirche und
wurde dann mit den anderen Epitaphien als altes Metall verkauft (Hilpert, h. a. O., S. 25). Wir kennen es jedoch aus
einer Abschrift des XVII. Jahrhunderts, die Rötenbeck (Monumenta et Inscriptiones quae in templo D. Laurentii Legentium
oculis objiciuntur, Ms. im Kgl. Kreisarchiv zu Nürnberg), und
aus einer Abschrift des XVIII., die Würffel (a. a. O., S. 35)
davon genommen hat; die Inschrift lautete: «Anno Domini 1438.
die 19. Aprilis obijt venerabilis Dominus Johannes de Ebenheim, Decretorum Doctor et hujus Ecclesiae Sancti Laurentij
Plebanus.» Nach Würffels Zeugnis ist Johann von Ebenheim
schon am elften Tag nach seiner Erwählung gestorben.

Aus dieser Urkunde erfahren wir indes nur das Todesdatum des Mannes, dessen Andenken das Bild geweiht ist,
nicht die Entstehungszeit des Bildes. Es scheint mir unmöglich, das Bild in das Jahr 1438 zu verlegen.

Ueber den Stifter des Bildes selbst ist vielleicht eine Vermutung erlaubt. Das Geschlecht der Ebenheim war, so viel
ich feststellen konnte, nicht in Nürnberg angesessen, wenn auch
einige seiner Glieder dort sich finden.[1] Daraus, daß das Bild

---

[1] Ein Michael und ein Berthold von Ebenheim werden bei den Be-
gräbnis- und Jahrtagen der Predigerkirche erwähnt (Würffel, Beschreibung
der Dominicaner- oder Predigerkirche, S. 60); eben dieser Michael stand
in den Diensten der Stadt (vgl. Rechnungsbücher des Rats von 1436, fo.
202); eine Katharina Ebenheimerin († 1360) hatte ein Totenschild in der
St. Johanniskirche (Würffel, Beschreibung der Kirche zu St. Johannis, S. 299,
Trechsel, Verneuertes Gedächtnis des Nürnbergischen Johannis Kirchhofs,
Frankfurt 1735. S. 833). Eine Ebenheim, Agnes nach der Genealogie der
Familien Tucher, Imhof und Haller (Ms. des German. Museums, S. 64 b),
Apollonia nach dem Hallerbuch (fo. 59), wurde die Frau des Franz Haller
(1371). 1464 läutete man nach dem Großtotengeläutbuch von St Lorenz
(fo. 13b) Jorgen von Echenheym «einem ritter». Dieser Georg von Eben-
heim war in Heilsbronn begraben (Stillfried, Kloster Heilsbronn, Berlin
1877, S. 215).

sicher einige Zeit nach dem Tode des Plebanns gestiftet wurde, möchte ich schließen, daß es sich um keine Stiftung von Seiten der Familie handelt. Nun wissen wir aber von dem Nachfolger Ehenheims, dem berühmten Dr. Conrad Kühnhofer, daß er sehr begütert war, und Würffel (a. a. O., S. 35) berichtet von ihm: «von seinem Ueberfluß hat er herrliche Stiftungen gemacht und Legata verordnet.» So erfahren wir von Stiftungen auf St. Hieronymi und Conrads Altar und das Kühnhofersche Fenster in St. Lorenz ist ja bekannt. Ich möchte daher annehmen, daß nicht das außerhalb Nürnbergs angesessene Geschlecht der Ebenheim längere Zeit nach dem Tode ihres Familienmitgliedes die Tafel gestiftet habe, sondern daß sie der wegen seiner mannigfachen Stiftungen bekannte Dr. Kühnhofer dem Andenken seines unmittelbaren Vorgänges gewidmet hat.[1] Damit erhielten wir einen ungefähren Anhaltspunkt für ihre Datierung: Kühnhofer ist 1452 gestorben. Da nun die Tafel in seinem (im Nürnberger Kreisarchiv aufbewahrten) Testamente nicht erwähnt wird, dürfte sie zu seinen Lebzeiten entstanden sein. Wir erhielten so 1438 als terminus post quem und 1452 als terminus ante quem für die Entstehung des Bildes. Ich möchte es in den Anfang der 40er Jahre setzen.

Das Bild wird von Würffel und Murr noch nicht, erst von Hilpert (a. a. O., S. 18) als an einem Pfeiler (Nr. 54) befindlich, von Rettberg (Nürnberger Briefe zur Geschichte der Kunst, Hannover 1846, S. 80), der Uebersichtstafel nach an seinem jetzigen Platze, erwähnt. Zweifellos hat es sich von jeher in der Lorenzkirche befunden. Es ist demnach wie alle Gemälde dieser Kirche 1824 durch. Pereyra restauriert worden. Aus dieser Zeit dürfte der jetzige sehr störende rohe Rahmen stammen. Irgendwelche Anzeichen einer Uebermalung sind nicht wahrzunehmen, doch bedürfte das Bild einer Reinigung und Firnissung. Die Maße betragen in Höhe und Breite $110,5 \times 101$ cm. Die Gestalten sind in halber Lebensgröße gegeben. Das Bild ist mit dickem Kreidegrund auf Tannenholz gemalt.

---

[1] Eine Bestätigung dieser Vermutung kann darin gefunden werden, daß Kühnhofer auch zum Andenken seines Freundes, des Bamberger Bischofs Friedrich von Aufsees, ein Wandgemälde im Winterrefectorium des Lorenzer Pfarrhofs stiftete (Heideloff, Die Ornamentik des Mittelalters XVIII. Heft, Nürnberg 1847, S. 3).

Die Farben des Bildes, heute erblindet, müssen einst in ihrer festlichen Pracht und ihrer vornehmen Abstimmung von wundervoller Wirkung gewesen sein. Laurentius ist in eine goldene Dalmatica gekleidet, in die rote Ornamente eingewoben sind und deren goldener Saum schwarze, buchstabenähnliche Verzierungen zeigt. Sein kostbarer goldener Kragen ist mit Heiligenfiguren geschmückt, links die Gestalten der Apostelfürsten Petrus und Paulus, rechts der Maria; zwei Löwenköpfe, von denen Quasten herabhängen, zieren seine Brust; sein weißes Gewand ist mit Gold bestickt. Die Kaiserin trägt eine überaus kunstvolle Krone, in die hinein, um sie zu halten, das feingefältelte Kopftuch geschlungen ist. In lichtem Moosgrün, zu dem das violette Rot des Futters einen wirkungsvollen Gegensatz bildet, fällt der Mantel von den Schultern der Kaiserin, von goldener Schließe zusammengehalten, das silbernweiße Damast ihres Gewandes umschließend und hervorhebend. Das satte Blau im Kaisermantel des h. Heinrich bringt den tiefsten Ton in das Bild; nur an wenigen Stellen, an der Brust und an den Füßen, wird das golddurchwirkte Purpurgewand sichtbar. Die Kaiserkrone ist reich mit Edelsteinen besetzt; zwei goldene Bänder, die von ihr herabhängen, umrahmen das Gesicht. In mattem Purpur fällt der Mantel von den Schultern Christi. Zu seiner Seite lehnt die Lanze der Seitenwunde, hinter ihm die Rute der Geißelung. Der Geistliche trägt die Pfarrherrn-Tracht der Zeit, das weiße Chorgewand über lichtrotem Untergewand und darüber den mausgrauen Pelzüberwurf mit Anhängern. Der Boden ist an den wenigen Stellen, wo er sichtbar wird, mit Gras bedeckt, in dem auch gelegentlich ein weißes, sternförmiges Blümchen erscheint. Die Heiligenscheine sind in der Form concentrischer Kreise leicht in den glatten Goldgrund eingeritzt.

Die Composition des Bildes ist von bewunderungswürdiger Kühnheit und Eindringlichkeit. Christus, der den Mittelpunkt der Handlung bildet, ist zur Seite gerückt. Wie aber strebt die schräge Linie der Heiligen auf ihn zu und wie hält seine machtvolle, ja riesenhafte Gestalt ihnen das Gleichgewicht.

In diesem Bilde erreicht die Nürnberger Epitaphienkunst einen Höhepunkt. Den vornehmsten Gegenstand der Epitaphien bildet, wenn es sich um Männer handelt, die Darstellung des Schmerzensmannes, der durch sein Leiden die Schrecken des Todes überwunden, wenn es sich um Frauen handelt, die Darstellung der mütterlichen Maria, sei es der Maria mit dem Kinde in Halbfigur oder der thronenden, der anbetenden, auch wohl der sterbenden Maria.[1] Den Epitaph-Gedanken aber hat der Künstler in dem Bilde von St. Lorenz zur Vollendung gebracht. Zeigten die früheren Epitaphien diejenigen, zu deren Heile diese Weihebilder dienen sollten, nur klein am Rande der Tafel, so wird hier der Mensch unmittelbar, wenn auch in kleinerer Gestalt, der heiligen Schar zugesellt. (Die Münchener Bilder des Deocarus-Meisters, die noch einen Schritt weitergehen und die Verstorbenen in der gleichen Größe geben, sind wahrscheinlich beide später als das Ebenheim-Epitaph.) Die Heiligen, in deren Dienste der Geistliche gestanden, empfehlen ihn seinem Erlöser. Wie eindringlich ist dies in dem Bilde zum Ausdruck gebracht. Man sehe die sprechende Geberde dieser beiden Hände des h. Laurentius und Kunigunde, den Blick voll Glauben und Zuversicht, den der Geistliche auf Christus richtet, vor allem aber den leidvoll mitleidvollen Blick des Christus selbst, der die Zeichen des stellvertretenden Leidens, seine blutenden Hände weist.

Einen solchen Schmerzensmann aber hatte die deutsche Kunst noch nicht gesehen. Was sonst der Kunst nur in der Gestalt des Urvaters erlaubt war, gibt der kühnere Geist dieses Meisters in der Gestalt Christi: die Darstellung des nackten Menschen. Zwei mächtigen Säulen gleich stützen diese Beine einen Körper, der trotz seiner Masse an ihrem Verhältnis gemessen fast zu klein ist. In gigantischen Formen schwellen die Muskeln an diesen Schenkeln, herauf von den schweren Piede-

---

[1] Beispiele solcher für Männer bestimmten Epitaphien mit dem Schmerzensmann sind die des Abtes Friedrich von Hirzlach und des Arztes Mengst in Heilsbronn und das Stromer- und Rymensnyder-Epitaph in St. Lorenz. (Den gleichen Gegenstand zeigen naturgemäß auch die plastischen Epitaphien, ohne daß hier die eine Kunst die andere bestimmt zu haben braucht.) Mariendarstellungen zeigen das Epitaph der Anna und der Elisabeth Tetzel in der Aegydienkirche, der Clara Holzschuher und der Prünsterin im Germanischen Museum, die Epitaphien der beiden Nonnen in München, das Imhof-Thürler und das Imhof-Volckamer-Epitaph.

stalen dieser hochreihigen, großen Füße. Mit einer fast er-
schreckenden Plastik ist die Musculatur des Bauches und des
Brustkorbs herausgearbeitet, und mit breitem, musculösen Halse
das Haupt auf den Rumpf gesetzt. Ja der Meister wagt das
Aeußerste und malt auf den fertigen Akt nur zum Schein noch
ein Schamtuch, das dem Blicke nichts mehr verhüllt.

Das Haupt Christi ist, in merkwürdigem Gegensatz zum
Körper, fast klein zu nennen und überrascht durch den Ausdruck einer edlen, klagelosen Trauer. In diesen Zügen finden
wir nichts von jenem larmoyant Kläglichen, das die Darstellungen des mitleidheischenden Gottes in der mittelalterlichen
Kunst unsrem Gefühle so fremd macht.

Die Heiligen des Bildes sind würdig, einem solchen Gotte
zu nahn. Diese Gestalten, deren Heiligenschein im Lichte
einer anderen Sonne erblichen ist, haben durch den Geist des
Meisters, der sie geschaffen, eine Weihe erhalten, die sie den
ewigen Gestalten der Kunst zugesellt. Das wirklichkeitswahre
Leben dieser drei Gestalten ist von unvergleichlicher Vornehmheit, von wahrhaftem Adel beseelt. Gedankenvoll, voll milden
Ernstes, voll stiller Würde sprechen diese Köpfe zu uns. Wer
einmal in ihren Zügen zu lesen begonnen, der wird bald jenen
Zauber empfinden, der stets von der durchgebildeten, im Ringen
des Lebens gewordenen Persönlichkeit ausgeht, wo immer wir
ihr begegnen. Persönlichkeiten, nicht Menschen bloß — vielleicht kann man nicht kürzer den Gegensatz ausdrücken, der
diese Gestalten von den Gestalten der früheren Nürnberger
Kunst scheidet.

Die Schule der Nürnberger Malerei aber, die in dem Meister des Bamberger Altares zum deutschen Ereignis geworden
war, tritt mit diesem Werke in den Kreis der europäischen
Kunst ein, in dem nur die Größten ihrer Zeit und ihres Volkes
uns begegnen.

Von besonderer Bedeutung ist das Werk für uns noch
dadurch, daß es uns durch eine zweifelsfreie Inschrift den
Namen des Meisters überliefert. Der Königsmantel der Verspottung, der von den Schultern des Schmerzensmannes herab-

fällt, wird durch ein breites Band am Halse abgeschlossen, dessen Enden ein wenig über die Brust hin verlängert sind. Auf den beiden Teilen des Bandes, die an der rechten und an der linken Schulter sichtbar werden, findet sich jene Inschrift.[1] An der linken Seite besteht sie aus vier Buchstaben, von denen wir die drei letzten ohne Schwierigkeit als ΛΩƧ entziffern; der erste, der etwas einem m ähnelt, darf wohl als ein ħ gelesen werden, dessen erster Verticalstrich verkürzt und dessen Horizontalstrich mit einem Anhängsel verziert ist. Ganz fraglos erscheint die Inschrift auf der rechten Seite; der erste Buchstabe ist zwar durch die erhobene Hand an der einen Ecke etwas verdeckt, doch nicht so, daß wir nicht ohne Mühe, die beiden Verticalstriche und den darübergelegten Horizontalstrich in Gedanken ergänzend, ein griechisches Π erkennen könnten. Die Inschrift lautet:

ħΛΩƧ ΠΕƺRΛИ

Ich sehe in ihr den Künstlernamen H a n s P e u r l, den Namen hier in der volleren Form Peurln für Peurlin erscheinend. Ueber die Art der Inschrift und über die Berechtigung dieser Lesung wird an späterer Stelle im Zusammenhang mit zwei weiteren Inschriften zu sprechen sein.

Fragen wir angesichts dieses Bildes nach den Merkmalen, die für die Kunst Peurls charakteristisch sind, so daß wir an ihnen die Werke seiner Hand sogleich erkennen und gegen andre unterscheiden können, so fallen uns in erster Linie die Proportionen seiner Gestalten ins Auge. Der Körper ist viel größer, aber zugleich auch breiter gebildet, als der Kopf es erwarten ließe. Die Körperlänge beträgt nicht weniger als das $7\frac{1}{2}$ fache der Kopflänge. Die Nase ist leicht, fast unmerklich geschwungen, mit feiner Kuppe; das Auge zeigt eine große, rehbraune Pupille, welche sich scharf von dem (nach den Winkeln zu sich ver-

---

[1] Abb. Tafel XXIX a.

dunkelnden) Weiß abhebt, das untere Lid ist schwer und stark. Das Haar ist beim h. Laurentius und der Kaiserin gelb auf blond gehöht, beim Kaiser und beim Schmerzensmann braun auf braun, mehr zeichnerisch als malerisch wiedergegeben. Zur Modellierung der Schatten ist Grau, nicht Braun verwandt, was dem Körper Christi einen fast lividen Schimmer verleiht. Am charakteristischsten sind aber die Hände dieser Gestalten, die sich dem Blicke unvergeßlich und unverwechselbar einprägen. Sie gleichen von oben fast den Händen eines Skelettes; auf dem Handrücken treten die Bänder, bei den überlangen, dünnen Fingern die Knochengelenke sehr stark hervor. Von der Innenfläche gesehen aber haben diese Hände mit menschlichen Händen fast nichts mehr gemein. Es hat den Anschein, als bestünden diese Finger aus luftgefüllten Pergamenthülsen, die an den Stellen der Gelenke zu tiefeinschneidenden Falten geknittert sind. Merkwürdig ist auch die seltsame Ungeschicklichkeit, mit der die Arme gegeben sind. Von keinem einzigen kann man eigentlich sagen, daß er in glaubhafter Weise am Körper sitzt, am unwahrscheinlichsten aber sind die Arme Christi und der das Kirchenmodell haltende Arm der h. Kunigunde. Auch der Ansatz der Beine des Schmerzensmannes ist durchaus nicht klar wiedergegeben.

Das Cistercienser-Kloster H e i l s b r o n n , auf halbem Wege von Nürnberg nach Ansbach gelegen, einer jener reichen Mönchsstaaten des Mittelalters, die weithin über Land und Leute geboten, ist zu Nürnberg in mannigfachen Beziehungen gestanden. Die Mönche des grauen Ordens besaßen in der Reichsstadt selbst Grund und Boden, und manches Haus (um eines zu nennen, auch das Wohlgemutsche) war ihnen zinspflichtig; Kaiser Adolf hatte ihnen ein eigenes Quartier in Nürnberg, den Heilsbronner Hof bei der Lorenzkirche geschenkt. Es ist natürlich, daß darum auch die Mönche sich vorzugsweise der Nürnberger Künstler zur Ausschmückung ihres Klosters bedienten, und die meisten der zahlreichen Altäre, die die Cistercienserkirche in Heilsbronn einst besaß (vgl. Stillfried, Kloster Heilsbronn, Berlin 1877, S. 65—72), mögen aus den Werkstätten der Nürnberger Maler hervorgegangen sein. Hans Pleydenwurff, der vielleicht mehr noch Glas- als Tafelmaler gewesen ist, hat 1466 in Verbindung mit Marcus Schön acht Glasfenster für den vom Abt Wegel neu erbauten Kreuzgang geliefert.[1] Hans Traut hat in den Jahren 1488—1495 für das Kloster gearbeitet.[2] In der Kirche von Heilsbronn finden wir auch eines der Hauptwerke Hans Peurls.

Im Westchor der Klosterkirche befindet sich eine fast lebensgroße Maria als Himmelskönigin mit dem Kind auf dem Arme, mit ihrem Mantel die Mönche des Klosters beschirmend.[3] Nach dem Zeugnis von Muck (Geschichte von Kloster Heilsbronn I, Nördlingen 1879, S. 193) hing das Bild im Anfang des XVII. Jahrhunderts nicht in der Kirche, sondern im Capitol an der Grabstätte des Abtes Konrad Haunolt, der 1479—1498 regierte, mit folgender Beischrift:

Hic ego multorum collectrix sum monachorum,
Qui mihi donantur continue et famulantur.
Hos sub mantello, nec eorum quemque repello,
Servo prae dira venturi judicis ira.
Attendas frater, haec est reginaque mater,
Cui tam laetantur servi, constanter amantur. 1495.

Wie es scheint, hat man schon damals denselben Irrtum begangen wie Muck und Konrad Haunolt in dem dargestellten

---

[1] Vgl. Stillfried, a. a. O., S. 81, Anm. 1: «1466: pro 6 rotis depictis de vitro magistro Marco 7 fl., dem Pleidenwurff pro duabus rotis 3 fl.»
[2] Vgl. Rauch, die Trauts, Straßburg 1907, Hans Traut, S. 5 f. Ich muß bemerken, daß mir der Wert der Rauchschen Studie über Hans Traut vorzugsweise in den archivalischen Nachweisen zu liegen scheint, während ich den andern Teil, der das Oeuvre Trauts zusammenzustellen unternimmt, für anfechtbar halte. Die Berechtigung, die darin zusammengefaßten Werke. die ich übrigens nicht durchweg demselben Meister geben möchte, mit dem Namen Trauts in Verbindung zu bringen, nimmt Rauch aus der Identificierung des Meisters des Peringsdörffer-Altares mit dem Urheber der Erlanger Sebastianszeichnung. die nach Dürers Aufschrift von Trauts Hand stammt. Ich halte es aber für vollkommen ausgeschlossen, daß der Sebastian der Zeichnung und der Sebastian des Altares von einem und demselben Meister herrühren kann ; vielmehr halte ich Thodes Argumentation gegen diese Identität (a. a. O., S. 179 ff.) für unwiderleglich. Daß Hans Traut unter den von Rauch zusammengestellten Werken vertreten ist, scheint mir möglich, aber noch keineswegs bewiesen, daß er der Meister des Peringsdörffer-Altares sei, scheint mir unmöglich.
[3] Abb. Tafel XVII.

Abte gesehen. Muck nämlich bezieht einen Rechnungsvermerk des Abtes Konrad «Hansen von Speyer pro tabula epitaphii nostri 13 flor. et 5 talenta» auf dieses Schutzmantelbild. Wir wissen heute, daß dieser Hans von Speyer Hans Traut ist, dessen Stil uns aus jener von Dürers Hand bezeichneten Zeichnung in Erlangen bekannt ist, und wir wissen, daß unser Bild nicht‐am Ende des XV. Jahrhunderts entstanden sein kann. Aus seinem Stilcharakter dürfen wir ohne weiteres schließen, daß es während der langen Regierung des Abtes Ulrich Kötzler von Volkersgau (1433—1462) entstanden sein muß und diesen dürfen wir in dem Abte erblicken, der anbetend zur Rechten der Madonna kniet. 1439 hatte er von der Kirchenversammlung von Basel für sich und seine Nachfolger den Gebrauch der bischöflichen Mitra, des Ringes und des Bischofsstabes erlangt (Muck, a. a. O., S. 164): darum ist er dargestellt, den Bischofsstab im Arme und die bischöfliche Mütze zu seinen Füßen. Das Bild ist demnach zwischen den Jahren 1439 und 1462 entstanden.

Der Gegenstand des Bildes bedarf keiner Erklärung. Maria war die Patronin der Heilsbronner Kirche, wofür uns Hocker (Hailsbronnischer Antiquitäten-Schatz, Onolzbach 1731, S. 64 ff.) ein merkwürdiges Document überliefert hat. Auch im Kloster-Siegel erscheint die Madonna mit dem Kinde (Hocker, Supplementa zu dem Hailsbronnischen Antiquitäten-Schatz, Nürnberg 1739, Fig. III).

Mit jener unbestimmten Datierung brauchen wir uns jedoch nicht zu begnügen. Es ist mir gelungen, in den Rechnungsbüchern des Klosters Heilsbronn, die sich vollständig erhalten haben und jetzt im Allgemeinen Reichsarchiv zu München aufbewahrt werden, den Vermerk zu finden, der sich auf unser Bild bezieht. Er steht unter den Abtsrechnungen des Jahres 1442 und lautet folgendermaßen:

«Expenß receptorum . . . . de ymagine b[ea]te virginis an[t e] altare ip[s]ius vı flor faciu[n]t xxxj!»[1]

---

[1] t = talentum = Pfund Heller = 30 Heller. Bis 1360 war der fl. weniger als ein Pfund, stieg aber dann rasch (nach Stillfried).

(K. B. allgemeines Reichsarchiv, Kloster Heilsbronn; Libri computationum No. 9, fo. 4 b.)

Als Schutzpatronin des Klosters mußte die Himmels-königin auf ihrem Altare dargestellt werden, den Mantel des Schutzes über ihre Mönche breitend. Darum k a n n unter dem ymago der h. Jungfrau unser Schutzmantelbild verstanden werden. Ich habe die mit peinlichster Gewissenhaftigkeit ge-führten und bis auf die geringste Kleinigkeit detaillierten Rechnungen des Klosters Heilsbronn Zeile für Zeile durch-genommen und kein Vermerk gefunden, das sich außer diesem auf unser Bild beziehen ließe.[1] Darum m u ß unter jener ymago beatae virginis unser Bild verstanden sein. Die Heils-bronner Madonna wurde demnach im Jahre 1442 gemalt.

Das Bild muß, als Muck es beschrieb (1877), ziemlich übermalt gewesen sein; hatte doch der Restaurator in den Flügeln des Engels links seine Signatur ‹G. P. W. 1692› an-gebracht. Auch heute ist es von Uebermalungen keineswegs frei.[2] Der Kopf des Abtbischofs wurde übermalt, indem er mit Weiß gehöht wurde, einige Mönche links bekamen Runzeln aufgemalt. Ebenfalls weiß gehöht ist die rechte Hand der Madonna, doch sieht man durch die Farbe hindurch noch die sehr charakteristischen Gelenkfalten. Beträchtlich übermalt worden ist die rechte Wange des Kindes, an der größere Sprünge verdeckt werden sollten, ferner die Partie unter den Augen und an der Nasenwurzel, auch an der Stirn über den Augen und am Ansatz der Haare. Der Kopf der Madonna ist ganz leicht am Halse übermalt, stärker am Kinn und am linken Mundwinkel, ferner rechts und links von der Nase, über den Augen und vom Mund bis zum linken Ohr. Dadurch hat das Incarnat etwas unangenehm Rosiges erhalten, das sich beim Gesamteindruck störend bemerkbar macht. Auch das Blau des Mantels ist an zwei Stellen erneuert.

---

[1] Es könnten höchstens regelmäßig wiederkehrende Vermerke in Betracht kommen : «pro expensis abbatis in et extra monasterium». Bei den sehr kleinen Beträgen dieser Ausgaben und bei ihrer regelmäßigen Wiederkehr kann es sich jedoch nur um eine Art Taschengeld des Abtes handeln.

[2] Wie ich hörte, soll das Bild in München, aber nur in ziemlich oberflächlicher Weise restauriert worden sein.

Die Maße des Bildes betragen 226×98 cm. Mutter und Kind sind in voller Lebensgröße gegeben.

Maria ist in einen Mantel von wundervollem Tiefblau gekleidet, ein Blau, das an den Bruchstellen aufleuchtet (zwei solcher Stellen sind durch Uebermalung ergänzt). Die Innenseite des Mantels ist von hellem Graublau. Die Borte ist mit farbigen Edelsteinen und Perlen besetzt. Das Gewand, das der Mantel sichtbar werden läßt, ist von einem sonnenhaft leuchtenden Goldbrokat, der mit roten Ornamenten gehöht ist. Ein weißes, in künstliche Falten gelegtes Kopftuch fällt von dem Haupte herab, das die Engel mit kunstreicher Krone schmücken. Rötlich blondes, mit Gelb gehöhtes Haar rahmt das Gesicht ein. Die Engel, die aus blaugrünen Wolken sich herabneigen und nur mit dem Oberkörper sichtbar sind, haben große, in Farben abgestufte Flügel; die Flügel des Engels links sind in rot und grün nuanciert, die des rechten vornehmlich in weiß, gelb und grün. Der Engel links ist in ein rotes, der rechts in ein dunkelolivgrünes Gewand von sehr vornehmem Tone gekleidet. Der Boden ist mit Gras bedeckt und mit weißen, sternförmigen Blümchen belebt, der Hintergrund golden, ohne Ornament. Die Farben des Bildes sind in wundervollem Zusammenklang auf den Accord von Blau und Gold gestimmt.

Daß das Bild von der gleichen Hand ist wie das Ehenheim-Epitaph in St. Lorenz, darüber kann kein Zweifel herrschen; man braucht nur die Madonna mit der weiblichen Heiligen jenes Bildes zu vergleichen. Es sind die gleichen Proportionen der Gestalt, es ist der gleiche Kopftypus in der Zeichnung von Stirn, Augenpartie, Nase, Mund und Kinn und in der Haarbehandlung; auch Kopftuch und Krone ist entsprechend. Die Hand zeigt jene charakteristische Form, die ich bei dem Bilde von St. Lorenz hervorgehoben habe.

Die Heilsbronner Madonna Hans Peurls ist neben Stephan Lochners Madonna mit dem Veilchen das bedeutendste Madonnenbild, das die deutsche Kunst des XV. Jahrhunderts geschaffen hat. In Meister Stephans Werk erscheint uns die Madonna so, wie das gläubige christliche Gemüt ihr Bildnis hegte, als himmlische Jungfrau, gleich als habe die zarteste

Vision religiöser Minne-Dichtung Gestalt gewonnen. Die göttliche Schirmherrin jener Mönche, die in ihrem Namen auf der Erde herrschen, kann nicht anders erscheinen denn als Himmelsherrscherin, als das, was sie dem christlichen Dogma war, als θεοτόκος. Dort ancilla domini — hier regina coeli. So erscheint sie, hoheitsvoll, majestätisch, den milden Ernst einer Fürstin in ihrem Blick, ein Königsmantel wallt von ihren Schultern, das Scepter ruht in ihrer Rechten, und Engel halten die Krone ob ihrem Haupte. Und doch bedürfte sie nicht des königlichen Schmuckes — die Vornehmheit, der Adel ihrer Züge bezeugen sie als Herrin, Gebieterin, Königin. Vielleicht darf man sagen, daß niemals in der deutschen Kunst die Madonna erhabener dargestellt wurde als hier.

Das Christkind ist nicht der lieblich spielende Knabe des rheinischen Meisters — der ganze Ernst, das ganze Leid der Erlösertat spricht zu uns aus den tiefen sinnenden Augen, aus den wie im Schauen der Zukunft halb geöffneten Lippen. So erscheint selbst der Stieglitz, den das Kind am Faden gebunden hält, nicht als ein Spielzeug, sondern als ein Symbol der Seele, die christliche Mythologie in dem Bilde des flatternden Vogels verkörpert, ein Symbol der Seele, deren Geschick in der Hand des Erlösers ruht.

Unter dem Mantel der Madonna erscheint die Schar der Mönche, die gläubigen Blicke nach oben gewandt. Im Vordergrunde kniet Abt Ulricus, den Bischofsstab im Arme, die Mitra zu seinen Füßen, ihm gegenüber ein Mann mit grauem Barte, in dem schwarzen Mantel (dem sog. Schepler), den die Mönche außerhalb des Klosters tragen, mit dem Schlüsselbund am Gürtel, wohl der Bursarius von Heilsbronn. Diese beiden Gestalten sind individuell charakterisiert; die hinter ihnen knieenden Mönche machen den Eindruck, als seien sie jeweils ein wenig nach ihrem Typus gebildet worden.

Peurl scheint das Schutzmantelbild in die Nürnberger Malerei eingeführt zu haben, wenigstens ist mir keine ältere Darstellung bekannt geworden. Aus demselben Jahre oder vielleicht aus dem Jahre nach dem Heilsbronner Bilde haben wir das (im XVII. Jahrhundert völlig übermalte) Epitaph der

Anna Tetzel in der Tetzel-Kapelle der Aegydien-Kirche,[1] auf
dem auch die Madonna mit dem Kinde unter einer von zwei
Engeln gehaltenen Krone erscheint, während unter dem von
Engeln auseinandergeschlagenen Mantel die Stifter knieen. Eine
weitere Mater misericordiae haben wir in einer Miniatur aus
der Mitte des XV. Jahrhunderts im Saalbuch der Marienkirche
(im kgl. Kreisarchiv zu Nürnberg), das 1442 von Peter Schuler,
dem Pfleger der Kirche, angelegt, und bis 1462 weitergeführt
wurde; auch hier erscheint die Madonna mit dem Kinde auf
dem linken Arm; der herabfallende Mantel umhüllt aber nur
auf der rechten Seite die Gläubigen.[2]

Fragen wir nach der Herkunft der Kunst Hans Peurls, wie
sie uns diese beiden Werke offenbaren, so kann kein Zweifel
sein, daß sie ihrem Wesen nach in der Kunst des Nordens
wurzelt. Der Schmerzensmann seines Lorenzer Bildes ist so
durchaus deutsch, daß man wohl glauben könnte,' hier habe
ein deutscher Meister, ganz aus Eignem schaffend und in unge-
zügeltem Wirklichkeitsstreben ganz dem Eindruck seines Modells
sich überlassend, eine vollkommen originale Gestalt geschaffen.
Und doch ist auch diese Schöpfung nicht ohne Vorbild im
Norden. Auf dem (von Uebermalung nicht freien) Epitaph des
Ritters Heinrich von Hohen-Rechberg von 1437 im Dom zu
Eichstätt finden wir einen Crucifixus, der sowohl im Typus
und Ausdruck des Kopfes wie in der Wucht des Anatomischen
seines Körpers (man beachte den mächtigen Schulteransatz) an
den Schmerzensmann Peurls erinnert. Auch Johannes und
Maria jenes Epitaphs können uns in ihrer ganzen Empfindungsweise an die Gestalten Peurls gemahnen, wenn sie ihnen auch
formal nicht zum unmittelbaren Vorbild gedient haben.[3]

---

[1] Inschrift: Anno domini m cccc vnd xxxii jar an mitwoch vor
sant bartolmes tag do starb fraw anna jorg detzlin der got genad.
[2] Als Gegenstück hat diese Darstellung ein Bild Kaiser Karls IV.
Ich habe mich gewundert, diese beiden Miniaturen von gesichert Nürnberger Provenienz nicht in dem Werke Raspes über die Nürnberger
Miniaturmalerei (Straßburg 1907) zu finden.
[3] Abb. Tafel XXXa. Inschrift, in späterer Zeit erneuert: «A⁰ 23
Hornvngs tag des 1437. Jars starb der Edl Ritter Herr Hainrich von
Hohen Recbberg der sambt seiner Gemahlin Prawen Sophia geborner

Wir haben keinen Anhaltspunkt anzunehmen, daß der Maler des Eichstätter Bildes ein Nürnberger Maler gewesen ist. Es spricht aber alles dafür, daß Peurl ursprünglich aus der Nürnberger Kunst hervorging. Seine Kunst, die auf die Durchbildung und Beseelung der Einzelgestalt ausgeht, liegt völlig in der Richtung, welche die Entwicklung der Nürnberger Malerei genommen hat. In der Darstellung des nackten Körpers hat er auch in Nürnberg einen freilich bei weitem weniger kühnen Vorgänger, den Meister des Hallerschen Altares. Seine Heiligengestalten verleugnen in all ihrer Erhabenheit doch nicht eine gewisse, wenn auch entfernte Schulverwandtschaft mit den Gestalten der gleichzeitigen Nürnberger Heiligenmalerei, mit den Heiligen des Deocarus-Meisters, des Wolfgangs-Meisters oder des Haller-Meisters.

Dabei ist es jedoch unmöglich, Peurl in einen directen Schulzusammenhang mit einem dieser Meister zu bringen. Namentlich vom Haller-Meister unterscheidet er sich in sehr wesentlichen Punkten. Vor allem sind die Proportionen völlig verschieden: bei ihm hat der Körper $7^1/_2$ mal die Länge des Kopfes, beim Haller-Meister nur 5 mal. Die Bildung des Nackten ist bei diesem doch noch viel schematischer als bei ihm; man vergleiche nur die in der Art der älteren Steinplastik in parallelen Linien aufgemalten Rippen am Brustkorb Christi des Hallerschen Altares mit der durchgebildeten Brustmusculatur des Schmerzensmannes auf dem Lorenzer Bilde. Gegenüber den adlig vornehmen Gestalten Peurls erscheinen die des Haller-Meisters bäurisch und plump. Vor allem ist auch der Farbengeschmack ein völlig verschiedener und hier ist, solange man wenigstens auf die Schönheit der Einzelfarbe, nicht auf ihre Zusammenstimmung sieht, der Meister des Hallerschen Altares

---

Grävin von Helffenstain alhie begraben ligt, denen Gott gnedig und barmherzig seie.» Es ist das Verdienst Redslobs (a. a. O., Mitt. d. germ National-museums 1907, S. 27), in diesem Zusammenhang auf das Eichstätter Bild hingewiesen zu haben; doch ist seine Frage, ob es von dem Meister des Ballerschen Altares oder des Ehenheim-Epitaphs herrühren könne, zu verneinen. Die Breite des Bildes beträgt 141 cm; es ist mit Kreidegrund unmittelbar auf Holz gemalt. Das Gewand des Johannes ist rot mit grünem Futter, sein Untergewand weiß, das Gewand der Maria weiß, innen gelb, das Untergewand blaugrün.

der überlegene. Keine andere Farbe, in der ganzen Nürnberger Malerei, kommt an Tiefe und Leuchtkraft der seinen gleich, die selbst noch in den Schattenlagen zu glühen scheint. Im Bewußtsein dieses Vorzugs gibt der Haller-Meister in der Regel nur einfarbige Gewänder, in denen seine Farben zur vollen Wirkung kommen, während Peurl die auf Gold gestimmten Farbenverbindungen liebt. Auch die reich ornamentierten Hintergründe sind nur dem Haller-Meister eigen. Es ist gut, schon bei diesen Werken sich über die Verschiedenheit der beiden Künstler klar zu werden, um ihre Kunst bei einem späteren Werke sogleich unterscheiden zu können, bei dem wir beide zusammenarbeitend finden werden.

Eines aber unterscheidet Hans Peurl von seinen Zeitgenossen und erklärt zugleich die isolierte Stellung, die er in der Nürnberger Malerei einnimmt: er hat seine eigentliche Schulung nicht in Nürnberg empfangen, sondern in Venedig, und der Meister, der den größten Einfluß auf seine Kunst ausgeübt hat, ist der große, zum Venezianer gewordene deutsche Maler Giovanni d'Alemagna. Ein Vergleich der Frauengestalten Peurls, der h. Kunigunde oder der Heilsbronner Madonna mit den Madonnen Giovannis läßt über diese Beziehungen keinen Zweifel. Die Madonna Peurls gleicht mit ihrer kurzen, geraden Nase, dem kleinen Mund, dem kurzen Kinn, den sinnenden Augen mit schwerem unteren Lid der Madonna Giovannis auf dem Altare der Accademia in Venedig.[1] Auch diese trägt unter der Krone das Kopftuch, auch sie den von einer Borte eingefaßten blauen Mantel über dem aus Gold und Rot gewirkten Untergewande. Die Engel des Heilsbronner Bildes scheinen nürnbergisch; sie erinnern an die Engel des Imhof-Volckamer-Epitaphs oder jener Erlanger Zeichnung. Aber ganz wie bei ihnen sind die Flügel der Engel des Venezianer Bildes in den Farben, bei den einen vom dunkelsten Grün über Gelb ins Weiße übergehend, bei den anderen vom tiefsten, fast schwarzen Bordeauxrot über Zinnober wieder bis zum Weiß hin abgestuft. Nicht minder weit geht die Uebereinstimmung der h. Kunigunde, die ja der Heilsbronner Madonna

---

[1] Abb. Tafel XXXIa.

nahe verwandt ist, mit der Madonna Giovannis. Vor allem aber gleicht das Christkind in Heilsbronn im Bau des Körperchens wie in der Bildung und im Ausdruck des Gesichtes völlig dem Bambino in Venedig.

Der venezianische Altar ist seiner Inschrift nach 1446 entstanden, das Heilsbronner Schutzmantelbild schon 1442. Man könnte also fragen, ob wirklich, wie es hier behauptet wird, die Kunst des Nürnberger Malers von der venezianischen abhängig sei, ob nicht vielleicht umgekehrt Giovanni d'Alemagna, dessen deutsche Herkunft uns durch seinen Namen bezeugt ist, ein Schüler Hans Peurls sein könnte. Diese Frage ist zu verneinen. Daß Peurl wirklich in Venedig gewesen ist, geht nicht nur aus den Beziehungen seiner Kunst zu der Giovannis hervor; es wird uns bezeugt durch ein späteres Werk des Meisters, das in dieser Hinsicht geradezu die Beweiskraft eines Documentes hat, durch sein Triptychon in der Johanniskirche. Giovanni d'Alemagna muß aber schon vor dem Jahre in Venedig tätig gewesen sein, aus dem wir Kunde von seiner Wirksamkeit haben (1441), denn in dem bezeichneten Werke im Dome zu Parenzo, das sein späterer Mitarbeiter und Verwandter Antonio Vivarini noch vor ihrer Arbeitsgemeinschaft ausgeführt, hat Lionello Venturi bereits die Spuren seines Einflusses gefunden.[1] Es muß also Werke aus der Zeit vor der Verbindung Giovannis mit Antonio geben, und wir haben das Recht, anzunehmen, daß Peurl am Ende der 30er Jahre oder im Anfang der 40er Gelegenheit hatte, seine Kunst kennen zu lernen.

Ein solches F r ü h w e r k d e s G i o v a n n i d ' A l e - m a g n a bin ich in der Lage, nachweisen zu können. Es ist eine bisher in der Litteratur noch nicht besprochene Madonna in der K i r c h e d e r F i l i p p i n i z u P a d u a, deren Kenntnis ich einem Hinweise Thodes verdanke.[2] Dieses Werk, das die Mutter mit dem Kinde auf einem gotischen Throne sitzend zeigt, hinter dem Blüten zum Vorschein kommen, ist in seinem

---

[1] Lionello Venturi, le origine della pittura Veneziana 1300—1500, Venezia 1907, S. 107. Ueber die Verwandtschaft von Giovanni und Antonio vgl. Lazzarini, Nuovo Archivio Veneto XII, 1906, S. 163.
[2] Ich hoffe, dieses Werk demnächst publicieren zu können.

ganzen Charakter so völlig verschieden von dem Werke Antonios in Parenzo, daß man nicht darüber zweifelhaft sein kann, hier eine Arbeit allein des Giovanni vor sich zu haben. In Verbindung mit jenem Werke des Muranesen bietet es uns nun auch die lange gesuchte Möglichkeit, in den von Giovanni und Antonio gemeinsam ausgeführten Altären die Hand der beiden Maler zu scheiden. Die Uebereinstimmung des Padovaner Bildes mit dem Altar der Accademia macht es sicher, daß dieser im wesentlichen die Arbeit des Giovanni ist, ebenso wie wir auf Grund des istrischen Altares in den Altären von San Giobbe und San Francesco della Vigna in Venedig nunmehr ausschließlich die Hand des Antonio erkennen dürfen. Von dem Altar in San Zaccaria ist der Teil mit der h. Sabina zwischen den h. Hieronymus und Icerius mit derselben Sicherheit dem Antonio zuzuweisen, wie der andere Teil mit den vier männlichen Heiligen dem Giovanni.

Abgesehen aber von der Bedeutung, die das Padovaner Bild des Giovanni d'Alemagna für die Geschichte der venezianischen Malerei hat, ist es für uns von höchstem Interesse wegen seiner völligen Uebereinstimmung mit der Heilsbronner Madonna. Eine größere Uebereinstimmung der Werke zweier verschiedener Meister von selbständiger Bedeutung kann man sich nicht gut vorstellen. Es ist vollkommen derselbe Typus der Madonna und des Kindes, dieselbe Tracht mit dem blauen Mantel, dem weißen Kopftuch, dem aus Gold und Rot gewirkten Brokatgewand. Der Ausdruck der Madonna, minder hieratisch und darum minder grämlich als auf dem späteren Bilde, nähert es dem Heilsbronner Werke noch mehr.

Ueber dieser Verwandtschaft der weiblichen Typen darf man auch die Beziehungen nicht übersehen, welche die Männergestalten Peurls mit denen Giovannis verbinden. Sein Kaiser Heinrich, eine der würdigsten Herrschergestalten der deutschen Kunst, hat ganz jene gehaltene, kraftvolle Ruhe, die den Heiligen Giovannis eigen ist. Es ist das völlige in sich Beruhen der Persönlichkeit. Im Typus vergleicht sich der h. Heinrich am ehesten dem h. Hieronymus unten links auf dem Paradiso in San Pantaleone, das Giovanni unter der Mitarbeit Antonios ausgeführt hat.

Die Farben Peurls scheinen in technischer Beziehung ganz diejenigen Giovannis zu sein. Das für diesen charakteristische Blau findet sich ganz so in Heilsbronn im Mantel der Maria und im Mantel des Kaisers auf dem Ehenheim-Epitaph wieder. Diese Uebereinstimmung wird ihren Grund in der Verwendung des gleichen Materials haben. Wir erfahren, daß Guariento aus Ersparungsgründen anstatt des kostbaren azurro di oltramare das billigere azurro de Alemania in Venedig einführte (Venturi, a. a. O., S. 43).

2. Das Portrait des Jünglings im Germanischen Museum.

Auf ein bisher wenig beachtetes Portrait des Germanischen Museums (Katalog Nr. 90) hat Dörnhöffer (a. a. O., Repertorium XXIX, 1906, S. 448) die Aufmerksamkeit gelenkt, indem er es dem «Meister des Tucherschen Altares» zuschrieb. Das Bild, das in Höhe und Breite 41,5 × 33 cm mißt, zeigt vor goldnem Hintergrund einen jungen Mann, dessen Kopf von einer schwarzen, wollenen Mütze bedeckt wird, in einem mit braunen Pelz verbrämten und am Halsausschnitt mit Schnüren verzierten Moirée-Gewand. In der Rechten hält der Jüngling einen goldenen Ring; wir werden daher wohl ein Verlobungsbild in diesem Portrait zu sehen haben.[1]

Daß dieses kleine Werk tatsächlich von der Hand Peurls stammt, wird bei einem Vergleich mit dem Laurentius oder dem Plebanus des Ebenheim-Epitaphs offenbar. Wir finden die gleiche Zeichnung der Augen, das blonde Haar ist ganz in der gleichen Weise wie beim h. Laurentius mit Gelb gehöht, die Art des Ohransatzes entspricht der beim Plebanus Ehenheim. Vor allem finden wir die für Peurl so charakteristische, aus der Uebertreibung einer an sich richtigen Naturbeobachtung hervorgegangene Hand mit den Pergamenthülsen-Fingern auf dem Bilde wieder. Freilich ist die Ausführung des Werkes,

[1] Abb. Tafel XVIII.

dem nicht die Würde des religiösen Gegenstandes innewohnt, minder sorgfältig, die Zeichnung hart. Eine gewisse Unbeholfenheit läßt darauf schließen, daß wir es mit dem Werke eines jungen, noch nicht routinierten Künstlers zu tun haben.

Auch Thode fiel der «ausgesprochen vornehme Charakter der kindlich offenen, liebenswürdigen Züge» des Jünglings auf, die ihn «wohl einem Maler als Vorbild zu einem h. Georg hätten geeignet erscheinen lassen können» (a. a. O., S. 208). In der Tat geht von diesem Werke bei all seiner Unbeholfenheit ein Zauber von Vornehmheit und Liebenswürdigkeit aus, der uns das Bild bei längerer Bekanntschaft immer lieber macht und in dem vielleicht mehr noch als die Persönlichkeit des Dargestellten der Geist seines Meisters zu uns spricht.

Das Bildnis des Jünglings ist die erste Darstellung eines Menschen, losgelöst aus dem Rahmen des Altarwerks, die uns in Nürnberg begegnet. In ihm hat Hans Peurl das erste selbständige Portrait der Nürnberger Kunst geschaffen. Seine Kenntnis italiänischer Kunstübung mag ihm dazu den Mut gegeben haben.

VII.

Der Tuchersche Altar in der Frauenkirche.

In Gegenwart des römischen Königs Wenzel, des päpstlichen Legaten Cardinals Pileus, der Erzbischöfe von Mainz und Prag, der Bischöfe von Bamberg und Lübeck sowie vieler anderer geistlicher und weltlicher Herren wurde am 16. Februar 1381 der Grundstein der Kirche der Karthäuser in Nürnberg gelegt. Stifter des Klosters war der reiche Kaufherr Marquard Mendel. Dieser soll nach dem Berichte der Klosterchronik,[1] die den Ereignissen zeitlich genügend nahe steht,

[1] Kgl. Kreisarchiv zu Nürnberg. Ms. 215, fo. 41. Zur Geschichte des Karthäuserklosters vgl. Roth, Geschichte und Beschreibung der Nürnberger Karthause, Nürnberg 1790 und Heerwagen, Die Karthause in Nürnberg 1380—1525, in Festgabe des Vereins für Geschichte der Stadt Nürnberg zur Feier des fünfzigjährigen Bestehens des Germanischen Nationalmuseums, Nürnberg 1902, S. 88—132. Heerwagen sagt (eb. S. 91): «Was die Vorgeschichte unserer Karthause anlangt, sind wir lediglich auf die . . . handschriftliche Klosterchronik angewiesen. Dieselbe, heute im Kreisarchiv Nürnberg (Konserv. Hs. Nr. 81) verwahrt, entstammt der I. Hälfte des 16. Jahrhunderts und hat den damaligen Schaffner des Klosters Sixt Oelhafen zum Verfasser. Daß dem Chronisten ältere Aufzeichnungen vorlagen ist im Text wiederholt deutlich erkennbar.» Merkwürdigerweise hat Heerwagen ganz übersehen, daß die ursprüngliche Klosterchronik in der Form, wie sie auch den späteren Copisten vorlag, in Ms. 215 des Kgl. Kreisarchivs erhalten ist und daß Ms. 81, das er benutzt, nur eine für uns belanglose Copie darstellt. Damit fällt auch sein Zweifel gegen den Bericht über die Veranlassung der Klostergründung; dieser ist nicht, wie er meint, eine Klosterlegende des XVI. Jahrhunderts, sondern eine Darstellung, die nicht viel mehr als ein Vierteljahrhundert jünger ist als die Ereignisse.

daß wir ihr vertrauen dürfen, im Jahre 1380 in Rom auf
wunderbare Weise bei einem Sturz seines Pferdes dem Tode
entgangen sein und zum Dank gegen Gott die Gründung eines
Karthäuserklosters in seiner Vaterstadt beschlossen haben. Aus
einer anderen Quelle [1] erfahren wir, daß er im Jahre zuvor,
als er in Verona weilte, durch die Nachricht vom plötzlichen
Tode seiner Gattin aufs heftigste erschüttert worden sei. Diese
beiden Erlebnisse mögen zusammengewirkt und in ihm den
Entschluß wachgerufen haben, dem ernstesten, am meisten der
Welt abgewandten Orden in Nürnberg eine Stätte zu bereiten.
Der Rat gab seine Einwilligung unter der Bedingung, daß das
Kloster nicht mehr als zwölf Ordensbrüder und sechs Conversi
aufnehmen solle, und nach Ueberwindung einiger Schwierigkeiten,
die in der damaligen Kirchenspaltung ihre Ursache hatten,
konnte bereits 1382 das Kloster Cella beatae Mariae apud
Norimbergam eingeweiht werden. Seiner Bestimmung gemäß
diente es jenem 'durch den h. Bruno erneuten Eremitentum,
das in Schweigen und Abgeschiedenheit sich der Beschauung
und dem Studium weihte. Dies war die Stätte, der das Geschlecht der Tucher jenes Werk widmete, das ihren Namen mit
dem unsterblichen Ruhme eines der größten deutschen Meister
verbinden sollte.

Die erste Nachricht, die wir vom Tucherschen Altar besitzen, verdanken wir Murr. Seine Beschreibung ist von
Interesse, weil er den Altar noch an seinem ursprünglichen
Orte und in seiner ursprünglichen Gestalt gesehen hat. Bei
der Schilderung der Karthäuser-Kirche sagt er (Beschreibung
der vornehmsten Merkwürdigkeiten in Nürnberg, 1. Aufl.,
Nürnberg 1778, S. 330, 2. Aufl., 1801, S. 153: «Der Altar ist
vortrefflich gemalet und vergoldet, vom Geschlechte der Tucher
gestiftet. In der Mitte ist unser Heiland am Kreuze, zwischen
Maria und Johannes. Zur rechten Hand ist der englische Gruß,
zur linken der auferstandene Christus mit der Siegesfahne.
Am rechten Flügel schwebt ein Engel mit den Worten: Gloria
in excelsis Deo zwischen Joseph und Marien; am linken stehen

---

[1] Klosterchronik, Ms. Nr. 17609 der Bibliothek des German. Museums,
fo. 87, nach Heerwagen, a. a. O., S. 90.

Petrus und Paulus. Unten sind die Thüren der zwey Reliquien-
behältnisse auch sehr schön gemalt. Außen sieht man
vier Heilige auf jeder Thüre und eben so viele inwendig.
Halbfiguren.» Roth in seiner «Geschichte und Beschreibung
der Nürnbergischen Karthause» (Nürnberg 1790, S. 103)
schreibt die Worte Murrs einfach ab. Im Anfang des XIX. Jahrhunderts, nach der Profanierung der Karthäuserkirche, kam
der Altar in die Liebfrauenkirche, wo er erst seinen Platz auf
dem Hochaltar einnahm und dann an das Ende des linken
Seitenschiffes versetzt wurde. In der Liebfrauenkirche sah ihn
Rettberg; auch dieser (Nürnberger Briefe zur Geschichte der
Kunst, Hannover 1846, S. 78) sah auf dem einen Flügel eine
Geburt Christi; unter dem Altar befanden sich damals «sechs
sitzende Apostel in Holz geschnitzt und bemalt».

Ueber die Datierung des Altares gehen die Ansichten auseinander. Früher verlegte man den Altar ins Jahr 1385,
indem man irrtümlich eine auf den Gründer der Karthäuser-
kirche sich beziehende Inschrift mit der Jahreszahl 1385, die
Murr vor der Beschreibung des Altars verzeichnet, mit der
Stiftung des Altars in Verbindung brachte, wie man denn
früher allgemein, durch die Analogie der Sculptur verleitet,
Malereien zu früh datierte. Schon Hotho erkannte den Irrtum
und setzte den Altar um 1430 an.[1] Thode (a. a. O., S. 77)
glaubte ihn ins Jahr 1451 setzen zu dürfen, indem er meinte,
er sei «vielleicht, wie man aus der Darstellung der Nothelfer
Adjutor und Veit schließen könnte, in dem Jahre der argen
Not 1451, als wiederum die Seuche ihren furchtbaren Umzug
durch Nürnberg hielt», entstanden. Ich glaube, daß diese Datierung die Entstehungszeit des Altares aufs Jahr genau trifft,
nur liegt wohl eine Verwechslung insofern vor, als die erwähnte große Seuche nicht 1451, sondern schon 1449 statt-
hatte.[2] Während Stegmann (Nürnbergs geschichtliche und

---

[1] Aus einem gleich noch anzugebenden Grunde kommen alle Datierungen
und Beurteilungen des Altares vor dem Jahre 1880 nicht mehr in Betracht.
[2] Ich habe eine Seuche im Jahre 1451 nirgends erwähnt gefunden.
Reicke, der die einzelnen Fälle des großen Sterbens im XV. Jahrhundert
aufführt (Geschichte der Reichsstadt Nürnberg 1896, S. 580 ff.) kennt sie
nicht. Auch das Großtotengeläutbuch von St. Lorenz zeigt im Jahre 1451
keine über den Durchschnitt hinausgehende Liste der Toten.

kunstgeschichtliche Entwicklung und seine Kunstdenkmale, in
Festschrift zur 40. Hauptversammlung des Vereins deutscher
Ingenieure, Nürnberg 1899, S. 43) die Tätigkeit des Meisters
des Tucherschen Altares allgemein in die 30er und 40er Jahre
verlegt, urteilt Rée (Mitteilungen des Vereins für Geschichte der
Stadt Nürnberg, 9. Heft, Nürnberg 1892, S. 246), daß der Altar
kaum über das Jahr 1440 hinausgehen könne. Ich vermag
diese Notwendigkeit nicht einzusehen; denn wenn wirklich die
Malereien des Tucherschen Altares den datierbaren Werken
des Deocarus-Meisters gleichzeitig wären, so würden wir für
die Zeit bis zum Einsetzen des niederländischen Stiles, also
etwa für die zehn Jahre von 1440—1450, in der Nürnberger Kunst ein höchst bedenkliches Interregnum erhalten, das
durch den schwachen und handwerksmäßigen Wolfgangs-
Meister, der sich an den Deocarus-Meister anschließt, nur
unvollkommen ausgefüllt wäre. Den Versuch einer bestimmten
Datierung hat Pückler-Limpurg (Kunstchronik, N. F. XII,
1900/01, S. 163 f.) unternommen, indem er darauf hinwies, daß
Berthold Tucher, der ·mutmaßliche Stifter des Altares›, von
1446 bis 1456 Pfleger der Frauenkirche gewesen sei: da er
wohl zum Dank für diese Stiftung zum Pfleger ernannt worden
sei oder zum Dank für die Ernennung den Altar gestiftet
habe, dürfe man diesen um das Jahr 1446 datieren. Die Begründung dieser Datierung hat jedoch Pückler-Limpurg selbst
wieder zurückgenommen (Die Nürnberger Bildnerkunst, S. 167,
Anm.): der Altar ist nicht für die Frauenkirche gestiftet
worden.

Ueber die Stifter des Altares dürfen wir der Angabe Murrs
vertrauen. Der Altar hat offenbar an seiner verlorenen
Predella nur das Tuchersche Wappen getragen, und das Fehlen
der Alliancewappen macht es sicher, daß nicht ein einzelnes
Glied der Tucherschen Familie, sondern das Gesamtgeschlecht
den Altar gestiftet hat.

Eine Urkunde, aus der wir direct auf das Stiftungsjahr
hätten schließen können, hat existiert, ist aber leider nicht auf
uns gekommen. Im Anfang des XV. Jahrhunderts wurde ein
Klosterbuch angelegt, das die Geschichte der Gründung der
Karthause berichtet und die sämtlichen Stiftungen an Geld,

Zinsen, liegenden Gütern, Sacralgegenständen, Kunstwerken und Reliquien' fortlaufend registrieren sollte. Dieses Klosterbuch ist uns im Kgl. Kreisarchiv zu Nürnberg (Ms. Nr. 215) erhalten, aber nur als ein Wirrwarr von Bruchstücken, wie das Durcheinander der Paginierung und das Fehlen einer großen Anzahl von Seitennummern beweist. In diesem desolaten Zustande muß das Buch sich schon befunden haben, als das Karthäuserkloster bei der Reformation von der Stadt übernommen wurde, denn auf der äußersten Seite (fo. LXVI), die jedoch nicht die höchste Seitennummer trägt, steht «Anno 1525 vbergebn», und auch der Einband des Manuscriptes stammt unzweifelhaft aus dieser Zeit. Eine Abschrift des XVII. Jahrhunderts bringt denn auch das Manuscript ganz in derselben Verwirrung und Zusammenhangslosigkeit, in der es uns vorliegt. Auf fo. LXVIIII des Manuscriptes beginnt nun die Aufzählung der «Gezierd vnd des Heiligtums, daz man den Carthusern geben hat, . . daz alles dar zu geben ist oder noch geben wirt, vnd auch wer die sein, die daz geben haben,» eine Aufzählung, die für die Nürnberger Kunstgeschichte nicht ohne Interesse ist und die ich oben, bereits benutzen konnte (s. S. 30). Diese Aufzeichnung, in derselben Handschrift, von der auch die Geschichte der Stiftung des Klosters stammt, fortlaufend geschrieben, reicht bis fo. LXXIb, auf der dann eine andere spätere Handschrift einsetzt. Wir haben also hier das ursprüngliche Inventar, das dem Charakter der Handschrift nach im ersten Anfang des XV. Jahrhunderts aufgenommen sein muß, und den Anfang des fortlaufenden Verzeichnisses der neuen Stiftungen. Dieses Verzeichnis selbst ist verloren; auf fo. LXXIb folgt in unserem Manuscript fo. LXV mit anderem Inhalt. Dies ist der Grund, weshalb wir aus dem Klosterbuche der Karthäuser über die bedeutendste Stiftung des Klosters nichts erfahren.

Gleichwohl glaube ich, daß der Altar aus seinem Inhalte mit urkundlicher Sicherheit zu datieren ist. Das Mittelstück des Altares verkündet die großen Heilstatsachen des Christentums: die Verkündung des Heiles durch den Engel Gottes, die Erlösung der Menschheit durch den Opfertod Christi und die Ueberwindung des Todes durch die Auferstehung des Gottmenschen. Die Innenseiten des linken und des rechten Flügels bringen zwei heilige Gespräche frommer Anachoreten: das Gespräch des h. Augustin mit seiner Mutter Monica in der Einsamkeit Numidiens, und das Gespräch der h. Petrus und Paulus Eremitae in der thebaischen Wüste: es sind die erhabenen Vorbilder des Karthäuserordens, die sich hier uns zeigen. Schließen wir den Altar, so sehen wir nunmehr in der Mitte die Darstellung der Himmelfahrt Mariae und des Kirchenvaters Augustin. So unharmonisch hier die vielfigurige Darstellung der Himmelfahrt in ihrem kleinen Maßstab neben dem größeren Kirchenvater sich zeigt, so genau stehen doch diese beiden Stücke unter einander und zu ihrer Stätte im gedanklichen Zusammenhang: der in der Einsamkeit seiner Zelle den Studien und der frommen Betrachtung der Trinität sich hingehende Kirchenvater soll dem Karthäusermönche vor Augen stehen, dessen Aufgabe in seiner schweigenden Zelle das Gebet, die fromme Betrachtung und die Verbreitung göttlicher Weisheit durch das Abschreiben frommer Bücher ist;[1] die Darstellung der Assunta aber mag dem Kloster ziemen, das der Gottesmutter geweiht ist und das den Namen «Unserer Frauen Zelle» trägt. Nur zwei Gestalten dieses Altares stehen weder zum übrigen Werke noch zum Kloster in irgendwelchen Beziehungen, die beiden großen Heiligengestalten, die den geschlossenen Altar rechts und links einrahmen, der h. Veit und der h. Leonhard[2]:

---

[1] In der Regel des Karthäuser-Ordens. den Statuta Guigonis, heißt es: «Da wir das Wort Gottes nicht mit dem Munde predigen können. so wollen wir es mit den Händen tun; denn so viele Bücher wir schreiben, ebensoviele Herolde der Wahrheit senden wir aus» (vgl. Heimbucher, Die Orden und Congregationen der katholischen Kirche I, Paderborn 1907, S. 490).

[2] Man hat zuweilen in dem Mönche mit dem Buch und der Fußfessel auf dem rechten Flügel den h. Adjutor gesehen, der auch diese Attribute hat, der aber in der bildenden Kunst so gut wie gar nicht dargestellt wird. Ich sehe zu einer solchen ungewöhnlichen Interpretation keinen Grund; aber selbst wenn man sie annehmen wollte, würde die folgende Argumentation zwar minder präcis, aber nicht hinfällig, man müßte denn dann gerade den Altar mit der Pest des Jahres 1437 in Verbindung bringen, was für mich aber aus stilkritischen Gründen vollkommen ausgeschlossen ist. Auch Essenwein (Der Bildschmuck der Liebfrauenkirche zu Nürnberg, Nürnberg 1881, S. 14) deutet den fraglichen Heiligen ohne Bedenken als h. Leonhard. Auf der einzigen Darstellung des h. Adjutor, die mir be-

sie haben mit dem Eremitentum im allgemeinen und mit dem Karthäuserorden im besonderen nicht das Mindeste zu tun. Der h. Veit ist der Heilige, der gegen die Pest schützt, der h. Leonhard ist der Heilige der Gefangenenbefreiung.

Das Jahr von Mitte 1449 bis Mitte 1450 ist die ernsteste Zeit, die Nürnberg im XV. Jahrhundert durchlebt hat.[1] Nach vielen fruchtlosen Erpressungsversuchen hatte der Markgraf Albrecht Achilles von Brandenburg, als Herr von Ansbach der Nachbar der Stadt, ihr am 29. Juni 1449 die Fehde angesagt; ihm folgten über dreißig andere Fürsten. Nürnberg war nicht ohne Bundesgenossen, aber diese mußten selbst auf ihre Sicherheit bedacht sein. So war es im wesentlichen auf eigene Kraft gestellt. Der Rat hatte schon durch Ansammlung von Getreide und Kriegsgeräte vorgesorgt; jetzt wurden die Bürger und die Bauern, die man scharenweise in die Stadt aufgenommen hatte, militärisch organisiert. Der Krieg selbst, der nur selten zu einem größeren Gefechte führte, bestand in der Hauptsache in gegenseitigen Plünderungen und Brandschatzungen. Wenn auch Nürnberg nicht in Gefahr war, erobert zu werden, so war doch seine Lage sehr schwierig. Das Zusammendrängen so vieler Menschen auf engem Raume hatte eine furchtbare Seuche zur Folge, die im Herbst 1449 ungezählte Opfer forderte. Durch die völlige Abschließung, die die Gefahr der schwärmenden feindlichen Truppen bewirkte, war Nürnbergs Lebensnerv, der Handel, unterbunden; Geld, Holz und Kohle und manche Lebensmittel begannen in der Stadt bereits knapp zu werden. Da kam man endlich im Juli 1450 durch Vermittlung neutraler Fürsten, vor allem des Bischofs von Würzburg, zu einem leidlichen, wenn auch für die Stadt nicht eben günstigen Frieden.

Wie haben sich diese Ereignisse im Bewußtsein der Zeitgenossen gespiegelt? Wir haben dafür das Zeugnis eines

kannt und durch die Beischrift des Heiligennamens gesichert ist. Nr. 79 der Schleißheimer Galerie aus einem Kloster bei Ulm, Anfang des XVI. Jahrhunderts, trägt der h. Adjutor als Märtyrer übrigens ein Schwert als Symbol.

[1] Für das Folgende vgl. Reicke, Geschichte der Reichsstadt Nürnberg, Nürnberg 1896, S. 404—435.

gleichzeitigen Memorialbuches (Chroniken deutscher Städte X, Leipzig 1872, S. 35); darin heißt es: «Item 1449 jar am frey- tag vor Bartholmei verschied Cristina Geuderin und trug ein kind . . . Item darnach am 9. tag am samstag vor Egidi starb Haintz Geuder. Item darnach an unser frawen obent nativitas Marie do verschid Hanns Tucher, und die jung Hanns Tucherin und ir sun Hanns Tucher, legt man alle drew in ein grab, und Paulus Tucherin dar noch. Item 1450 jar do was man hie umgeben mit feinden, das nichts herein ging von flaisch und wein.» Der diese Worte geschrieben, ist Endres Tucher, der Verfasser des berühmten Baumeister-Buches, damals das Haupt des jüngeren Zweiges der Tucherschen Familie (das Haupt des älteren war sein Oheim Berthold). An der Stiftung des Tucherschen Familienaltares dürfte er hervorragenden An- teil gehabt haben; er ist der einzige Tucher, von dem persön- liche Beziehungen zum Karthäuserkloster berichtet werden: 1476 ist er «mit Bewilligung seines unfruchtbaren Weibes,» wie es im Tucherschen Geschlechtsbuch heißt, als Conversus (Laienbruder) in dieses Kloster eingetreten, in dem er bis 1507 noch lebte.[1]

Aus den Aufzeichnungen des Enders Tucher sehen wir, welche Ereignisse in der Mitte des XV. Jahrhunderts in Nürn- berg die Gedanken beherrschten: die große Seuche und die Bedrängnis der Stadt durch die feindliche Umlagerung. Auf dem Tucherschen Altare aber finden wir den Heiligen dargestellt, der vor Seuchen schützt, und den, der aus der Bedrängnis der Gefangenschaft befreit. Ich glaube, daß diese inhaltlichen Bezie- hungen ausreichend sind, um den Altar als ein Gelübde der Not in die Zeit nach der großen Not der Jahre 1449 und 1450, also in den Beginn der 50er Jahre oder, um eine runde Zahl zu nennen, ins Jahre 1451 zu setzen.

Daß man das Recht hat, aus derartigen Zeitereignissen die Datierung von Kunstwerken zu gewinnen, möchte ich an dem Bei- spiel eines anderen Festaltares zeigen, der zugleich inschriftlich

---

[1] Ich möchte bemerken, daß der genannte Endres Tucher nach dem Zeugnis seines Vaters, des älteren Endres Tucher († 1440) im Jahre 1437 zu seiner Ausbildung in Venedig sich aufhielt (Chroniken der deutschen Städte II, Leipzig 1864, S. 26).

datiert ist, des Peringsdörffer-Altares. Wir wissen, daß 1483,84 in Nürnberg eine furchtbare Seuche geherrscht hat, die furchtbarste vielleicht im ganzen XV. Jahrhundert.[1] Nun wurde 1485 dem h. Veit, dem Pestpatron, ein eignes Gotteshaus, die Kirche bei den Augustinern, geweiht.[2] In diese Kirche hat Sebald Peringsdörffer den nach ihm genannten Altar gestiftet. Der Altar zeigt die Marter des h. Sebastian, der, von den Pfeilen durchbohrt, die Pfeile der Seuche von den Menschen wendet, er zeigt die ganze Legende des Pestpatrons Veit und zudem noch auf der Predella die Aerzte-Heiligen Cosmas und Damianus. Es kann also kein Zweifel sein, daß wir es auch hier mit einem Pestaltar zu tun haben, und wir dürfen ihn dementsprechend auch nach der großen Seuche von 1483/84 datieren. Seine Inschrift bestätigt diese Datierung.[3]

Die auffallende Tatsache, daß die früheren Schilderungen den Tucher-Altar anders beschreiben, als er uns heute vor Augen steht, erklärt sich daraus, daß er sich eine Uebermalung hatte gefallen lassen müssen, die nicht einmal vor der Composition Halt machte, sondern das Gespräch des b. Augustin und der h. Monica in eine Anbetung des Christkindes umwandelte. Nach Essenweins Zeugnis (Der Bildschmuck der Liebfrauenkirche zu Nürnberg, Nürnberg 1881, S. 14) soll diese Ueber-

---

[1] S. Chroniken der deutschen Städte X, Leipzig 1879, S. 369, und Schedels Weltchronik, deutsche Ausgabe, fo. 256b. Nach der Zählung des Rates starben in der Sebalder Pfarre 2188, in der Lorenzer 2300 Menschen.
[2] Vgl. die Inschriften bei Murr (Beschreibung der vornehmsten Merkwürdigkeiten in Nürnberg, 1. Aufl., Nürnberg 1778, S. 132): «M. CCCC. LXXXV ward angefangen der Bau des löblichen Gotteshauses St. Veit an seinem Abend der erste Grundstein gelegt» und «Anno Dni M. CCCC. LXXXVIII am Samstag vor Dionysi war der Bau des löblichen Gotteshauses St. Veits mit der Hülf Gottes vnd frommer Leut Allmosen vollendet.»
[3] Daß der Altar tatsächlich etwas später, etwa 1486/87 ausgeführt wurde, hängt wohl damit zusammen, daß das Gotteshaus, für das er bestimmt war, erst 1487 vollendet war. Aus den gleichen Erwägungen heraus können wir nun auch einen andern Altar als Pestaltar um 1484 datieren, den Rochus-Altar in St. Lorenz, eine Stiftung Peter Imhofs: auch Rochus ist Seuchenpatron, und auf den Außenseiten dieses Altares finden wir die Legende des h. Sebastian.

malung schon ins XVII. Jahrhundert gefallen sein,[1] und zwar hatte der Meister den alten Stil zu treffen gesucht. Als die Liebfrauenkirche 1879—1881 unter Essenweins Leitung von Grund auf restauriert wurde, wurde der Altar dem Conservator Hauser anvertraut, der ihn von der Uebermalung befreite und die Harmonie des Werkes wiederherstellte.[2] Die Farben, die uns heute durch ihre zauberhafte Leuchtkraft in ihren Bann ziehen, sind erst durch seine Hand wieder aufgedeckt worden. Wir haben dabei keinen Grund, uns die Freude an diesem Werke durch eine Frage nach der Ursprünglichkeit verderben zu lassen. Wir dürfen das Vertrauen haben, daß wir keine unsicheren oder falschen Factoren in unsere Rechnung stellen, wenn wir das Werk, so wie es uns der Restaurator wieder-gegeben, als ursprünglich nehmen.[3]

Die Maße des Altares sind nach Höhe und Breite die folgenden: mittlerer Teil des Mittelstückes 177×78 cm, die Seitenteile des Mittelstückes links 177×76 cm, rechts 177×76,5 cm, Innenseiten der Flügel je 177×109 cm, die inneren Teile auf den Außenseiten der Flügel je 184×52,5 cm, die äußeren Teile je 184×49,5 cm.

Der Tuchersche Altar in der Frauenkirche bildet den größten künstlerischen Eindruck, den Nürnberg, seiner Dürer-Schätze beraubt, auf dem Gebiete der Malerei heute dem Besucher darzubieten vermag. Es gibt in der deutschen Malerei nur weniges, das sich ihm vergleichen ließe. Wer einmal im Banne dieser Gestalten gestanden, wer die Leuchtkraft dieser Farben geschaut, wird den Eindruck nie wieder vergessen.

[1] Vermutlich handelt es sich um die Restauration der Kirche, die 1615 stattfand. In den Monumenta in coenobio Cartusiano (Ms. des Kgl. Kreisarchivs zu Nürnberg) überliefert Rötenbeck (1623) eine Inschrift, die sich links vom Altare an der Wand befand: «Amplissimi Senatus decreto Templum hoc renovatum et repurgatum est anno Domini 1615.»

[2] Durch die Essenweinsche Restauration hat der Altar auch seine heutige Gestalt erhalten. Der (ziemlich unglückliche) Aufsatz stammt von den Bildhauern Stärk und Lengenfelder.

[3] Auch Lucas Mosers Tiefenbronner Altar ist ja von der Hand Hausers restauriert; über seinen ursprünglichen Zustand gibt uns eine frühere Reproduction Nachricht. Auch hier ist die Authenticität des farbigen Eindrucks niemals bezweifelt worden.

Freilich nicht zu jeder Zeit offenbart der Altar seine
Wunder. In den Morgenstunden oder bei trübem Wetter ist er
wie tot. Wenn aber die Sonne nach Westen rückt und ihre
Lichtflut durch die gemalten Fenster in die Kirche ergießt, da
scheint es, als erwache der Altar zum Leben. Da beginnen
seine Farben aufzuleuchten, das Rot beginnt zu glühen, das
tiefe Grün, das einem undurchdringlichen Schwarz geglichen,
scheint die Strahlen einzusaugen und sich gleichsam mit
Sonnenlicht zu erfüllen, und selbst das vornehme Violett er-
strahlt in mattem Glanze. Und auch die Gestalten beginnen zu
leben. Maria klagt um den toten Sohn, Augustin spricht zu
der andächtigen Mutter; die Eremiten haben sich auf ihrem
Wege getroffen, und zwei ernste, stille Heiligengestalten heben
sich ab von jenem Blau, das tief ist wie das ewige Blau des
Abendhimmels.

Das Mittelstück des Altares zeigt in seinem mittleren Teil
Christus am Kreuze zwischen Maria und Johannes.[1] Ermüdet
in qualvollem Sterben hat Christus das Haupt sinken lassen,
sein Auge ist geschlossen. Der Körper ist mager, fast
schmächtig, mit stark eingezogenen Hüften; der Brustkorb
tritt bei der Magerkeit beinahe erschreckend hervor. Kaum
scheinen die dünnen Arme den Leib an dem schwergefügten
Kreuze festzuhalten. Das Haupt scheint fast zu lastend für den
erschöpften Körper; in schwerer Fülle ist die reiche Flut
brauner Locken über die rechte Schulter herabgefallen. Ein
schmales, durchsichtiges Schamtuch legt sich über die Hüften.
Zur Seite des Kreuzes steht Maria in einem Mantel von tiefem,
dunklen Grün mit goldgestickter Borte, das Haupt von einem
weißen Kopftuch umhüllt. Ist's zur Klage oder zur Anklage,
daß sie die Hände erhebt? Ihr Blick trifft den Beschauer voll
so unendlichen Leides, daß ihm ist, als müsse er das Auge
senken vor diesem trostlosen Schmerze. Auf der anderen
Seite tritt Johannes zum Kreuze heran, in einem lichten, grünen
Mantel mit goldenem Saume, der ein Untergewand von hellem
Rot verbirgt. Ungewiß erhebt er die Hände, während er mit

---

[1] Abb. Tafel XXI.

einem Blicke voll trauernder Liebe das Angesicht seines Heilands sucht. Zu Füßen des Kreuzes liegt, auf dem mit Erdbeeren bestandenen Rasenboden, das Zeichen des überwundenen Todes. In großen Mustern durchzieht das Ornament die goldene Fläche des Hintergrunds.

Ueber den Meister des Bildes ist kein Zweifel möglich. Es ist trotz der Verschiedenheit in der Bildung des Crucifixus und des Johannes derselbe Meister, der die Kreuzigung des Hallerschen Altares geschaffen. Die Anordnung der Composition mit dem Totenkopf zu Füßen des Kreuzes, das Kreuz selbst und die Haltung Christi stimmen überein. Die Proportionen sind ganz die untersetzten des Werkes in St. Sebald. Die Maria des Tucherschen Altares gleicht im Typus völlig der des Hallerschen Altares. Die Haarbehandlung ist die des Haller-Meisters. Vor allem aber sind die Farben ganz die seinen; kein andrer verfügt über ein so tiefes und zugleich leuchtendes Blaugrün. Aber bei aller Uebereinstimmung wie sehr sind doch die beiden Darstellungen verschieden. An Stelle jenes plump gebauten, bäurischen Crucifixus ist ein Erlöser mit edlem Haupte, schmächtigen Körper und feinen Gliedmaßen getreten. Der Johannes vollends mit seinem kühn geschnittenen, durchgeistigten Kopfe und seiner fast etwas gezierten Haltung steht im größten Gegensatz zu der häßlichen, schwerfälligen Gestalt des Hallerschen Altares. Und wie sehr erscheint der Schmerz der Maria verinnerlicht, vergeistigt und dadurch ergreifend gemacht gegenüber dem noch gebundenen, des Ausdrucks nicht mächtigen Leid auf dem Hallerschen Altare. Die Augen, die sich dort zu Boden wenden mußten, weil ihnen die Möglichkeit des Sprechens noch fehlte, reden hier die eindrucksvollste Sprache. Die Kunst des Meisters, die dort in erster Linie auf die Durchbildung der Form und der Farbe ausgegangen, sucht hier in der Form den Ausdruck des Seelischen; sie hat sich verinnerlicht, vergeistigt.

Hat der Künstler diese Wandlung ganz aus eigenem vollzogen? In jenen beiden Tafeln, die wir als das letzte Werk seiner Hand ansprechen dürfen, macht sich keine Spur mehr von dieser Verinnerlichung bemerkbar. Wir werden als Mitarbeiter des Haller-Meisters am Tucherschen Altar denjenigen finden, der unter den Nürnberger Malern jener Zeit der größte Seelenkünder gewesen, Hans Peurl. Wir dürfen annehmen, daß seine Kunst auf die Kunst seines Arbeitsgenossen nicht ohne Einfluß geblieben ist.

Die Innenseite des linken Flügels zeigt Augustin im Gespräche mit seiner Mutter Monica.[1] Augustin ist im bischöflichen Ornate dargestellt. Liebevoll belehrend wendet er sich der Mutter zu, ein aufgeschlagenes Buch in der Hand haltend, während Monica, die Hände fromm zum Gebet gefaltet, mit großen, fragenden Augen nachdenklich den Worten des Sohnes lauscht. Ueber ihnen schwebt mit ausgebreiteten Flügeln ein Engel, der ein Schriftband in Händen hält: «Colloquebantur · soli valde · dulciter». Augustin trägt ein weißes Gewand, darüber den Bischofsmantel von tiefem, mit Ornamenten versehenen Grün, den goldene Borten schmücken und goldene Bänder zusammenhalten. Sein Haupt trägt die reichverzierte Mitra, unter der schon ergraut das Haar zum Vorschein kommt, in der Hand hält er den Bischofsstab. Das Gewand der Maria zeigt ein ganz tiefes, fast dem Violett sich näherndes Himbeerrot; der Saum ist goldgestickt; ein weißes Kopftuch umhüllt ihr Haupt. Der Engel ist in ein tiefes Blaugrün gekleidet; rot erglänzen die Federn seiner Flügel.

Die Gestalten sind für den Meister des Hallerschen Altares charakteristisch. Im h. Augustin mit seinem ausdrucksvollen, in Licht und Schatten kräftig modellierten Kopfe finden wir, obzwar im Ausdruck vertieft und beseelt, den h. Erasmus des Hallerschen Altares wieder. Die h. Monica wiederholt den Typus der mütterlichen Maria des Hallerschen wie des Tucherschen Altares. Der Engel erinnert in seiner äußerst ungeschickten Verkürzung an jene Verkürzungsversuche des Haller-Altares; ja man darf seinen von vorn gesehenen Kopf unmittelbar mit dem in gleicher Weise von vorne genommenen Kopf des Johannes auf jenem Altare vergleichen.

Die Innenseite des rechten Flügels schildert das Gespräch der heiligen Anachoreten Paulus und Antonius.[2] Paulus, der

---

[1] **Abb. Tafel XIX.**
[2] **Abb. Tafel XXIII.**

von links herangetreten ist, mit grauem Haar und weißem
Barte, trägt braune Kutte und braune Kapuze; seine Füße sind
unbeschuht. Antonius, bei dem Haar und Bart fast noch
schwarz sind, trägt seinen braunen Mantel über einem sattroten
Gewand; seine Kapuze und die Schuhe seiner Füße sind
schwarz. Beide halten ihren Wanderstab. Bewegung und
Blick der beiden Gestalten ist voll Leben und Ausdruck; es sind
nicht nur zwei Menschen nebeneinander gestellt, es ist ein
Gespräch. Die Zeichnung dieser Köpfe mit den kühn geschwungenen Nasen, den sprechenden Augen und den lebendig
wiedergegebenen Bärten ist vollendet. Die Gestalten aber in
ihren untersetzten Proportionen sind höchst merkwürdig. Dieselbe deutsche Phantasie, die Gnomen und Wichte und Heinzel-
männchen gebildet, scheint auch diese Einsiedler geschaffen zu
haben. Etwas wie Märchen-Stimmung geht von dem Bilde aus.
Selbst das kleine Schweinchen in der Ecke scheint gar nichts
mehr davon zu wissen, daß es hier nur als Symbol der überwundenen Wollust sitzt; ungeduldig ob des langen Gespräches
zupft es eben seinen Herrn am Rockzipfel, als wolle es ihn
des Weges mahnen, der noch vor ihnen liegt.[1]

Die Gestalten dieses Flügels haben auf dem Hallerschen
Altare kein eigentliches Vorbild, doch lassen sie sich im allgemeinen mit dem Christus und dem hintersten Apostel des Ge-
betes in Gethsemane vergleichen. Vor allem aber ist die gleiche
Empfindung, die jene urwüchsige, untersetzte und mit breiten
Füßen auf dem Boden stehende Gestalt des Johannes zur Seite
des Crucifixus jenes Altares gebildet, auch in ihnen lebendig.

———

Schließen wir die Flügel des Altares, so grüßen uns die
Gestalten einer anderen Welt.

Vor blauem Grunde steht der h. Veit, das jugendliche

———

[1] Der Rabe, das Symbol des h. Paulus Eremita, war ursprünglich
in die goldenen Ranken des Hintergrunds gemalt, doch zeigten sich bei der
Restauration zu wenig Spuren von ihm, als daß seine Wiederherstellung
möglich gewesen wäre (nach freundlicher Mitteilung von Prof. Hauser). —
Es ist übrigens in der Nürnberger Malerei nicht ohne Beispiel, daß das
Symbol zu seinem Heiligen in eine derartige Beziehung gesetzt wird: auf
dem Nothelfer-Altar der Jakobskirche springt die Hindin zutraulich am
h. Egidius in die Höhe.

Haupt leicht zur Seite geneigt, den schwermütigen, träumerischen Blick dem Beschauer zugewendet.[1] Die Linke hält sein Symbol, den Hahn. Ein vornehmes, dunkelolivgrünes Brokatgewand umhüllt den Körper. In reicher Fülle umgibt das dunkelblonde Lockenhaar den edlen Jünglingskopf.

Im Kreise der Jünger steht die Bahre, mit Goldbrokat bedeckt, auf der eben noch der Leichnam der Jungfrau geruht.[1] Die Apostel sind auf die Kniee gesunken und erheben in gläubigem Staunen das Haupt, das Wunder zu schauen. Maria schwebt empor, sanft von zwei Engeln geleitet, die sich zu ihr herabgesenkt. Oben in den Wolken des Himmels erwartet sie der Sohn, sie zu krönen mit der Krone des Lebens, in den Händen das Schriftband: «veni eleckda virgo». Maria ist wieder in ein tiefes Blaugrün, Christus in Kirschrot gekleidet. Das Gewand der Engel ist weiß, ihre Flügel sind auf der Außenseite grün, auf der Innenseite gelb und weiß. Die Gewänder der Apostel sind links in verschiedenen Nuancen von Rot, rechts in Dunkelolivgrün, Weiß und Tiefrot gehalten.

Augustin sitzt in einem reichen gotischen Chorstuhle, in tiefgrünem Gewande, die Mitra auf dem Haupte; der dunkelviolette Mantel ist von den Schultern herabgesunken; den unteren Teil der Gestalt bedeckend, breitet er sich in knitternden Falten noch auf dem Boden aus.[2] Zur Seite steht der Schrank, in dem wir alles Geräte gelehrter Arbeit, Bücher, Tinte und Schreibzeug, Briefe, einen Leuchter, eine Sanduhr und eine Brille, ein wahres Gelehrten-Stillleben, erblicken. Der Kirchenvater ist in seiner Arbeit unterbrochen und schaut mit ekstatischem Blicke nach oben, zu der Vision hinauf, die sich ihm offenbart. Dort sehen wir in Regenbogenglorie Gott Vater und Gott heiligen Geist in Menschengestalt, zwischen ihnen das Christuskind, das die Hände auf das Buch des neuen Bundes legt. Augustin, dessen Verdienste um das christliche Dogma in der dogmatischen Festlegung des Verhältnisses von Gott und Mensch bestehen, ist dem mittelalterlichen Bewußtsein unlösbar mit dem Begriffe der Trinität verbunden, so wie

---

[1] Abb. Tafel XXIV.
[2] Abb. Tafel XXV.

der h. Dominicus mit dem Dominicaner-Dogma der unbefleckten Empfängnis Mariae; der Knabe, der in dem kindischen Unterfangen, das Meer mit dem Löffel auszuschöpfen, dem Kirchenvater die Unerschöpfbarkeit des Begriffes der Trinität gelehrt, ist zu seinem Symbol geworden. Dieser Auffassung gemäß hat der Künstler den Kirchenvater auf seinem Bilde dargestellt, aus der Vision der Trinität die geistige Kraft seiner Werke schöpfend.

Neben ihm steht durch die Leiste geschieden auf dem gleichen Flügel die große Gestalt des h. Leonhard, in brauner Franciscaner-Kutte, ein tiefrot gebundenes Buch in der Linken, in der Rechten die Fessel haltend, deren Kette über den linken Arm gelegt und mit einem cylinderförmigen Gewichte beschwert ist.[1] Groß steht die goldene Scheibe seines Heiligenscheines vor dem tiefblauen Grunde wie der Mond vor dem Abendhimmel.

Man war von jeher so sehr überzeugt, daß der Tuchersche Altar von der Hand und aus dem Geiste e i n e s Meisters stamme, daß man nach diesem Werke den größten unter den Vorgängern Dürers in Nürnberg den «Meister des Tucherschen Altares» genannt hat. Es mag kühn erscheinen, in diesem strahlenden Gestirn am Himmel deutscher Kunst das Licht zweier Doppelsterne scheiden zu wollen. Was mich zuerst dazu führte, war die Unmöglichkeit, den Hallerschen Altar mit den Peurl-Bildern, dem Epitaph der Lorenzkirche, der Heilsbronner Madonna und dem Triptychon in St. Johannis zu vereinigen. Sie zu scheiden und verschiedenen Händen zuzuweisen, schien unmöglich, denn beide Gruppen standen in den engsten Beziehungen zu ein und demselben Werke, dem Tucherschen Altare. Ihr Verhältnis aber wurde in demselben Augenblick klar, in dem sich mir ergab, daß der Altar nicht das Werk e i n e s Meisters darstellt, sondern die gemeinsame Schöpfung zweier, zwar in ihrer Arbeit sich gegenseitig beeinflussender, aber doch in der Herkunft ihres Stiles und im Wesen ihrer Kunst völlig verschiedener Meister.[2]

---

[1] A b b. T a f e l XXV u n d XXVI.
[2] Daß bei umfangreichen Altarwerken Außenseiten und Innenseiten von verschiedenen Händen stammen, findet sich öfters in der deutschen Malerei. Als bekanntestes Beispiel nenne ich Schüchlins Tiefenbronner

Dasjenige, das allen Teilen des Altars eigen ist und dem Werke den Charakter der einheitlichen Schöpfung verleiht, ist die Farbe. Es sind die gleichen tiefen, satten, glühenden Farben, die wir auf der Außenseite wie auf der Innenseite des Altares treffen. Aber diese Uebereinstimmung kann uns doch nicht über die völlige Wesensverschiedenheit jener Gestalten des Haller-Meisters und der Gestalten auf den Außenseiten der Flügel täuschen. Ein ganz anderes Stilgefühl spricht aus diesen. Ihre Proportionen sind völlig verschieden. Beträgt auf der Innenseite der Flügel und im Mittelstück die Körperlänge das 4¹/₂fache, bei den Eremiten sogar nur das 4fache der Länge des Kopfes, so geht beim h. Veit und beim h. Leonhard die Länge des Kopfes volle 6 mal in der Länge des Körpers auf. Am greifbarsten wird der Unterschied der ausführenden Hände da offenbar, wo es sich um die Darstellung des gleichen Heiligen handelt, und wo zu einem Abweichen von dem einmal festgelegten Typus doch nicht der mindeste Grund vorlag: in der Darstellung des b. Augustin auf der Innenseite des linken und der Außenseite des rechten Flügels. Wohl hat hier der Maler der Außenseite sich bemüht, seine Gestalt im Typus des Kopfes nach der Gestalt des Mitarbeiters zu bilden, aber wie wenig ist es ihm gelungen, glaubhaft zu machen, daß wir hier in der Vision den gleichen Menschen sehen wie dort in der Unterredung. Dort eine untersetzte Gestalt mit großem Kopfe, hier eine Gestalt, die wir stehend gedacht geradezu schlank nennen müssen, mit einem Kopfe, der im Verhältnis zum Körper klein erscheint. Dort die innere Ruhe und das Gleichgewicht wenig complicierter Naturen, hier ein gedankenschweres, ja nervöses Leben. Die Maria der Himmelfahrt hat fast nichts gemein mit der mütterlichen Maria des Mittelstücks.

Altar; während man früher den Altar auf Grund seiner Inschrift als einheitliches Werk angesehen hatte, wie dies übrigens Haack (Hans Schüchlin, Straßburg 1905) noch heute tut, hat bekanntlich Reber (Die Stilentwicklung der schwäbischen Tafelmalerei, Sitzungsberichte der kgl. Bayr. Akademie der Wissenschaften, 1894) den Nachweis geführt, daß der Altar von zwei im Wesen und in der Herkunft ihrer Kunst verschiedenen Meister ausgeführt ist, die Innenseite von dem Ulmer Schüchlin, die Außenseite von einem Nürnberger, wahrscheinlich von dem aus Nürnberg stammenden Schwager Schüchlins, Rebmann.

Vergleicht man vollends die Gnomengestalten der Eremiten auf der Innenseite des rechten Flügels mit den Heiligen der Außenseite, so ergibt sich meines Erachtens ganz offenbar die Unmöglichkeit, diese vier Gestalten in dem Werke der gleichen Künstlerpersönlichkeit zu vereinigen.

Wer aber der Meister war, der die Außenseiten des Tucher-Altars geschaffen, kann keinen Augenblick zweifelhaft sein — kein anderer als Hans Peurl. Ueberzeugender, als jede Stilvergleichung für uns sein könnte, spricht sein Geist zu uns aus diesen Gestalten. Nur er vermochte ein solches in sich ruhendes und doch innerlich so bewegtes Leben zu bilden. Aber auch im einzelnen documentiert sich seine Hand. Man vergleiche die freilich jünger gebildeten und volleren Formen des Kopfes des h. Veit mit den hageren Zügen des h. Laurentius. Die Assunta vergleicht sich der Heilsbronner Madonna; die Engel, die sie geleiten, sind dieselben, die dort die Krone halten. Die so spirituelle Hand des h. Leonhard, die das Buch hält, ist derjenigen gleich, mit der Laurentius das Zeichen seines Martyriums trägt.

Den letzten und entscheidenden Beweis für die Verschiedenheit der ausführenden Hände bei den Außenseiten und bei jenen Darstellungen auf der Innenseite des Tucherschen Altares finde ich in der völlig verschiedenen Herkunft des Stiles der beiden Gruppen. Die Kreuzigung, die beiden Unterredungen des Augustin und der Monica und der Eremiten sind ihrem ganzen Empfinden, ihrem Stilgefühl nach so durchaus deutsch, daß wohl niemand ihnen gegenüber auf den Gedanken kommen würde, der Meister habe je fremde Werke studiert, geschweige denn seine Kunst in fremder Schule gebildet. Die Malereien auf der Außenseite der Flügel aber verraten in jedem Zuge die fremde Schulung; ohne die Annahme einer sehr genauen Kenntnis der oberitaliänischen, insbesondere der venezianischen Malerei könnten wir ihren Stil meines Erachtens überhaupt nicht erklären. Auch hier ist es wieder die Kunst des Giovanni d'Alemagna, der Hans Peurl das meiste verdankt. Man vergleiche den h. Veit des Tucherschen Altars mit einer Gestalt wie der des h. Nereus auf dem Teile des Altares von San Zaccaria, in dem wir mit Sicherheit die

Hand Giovannis erkennen dürfen,[1] und man wird nicht nur in der Empfindungsweise, der Neigung des Kopfes und dem Herausschauen, sondern selbst im Typus eine unleugbar nahe Verwandtschaft finden. Auf der Himmelfahrt Mariæ des Tucherschen Altares gemahnt uns vieles an Venedig. Die nächst Verwandten der Apostelgestalten Peuris finden wir unter den Heiligen des Paradiso in San Pantaleone, in dem wir trotz seiner Inschrift vorherrschend die Hand des Giovanni d'Alemagna erkennen würden, auch wenn es uns nicht eine Urkunde als ein Werk ser Johannis theotonicj pictoris bezeichnete (vgl. Ludwig und Paoletti, Repertorium XXII, 1899, S. 431). Der h. Thomas, der bei der Auferstehung rechts im Vordergrunde kniet, erinnert im Typus und namentlich auch in der Art der Verkürzung an den Evangelisten Johannes in der untersten Reihe des Paradiso. Der Apostel, der rechts gleich hinter der aufwärts schwebenden Maria sichtbar wird, zeigt eine gewisse Aehnlichkeit mit dem Gottvater Giovannis. Der Christus der Auferstehung aber ähnelt mehr noch als dem krönenden Christus auf dem Paradiso Giovannis demjenigen auf der Replik des Bildes, die Giambono 1447 für die Kirche Sant' Agnese in Venedig ausgeführt hat. Dies ist insofern nicht auffällig, als ja nicht anzunehmen ist, daß Peurl das Bild in San Pantaleone selbst gesehen, (immerhin wäre auch ein zweiter, späterer Aufenthalt des Künstlers in Venedig denkbar); Giambono aber ist der ältere Künstler und wird nicht nur hier den ihm eigentümlichen Typus verwandt haben. An Italien gemahnt auch die Composition der Kirchenväter-Darstellung auf dem rechten Flügel des Tucher-Altares. Wir finden das gleiche Schema der Anordnung von Kirchenstuhl, Pult und Geräteschrank schon in den Fresken der Kirchenväter um die Kanzel von San Fermo in Verona. Das Stillleben dieses Bildes, zwar nicht das erste in der Nürnberger Malerei, ist ganz im Stile jenes oberitaliänischen Realismus gehalten, der auch das Gelehrten-Stillleben der Kirchenväter-Darstellungen der Eremitani-Capelle zu Padua gebildet hat und der noch nach fünfzig Jahren in den Darstellungen Carpaccios, im Traum der h. Ur-

---

[1] Abb. Tafel XXXIc.

sula mit den Schreibgeräten oder in seinem Hieronymus in
der Zelle, lebendig ist. Der Kirchenvater selbst hat die Gestalt
des Haller-Meisters zum offenbaren Vorbild und läßt sich nicht
aus der italiänischen Kunst erklären; und doch macht sich auch
in ihm ein Empfinden geltend, das meinem Gefühl nach in seiner
Verbindung von Nordischem und Südlichem geradezu an den
Mischstil eines Michael Pacher denken läßt. Der h. Leonhard
des Tucher-Altares läßt sich unmittelbar nicht mit italiänischen
Schöpfungen vergleichen, aber eigentlich nur deshalb nicht,
weil Giovanni keine Gestalten dieses Alters ohne Bart gebildet
hat. Dem Empfinden nach und im Stile steht er jenen ruhig
ernsten Heiligengestalten, wie sie die Kunst der Venezianer so
oft gebildet, nahe genug. Nicht nur die Heiligen Giovannis,
auch ihre ferneren Verwandten, die Heiligen des Bartolomeo
Vivarini und des Gentile Bellini, ja selbst die Heiligen des
Altares von San Zeno und über diese hinaus die Apostel Dürers
sind ihm verwandt.

Zwei Teile des Werkes hat unsere Betrachtung bisher
außer Acht gelassen, die beiden seitlichen Teile des Mittelstücks
mit der Auferstehung und der Verkündigung. Es sind die einzigen Teile, bei denen das Zusammenarbeiten der beiden Meister soweit geht, daß man über denjenigen, auf den der Entwurf und die Ausführung zurückzuführen ist, wohl im Zweifel
sein kann.

In purpurnem Mantel, der vom Winde getrieben wird,
steigt Christus aus dem Grab empor, die Rechte wie zum Zeugnis erhoben, in der Linken die flatternde Siegesfahne; seinen
linken Fuß hält noch die Steindecke des Sarkophags.[1] Zu
seinen Füßen die drei Grabwächter; der vorderste in grünem
Kittel, vom Rücken gesehen, hat zum Schlafe den Kopf mit
untergeschobenen Armen auf den Sargdeckel gelegt; auch der
zweite, in rotem Kittel mit gelber Borte, einen Turban auf
dem Kopf, schläft noch, das Haupt in die Hand gestützt, während der dritte, in blaugrünem Gewand, eben erwacht ist und

---

[1] Abb. Tafel XXII.

die Hand über die Augen hält, um sie vor der Blendung durch die übernatürliche Erscheinung zu schützen.

Auch hier wird uns die Vergleichung einer Gestalt, die auf diesem und auf einem anderen Teile des Altares erscheint, das sicherste Mittel an die Hand geben, um über die Urheberschaft des Bildes zu entscheiden. Diese Vergleichungsmöglichkeit bietet uns die Gestalt Christi. Offenbar sollte der Auferstandene in möglichste Uebereinstimmung mit dem Crucifixus des Mittelbildes gebracht werden, eine Uebereinstimmung, die ja unerläßlich war, wenn anders der Vorgang selbst glaublich wirken sollte. Gleichwohl unterscheidet sich nach meinem Gefühl dieser Christus sehr wesentlich von jenem. Umso näher scheint er mir nach seiner ganzen Art dem Schmerzensmann des Ehenheim-Epitaphs zu stehen, und ich glaube, daß wir auch in ihm und damit in diesem Teile des Altars die Hand Peurls erkennen dürfen. Dafür scheinen mir auch ganz entscheidend die Gestalten der drei Grabwächter zu sprechen. In ihren kühnen Verkürzungen und ihrer von gutem Raumgefühl zeugenden perspectivischen Anordnung gehen sie weit über das hinaus, was der Haller-Meister in dem altertümlichen Uebereinander seiner Oelbergsdarstellung gegeben hat, oder was der Engel des linken Flügels des Tucher-Altars in seiner ungeschickten Verkürzung von der Kunst des Meisters, Verkürzungen zu zeichnen, verrät.

Daß diese Tafel nicht von der Hand des Meisters herrührt, der im übrigen die Innenseite das Altars geschaffen hat, findet eine letzte Bestätigung darin, daß sie jenen Namen als Signatur trägt, den wir auf zwei Werken finden, die ohne jeden Zweifel von der gleichen Hand herrühren, die auch die Außenseite unseres Altars geschaffen hat. Auf dem Gewandsaum des schlafenden Grabwächters rechts finden wir zwei Worte in sehr augenfälliger Schrift, Schwarz auf Gelb, von denen das erste aus vier, das zweite aus fünf Zeichen besteht.[1] Fraglich ist das erste Wort. Der zweite Buchstabe ist A, der vierte N, der erste könnte wohl als ein spielerisch verstelltes *h*, der dritte, der einer 2 gleicht, als Buchstaben am ehesten als ein 2 gedeutet werden. Die vier ersten Buchstaben des zweiten

---

[1] Abb. Tafel XXIX b.

Wortes sind unzweideutig; der fünfte, von dem nur der An-
fangsstrich sichtbar ist, kann kaum anders denn als ℜ ergänzt
werden. Die ganze Inschrift hieße dann:

ҺАꞢN ΛРꞬЯℜ

Es wäre mehr als kühn, bloß auf eine solche Inschrift
hin, den Meister des Werkes nennen zu wollen. Erst die beiden
anderen Inschriften, die keinen Zweifel zulassen, werden es
rechtfertigen, wenn ich auch hinter der Verstellung und Umstellung
dieser Buchstaben den Künstlernamen H a n s   P e u r l zu erkennen glaube. Jedenfalls scheint mir das zweite Wort auch
hier fraglos: wir haben es wohl als den allein sichtbaren Teil
einer fortlaufend gedachten Inschrift [PꞬYℜ]ΛPꞬYℜ[Λ . . .]
anzusehen, wie sich derartige ununterbrochene Inschriften, etwa
aus dem Worte MARIA gebildet, nicht selten an Gewandsäumen finden.

Mit der Entscheidung über die Urheberschaft des Aufer-
stehungsbildes ist aber noch nicht die Frage nach der Herkunft
des Stiles auf diesem Bilde entschieden. Italiänischer Einfluß, wie
er sonst den Stil Peurls bestimmt, ist hier nicht wahrzunehmen. Nun hat Dörnhöffer (a. a O., Repertorium XXIX,
1906, S. 447) gerade in diesem Bilde niederländischen Einfluß
wahrzunehmen geglaubt, indem ihn die Grabwächter unmittelbar an das Fragment der Zuschauer in der Kreuzigung
des Meisters von Flémalle im Frankfurter Städelschen Institut
erinnerten. Aber selbst wenn diese Beobachtung richtig wäre,
so hätte man darum doch noch kein Recht zu schließen, daß
einer der Meister des Tucherschen Altares seinen Stil unter dem
Eindruck der Werke des großen Niederländers gebildet habe;
denn gerade diese Gestalten der Grabwächter stehen unter den
Gestalten der Meister des Tucherschen Altares völlig vereinzelt da.
Nun steht aber das Auferstehungsbild des Tucherschen Altares
mit einer anderen Schöpfung der Nürnberger Malerei in den
engsten Beziehungen, nämlich mit der Auferstehung auf dem
Mittelbilde des Wolfgangs-Altars in St. Lorenz.[1] Wir finden dort in

---

[1] A b b. T a f e l XXX b.

gleicher Weise, nur im Gegensinne den Sarkophag schräg gestellt; Christus ist auch dort mit dem rechten Beine schon
außerhalb des Sarges, während das linke noch im Sargdeckel
steckt; auch dort sehen wir den Wächter, der den Kopf auf
den Sargdeckel gelegt hat, und den aufschauenden dritten, der
die Augen mit der Hand beschattet; auf beiden Werken
schließlich ist der Sarg mit roten Siegeln verschlossen. Die
weitgehende Uebereinstimmung der beiden Compositionen · läßt
es als ausgeschlossen erscheinen, daß das eine Werk unabhängig vom andern entstanden sein könnte; es fragt sich nur,
welches von beiden das frühere, welches das spätere, welches
Vorbild und welches Nachbild ist. Ich wage diese Frage nicht
mit völliger Sicherheit zu entscheiden, doch scheint mir die
Wahrscheinlichkeit für die Priorität des Wolfgangs-Altares zu
sprechen. Die Uebereinstimmung der beiden Bilder beschränkt
sich nämlich nicht bloß auf das Compositionelle, sondern macht
sich auch in den Typen geltend. Der Wächter in der Eisenhaube .
links im Vordergrund des Wolfgangs-Altares ähnelt im Typus dem
aufschauenden Wächter des Tucher-Altares, der aufschauende
Wächter des Wolfgangs-Altares aber dem Mann im Turban auf dem
Tucher-Altare. Nun scheinen mir aber die Wächter des Wolfgangs-
Altars mit den übrigen Gestalten des Wolfgangs-Meisters, namentlich mit den Schergengestalten seines Passions-Altärchens in eben
so genauem Zusammenhang zu stehen, wie die Grabwächter des
Tucherschen Altares sich von den anderen Gestalten der Meister
des Tucherschen Altars unterscheiden. Aber auch wenn man
im Mittelbilde des Wolfgangs-Altares nur eine Nachahmung des
Bildes auf dem Tucherschen Altar sehen wollte, so müßte man
meines Erachtens doch an dem festhalten, was schon Seidlitz
bei der Recension des Thodeschen Werkes ausgesprochen (Repertorium XIV, 1891, S. 321), daß beim Tucher-Altar an einen directen Einfluß der niederländischen Kunst nicht zu denken sei.

Auf jeden Fall ist die Composition der beiden Aufer-
stehungsbilder nürnbergisch. Wir finden die gleiche Haltung
des Auferstandenen und die gleiche, in drei Stufen differenzierte
Haltung der Grabwächter auch auf einem Auferstehungsrelief
an der Nordseite von St. Sebald.

Die linke Seite des Mittelteils des Tucherschen Altares zeigt die Verkündigung.[1] In tiefdunklem Mantel, in dessen Saum das Wort Maria eingestickt ist, sitzt die Jungfrau vor einem aufgeschlagenen Buche; die braune Haarflut gleitet ihr über die Schultern herab. Ein roter Teppich, der über die Lehne ihres Stuhles geworfen ist, dient ihrer Gestalt zur Folie. Von rechts her ist ihr der Engel genaht, in weißem, faltenschönen Gewande, auch er mit einer Fülle braunen Haares, mit mächtigen, in Grün nuancierten Fittichen. Während er die Rechte mit ausgestreckten Schwurfingern bezeugend erhebt, trägt er in der Linken in der Form einer Urkunde die Botschaft, die sein Mund eben zu verkünden scheint.[2] Staunend und fragend wendet Maria zu ihm das Haupt.

Das Schema dieser Composition ist venezianisch. Wir finden die gleiche wirksame Abbreviatur der Verkündigungsscene wieder in den beiden Verkündigungsaltären des Lorenzo Veneziano in der Accademia zu Venedig (Nr. 9 und 10). Namentlich das größere dieser beiden Werke zeigt zu dem Bilde des Tucherschen Altares die engsten Beziehungen.[3] Auch dort sitzt Maria auf dem Stuhle, über dessen Lehne ein Teppich geworfen ist; auch dort naht ihr von der Seite der Engel der Verkündigung, die beiden Finger der Rechten zum Schwur erhebend, während seine Fittiche gerade in die Luft aufragen. Hier wie dort ist gerade nur der Platz, auf dem der Stuhl der Maria steht, mit einem Holzboden bedeckt. Aber nicht nur die Composition stimmt überein; auch der Verkündigungsengel des Lorenzo hat dem deutschen Meister zum offenbaren Vorbild

---

[1] Abb. Tafel XX.

[2] Diese Urkunde in der Hand des Verkündigungsengel entstammt der älteren nordischen Kunst; Dvořak führt Beispiele davon aus böhmischen Miniaturen an (Die Illuminatoren des Johann von Neumarkt, Jahrb. der Kunsthist. Samml. des Allerhöchsten Kaiserhauses XXII, 1902, S. 93). Hach (Die Verkündigung Mariä als Rechtsgeschäft, Christl. Kunstbl. 1881, S. 165 ff. und 178 ff.) deutet diese Urkunde als himmlisches Accreditiv, das Maria zur Einwilligung in die Empfängnis bewegen soll. Dem hat schon Stadler (Hans Multscher, Straßburg 1907, S. 11 Anm. 1) mit Recht widersprechen durch den Hinweis, daß auf dem Multscherschen Altarwerke in Berlin auch der Engel, der den Hirten die Verkündigung bringt, eine Urkunde trägt. Es handelt sich also auch in unserem Falle nur um die naiv-altertümliche Versinnlichung der Botschaft.

[3] Abb. Tafel XXXI b.

gedient: es ist die gleiche Profillinie des Gesichtes mit der
leichtgeschwungenen Stirne, der vorspringenden Nase, dem im
Sprechen halb geöffneten Munde und dem spitzen Kinn. Die
Uebereinstimmung im Typus des Engels läßt den Gegensatz im
Typus der Madonna erst recht hervortreten. Diese Maria hat
gar nichts Italiänisches an sich, sie ist vollkommen deutsch:
wir finden in ihr die h. Barbara des Hallerschen Altares mit
ihrer braunen Haarfülle und ihrem gleichsam in der Fläche
etwas verschobenen Gesichte Zug um Zug wieder.

Wie läßt sich nun der vollkommen deutsche Charakter
dieser Maria mit dem italiänischen Charakter der Composition
in Einklang bringen? Da der Meister des Hallerschen Altares
sich im übrigen von italiänischer Kunst vollkommen unberührt
zeigt, da aber doch der für ihn charakteristische Typus der
Madonna davon Zeugnis ablegt, daß dieses Bild von seiner
Hand herrührt, so bleibt uns nichts anderes übrig als anzunehmen, daß der Entwurf dieser Composition nicht von ihm
selbst, sondern von seinem Mitarbeiter, dem mit venezianischer
Kunst ja innig vertrauten Hans Peurl herrührt, oder vielleicht,
daß ihm eine von diesem vermittelte Skizze des Werkes des
Lorenzo zum Vorbild gedient. In jedem Falle ist das Bild für
die Art des Zusammenarbeitens der beiden Meister höchst bezeichnend.

Der Tuchersche Altar bildet den Höhepunkt und zugleich
den Abschluß der Frühzeit nürnbergischer Malerei. Das Streben nach plastischer Durchbildung, malerischer Wiedergabe
und seelischer Belebung der menschlichen Gestalt, das seit den
Tagen des Imhof-Meisters der Nürnberger Malerei Weg und
Ziel gewiesen, hier ist es zur Vollendung gekommen. Wie aber
diejenigen Werke, die die Bestrebungen einer Zeit vollendend
zusammenfassen, zugleich zeitlos sind, so vertritt der Tuchersche Altar die erste Periode der Nürnberger Malerei unter
jenen Schöpfungen der Kunst, die den ewigen Besitz der
Menschheit darstellen. Diejenigen Teile des ungleichmäßigen
Werkes aber, die in solchem Sinne absolute Kunstwerke sind,
unabhängig von jeder historischen Erklärung und historischen

Wertung, sind die beiden großen Heiligengestalten Peurls, der h. Veit und der h. Leonhard.

Man möchte diese beiden Gestalten, die in ihrem Gegensatz und in ihrem Zusammenklange an das wundersame Concert des Palazzo Pitti gemahnen, die beiden Lebensalter nennen. Auf der einen Seite die edle Jünglingsgestalt, träumend, schwermütig, noch unberührt und unbefleckt von den Leidenschaften des Lebens, nicht das leichte, frohe Werk eines Jünglings, sondern geschaffen aus den Erfahrungen des reifen Alters, das Werk eines Mannes, dessen Tage die Sonnenhöhe des Lebens schon überschritten haben und der auf die Jugend zurücksieht als auf ein verlorenes Heimatland. Auf der anderen Seite die Gestalt des Mannes, noch in der Fülle der Jahre, aber den Blick schon dem Dämmer des Abends zugewandt. So ist er dargestellt, in jener Stimmung, die Malebranche mit einem tiefen Worte le silence des passions genannt hat, ein siegender Besiegter des Lebens, der die zerbrochenen Ketten in seiner Hand trägt. Ein grimmes Lächeln spielt um die schmalen, festgeschlossenen Lippen dieses mächtigen Hauptes, das Lächeln einer Erkenntnis, die in die Tiefen des Lebens geblickt, und es scheint, als künde es jene letzte Weisheit des Koheleth: «Ich sah an alles Thun, das unter der Sonne geschieht, und siehe es war alles eitel und Haschen nach Wind.» Der Altar ist für das Kloster und wohl auch im Kloster der Karthäusermönche gemalt. Der deutsche Karthäuserorden aber ist im Mittelalter der Orden der entschiedensten Weltentsagung, der tiefsten Resignation und der wahrhaften Verneinung des Willens zum Leben.

Das Ende des großen Stiles in der Nürnberger Tafelmalerei.

1. Der Meister des Löffelholzschen Altars.

Ein Altarwerk im Westchor der Sebalduskirche trägt die Inschrift: «Anno dĩ mccccliii an s Thomas tag de aqvin v̄schied frau kunigund wilhelm Löffelholtzin d' got gnadt». Der durch diese Inschrift datierte Altar zeigt im Mittelschrein in Holzschnitzerei zwei Sceuen aus der Legende der h. Katharina, die Zerstörung des Rades und die Enthauptung der Heiligen, auf den gemalten Flügeln links innen die h. Katharina im Disput mit den Philosophen vor dem Kaiser Maxentius,[1] rechts innen die Verbrennung der heidnischen Philosophen, links außen (in übermaltem Zustand) eine Anbetung der Könige, rechts außen den h. Georg im Gebet und den h. Georg im Kampf mit dem Drachen. Die Predella des Altares zeigt auf der Außenseite die Stifterfamilie, auf der Innenseite rechts in Halbfiguren Christus, mit der Weltkugel in der Hand, Thomas, der die Hand in die Seitenwunde des Herrn legt, Johannes den Evangelisten, links die h. Heinrich, Kunigunde und Bischof Otto von Bamberg. Der Altar wurde (nach einer Notiz im

---

[1] Abb. bei Thode, a. a. O., Taf. 19.

Löffelholzschen Familienarchiv) 1690 mit einer überreichen neuen Fassung im Stile jener Zeit versehen.

Die Gestalten des Altares sind von kindlich liebenswürdigem Charakter. Der Kopftypus ist rund, mit offenen, freundlichen Zügen; es sind harmlose Wesen, nicht von Gedanken beschwert, aber im Reiz ihrer gracieusen Unschuld. Stärkere Seelenregungen darzustellen, war dem Maler nicht gegeben; auch im Feuer des Scheiterhaufens behalten die Philosophen ihren mild heiteren und zufriedenen Gesichtsausdruck, als ob sie das Unangenehme ihrer Lage durchaus nicht empfänden. Am reizvollsten ist die Darstellung der Legende des h. Georg. Vorn kniet der Heilige eisengerüstet im Gebete, etwas weiter zurück sprengt er auf seinem Schimmel auf den nicht eben sehr furchtbaren Drachen ein, während im Hintergrund die Princessin von Kappadokien, das Lamm neben sich, der Entscheidung ihres Schicksals wartet. Danach weitet sich die Scene zu einer reichen Landschaft, die, von Felsen eingefaßt, den Blick auf eine mit Türmen versehene Stadt, auf einen von Schiffen belebten Strom und auf ferne blaue Berge hinführt. Das zarte goldene Hell der Luft am Horizonte vertieft sich in der Höhe zu klarem Himmelsblau. Die Anbetung der Könige spielt sich, vom Herkommen abweichend, in einem Gemache ab, in dem Maria mit dem Kinde auf einer Art Thron sitzt, während die drei Könige ihr huldigen; aber auch hier schweift der Blick durch die weiträumigen Fenster und durch die offene Türe hinaus auf eine freie, freundliche Landschaft.

Eine zweite Darstellung der Katharinen-Legende, wahrscheinlich aus der Katharinen-Kirche stammend, befindet sich heute in zwei Kapellen des südlichen Seitenschiffes von St. Lorenz. Sie besteht aus zwei dreigeteilten Tafeln, deren eine die Königin im Gespräch mit der im Gefängnis befindlichen Katharina, die Disputation der Katharina mit den Philosophen vor dem Kaiser Maxentius und die h. Katharina vor dem von Lukas gemalten Madonnenbilde zeigt, während die andere Tafel die Verbrennung der Philosophen, die Zerstörung des Rades und die Enthauptung der Heiligen enthält. Wesentlich Neues über die Kunst des Meisters vermögen uns diese Tafeln nicht zu sagen. Wir finden die gleiche Landschaft wieder, in der die gegen den Horizont sich abhebenden, feingezeichneten Bäumchen bemerkenswert sind. Bei den Gestalten hat der Künstler hier sogar Versuche gemacht zu charakterisieren; man sehe besonders den individuell geschilderten Mann im Hintergrunde der Disputation, in dem Thode ein Selbstportrait des Malers vermutet. Auch die h. Katharina ist nicht mehr die anmutigschlichte Jungfrau des Löffelholz-Altars, sondern hat einen Zug von Hoheit und Würde bekommen, der ihr dort noch fremd war und der sie als Fürstentochter charakterisiert. Jedenfalls dürfte das Altarwerk, dessen Teile wir hier vor uns haben, der späteren Zeit des Löffelholz-Meisters entstammen.

Die Lorenz-Kirche besitzt noch ein zweites Werk, in dem ich die Hand des Meisters erkenne, den Dreikönigsaltar am Eingang des Chores. Dieser Altar, der auf seinem Mittelstück die Anbetung der h. drei Könige, auf den gegenüberhängenden Flügeln die Verkündigung, die Geburt, die Flucht nach Aegypten und den bethlehemitischen Kindermord zeigt, befand sich zu Murrs Zeiten in der Prediger- (Dominicaner-) Kirche (Beschreibung der vornehmsten Merkwürdigkeiten in Nürnberg, Nürnberg 1778, S. 54). Thode (a. a. O., S. 115) sah in diesem Altare ein Jugendwerk Hans Pleydenwurffs, Weisbach (Einiges über Hans Pleydenwurff und seine Vorgänger, Zeitschrift für bildende Kunst N. F. IX, 1897/98, S. 241 ff.) schrieb ihn dagegen dem Meister des Löffelholz-Altars zu, welchem es Thode heute ebenfalls gibt. Neuerdings ist jedoch Dörnhöffer (a. a. O., Repertorium XXIX, 1906, S. 449) wieder für die Urheberschaft Pleydenwurffs eingetreten.

Vor der Tür ihrer Hütte sitzt Maria, das Kind auf dem Schoße; Joseph tritt von links herzu, einen Krug herbeitragend. Von rechts sind die heiligen drei Könige genaht; der älteste kniet, die Hand des Kindes küssend, und seine kostbare Gabe steht schon neben dem Pfännlein auf dem Tisch zur Seite; Der zweite König rückt grüßend am Turban, sein Geschenk darbietend; der jüngste König aber, eine edle Jünglingsgestalt, sieht träumend vor sich hin, während sein Mohr, das Knie vor ihm beugend, ihm das goldene Gefäß darreicht.[1] Aus dem

---

[1] Abb. Tafel XXXII a.

Hintergrunde aber entwickelt sich der Zug, der die Könige geleitet, in der Mitte die Bannerträger mit den wehenden Standarten. Eine reiche Landschaft, die rechts und links von Felsen eingefaßt wird, schließt den Hintergrund ab: wir sehen Wiesen mit weidenden Schafherden, eine große von Mauern umgebene und mit Türmen versehene Stadt, eine von Wald und Wiesen bedeckte Hügellandschaft, einen breiten Strom, der von Schiffen belebt wird und in der Ferne blauende Berge. Das Blau des Himmels, das von ein paar weißen Wölkchen durchzogen wird, geht nach dem Horizont zu in einen lichten, goldenen Ton über. Die Darstellungen auf den Flügeln beschränken die Handlung auf wenige Gestalten. Auch hier gibt der Meister in der Geburt den Ausblick auf eine Landschaft, im Kindermord den Ausblick auf die Häuser einer Stadt; dagegen beschränkt sich die Landschaft der Flucht auf eine einfache Hügellinie, die nur ein Baum unterbricht.

Daß dieses Dreikönigs-Altärchen von der Hand des Löffelholz-Meisters herrührt und nicht von der Hand Pleydenwurffs, war für mich schon außer Frage, noch ehe ich die Ausführungen Weisbachs kennen gelernt. Die Gestalten sind völlig jene milden, freundlichen, harmlosen, aber der großen Leidenschaften unfähigen Wesen des Löffelholz-Meisters, nicht die herben, großen, pathetischen Gestalten Pleydenwurffs. Die Landschaft ist im Aufbau wie in den Details völlig die gleiche wie auf der Darstellung des Drachenkampfes auf dem Löffelholz-Altar. Auch die fein beobachtete Luftperspective, die Pleydenwurff in diesem Sinne nicht kennt, spricht überzeugend für die Urheberschaft des Löffelholz-Meisters. Die Farben sind durchaus nicht die Farben Pleydenwurffs, namentlich die für ihn so charakteristische Zusammenstellung des tiefen Himbeerrot und des warmen Grün, die dem Portrait des Canonicus Schönborn seinen Charakter verleiht und die wir auf der Münchener wie auf der Nürnberger Kreuzigung wiederfinden, fehlt bei unserem Bilde vollständig. Durften wir aber in der Katharinen-Legende des Löffelholz-Meisters in der Lorenz-Kirche ein spätes Werk des Malers erkennen, so haben wir hier offenbar, wie auch Weisbach annimmt, ein frühes Werk des Meisters vor uns, das selbst dem Löffelholz-Altar um einige

Zeit vorangeht. Der Altar trägt den Charakter einer solchen Unmittelbarkeit und Frische und er zeigt die Einflüsse, die seinen Stil bestimmen, noch so wenig verarbeitet, daß man versucht ist, in ihm geradezu das Meisterstück zu sehen, in dem ein junger Maler die Probe seiner Kunst abgelegt. Ist der Löffelholz-Altar 1453 entstanden, so dürfen wir wohl den Dreikönigs-Altar in das Ende der 40er Jahre verlegen. Ich glaube, daß ein anderes wahrscheinlich noch vor 1449 zu setzendes Werk schon seinen Einfluß aufweist. Hans Pleydenwurff aber wurde 1457 erst Bürger von Nürnberg.[1]

Mit dem Dreikönigs-Altar von St. Lorenz hebt eine neue Periode der Nürnberger Kunst an. Hatte bisher das Streben der Nürnberger Malerei der Darstellung der menschlichen Einzelgestalt gegolten, so tritt nun eine neue Aufgabe an sie heran: die Einbeziehung des Menschen in die umgebende Welt, in die Landschaft. Darauf beruht die Bedeutung des Dreikönigs-Altares: in ihm ergreift die Landschaft Besitz von der Nürnberger Malerei. Noch heute, wenn uns die frühlingsgleiche Anmut dieses lieblichen Werkes bezaubert, glauben wir zu fühlen, daß es einst den Nürnbergern vor dieser Offenbarung jugendfrischer Kunst gewesen sein muß, als sei ihnen eine neue Welt geschenkt worden. Der Löffelholz-Meister hat in der Nürnberger Malerei das Zauberwort gesprochen:

> Schwindet, ihr dunkeln
> Wölbungen droben!
> Reizender schaue
> Freundlich der blaue
> Aether herein!

Die neuen Aufgaben, die von der fortschreitenden Zeit der Nürnberger Kunst gestellt werden, sind hier in bewunderungswürdiger Weise gelöst. Diese Gestalten sind nicht nur in die Landschaft hineingemalt, sie leben wirklich in ihr. Auch das

---

[1] Die Chronologie allein würde schon gegen Dörnhöffers Annahme, daß das Dreikönigs-Altärchen von Pleydenwurff herrühre, sprechen. Sie spricht auch gegen Stegmanns Annahme (Nürnbergs geschichtliche und kunstgeschichtliche Entwicklung. In Festschrift zur 40. Hauptversammlung des Vereins deutscher Ingenieure. Nürnberg 1899, S. 43), daß der Meister des Löffelholz-Altares ein Schüler Pleydenwurffs gewesen sei.

schwierige Problem der Verbindung von Vorder- und Hintergrund hat hier eine vollkommene Lösung gefunden, eine weit bessere, als sie Pleydenwurff je gelang.

Der moderne Charakter des Werkes zeigt sich auch darin, daß der Künstler (zum ersten Mal in der Nürnberger Kunst) in der Inschrift der Heiligenscheine [1] und zum Schmuck der Gewandsäume Antiqua-Buchstaben und ferner an den Gewandsäumen hebräische Buchstaben verwendet.

Wer die Lehrmeister gewesen, denen der Meister die Kunst seiner Landschafts-Darstellung verdankt, ist ohne weiteres klar. Nur die Niederländer haben in jener Zeit eine solche Kunst der Raum- und der Luftperspective besessen. In dem Dreikönigs-Altärchen setzt also der niederländische Einfluß zum erstenmal in der Nürnberger Malerei ein. Wenn aber Weisbach (a. a. O., S. 241) von den Beziehungen des Löffelholz-Meisters zu den Niederlanden sagt: «Nur dorther konnte er die Anregung empfangen, wie auf dem Bilde im Chor von St. Lorenz, die Anbetung der Könige zu einer solchen Prunkscene auszugestalten,» so kann ich dem nicht beistimmen. Ich vermag, abgesehen vielleicht vom h. Joseph und von dem auch bei Rogier sich findenden Motiv der Uebergabe der Geschenke an den jüngsten König, in den Typen des Löffelholz-Meisters gar nichts Niederländisches zu finden. Thode (a. a. O., S. 120) hat schon darauf aufmerksam gemacht, daß auf dem Thronsessel des Kaisers auf der Disputation in St. Lorenz Putten dargestellt sind, die ersten Putten der Nürnberger Malerei. Man hätte diesen Hinweis nicht unbeachtet lassen sollen, denn in der Zeit vor 1450 waren die Niederlande noch nicht das Land, in dem man die Putten-Darstellung hätte lernen können. Tatsächlich glaube ich, daß der Meister des Löffelholz-Altares, im selben Maße, wie er in der Landschafts-Darstellung Schüler der Niederländer war, in der Typenbildung und in der Composition Schüler der Italiäner gewesen ist. Ich glaube, daß ein Vergleich seiner Anbetung mit der Anbetung des Gentile da Fabriano in der Accademia zu Florenz [2]

---

[1] Der Heiligenschein der Maria zeigt die Inschrift: STA MARIA VIRGO INTEMERATA IN PARTU.
[2] Abb. Tafel XXXIIb.

dafür den Beweis liefert. Die Composition dieses berühmten Anbetungsbildes hat offensichtlich dem Nürnberger Meister zum Vorbild gedient, wie aus der Uebereinstimmung der ganzen Anordnung der Anbetungsgruppe auf beiden Bildern hervorgeht. Das Verhältnis der drei anbetenden Könige zum Kinde in der einem jeden zugewiesenen Haltung ist sehr ähnlich, namentlich das Motiv des zweiten Königs, der mit der Rechten grüßt und mit der Linken die Gabe darbringt, ist aus dem Bilde Gentiles copiert. Auch im Typus ist die Uebereinstimmung unverkennbar; das Kind erinnert, obwohl es etwas plumper ist, an das Kind bei Gentile, der zweite König hier an den zweiten König dort, der alte König auf dem Nürnberger Bilde ist geradezu von Gentile entlehnt, während der junge König, ohne direct copiert zu sein, doch in der Haltung, im Ausdruck und im Typus vollkommen gentilesk ist.

Bedeutet also der Meister des Löffelholzschen Altares in einer Hinsicht den Beginn einer neuen Periode in der Nürnberger Malerei, so setzt er doch in einem anderen Betrachte die Tradition der Frühzeit der Nürnberger Malerei fort. Wie die größten unter seinen Vorgängern ist auch er bei den Italiänern in die Schule gegangen, ehe er aus anderer Schule die Fähigkeit zu seiner epochemachenden Neuerung gewann. Seinem Nachfolger Pleydenwurff gegenüber, dem großen Niederländer unter den Nürnberger Malern, hat er noch den Charakter eines Uebergangs-Meisters. Dies ist der Grund, warum ich ihn hier wenigstens kurz behandeln wollte, obwohl die niederländisch beeinflußte Kunst außerhalb des Kreises dieser Betrachtung bleiben soll. Ihn hier zu erwähnen, war zugleich nötig zum Verständnis der letzten Werke Hans Peurls.

2. Die späten Werke Hans Peurls.

Das letzte Werk, das wir von der Hand Peurls in Nürnberg nachweisen können, befindet sich in der kleinen Kirche auf dem Johannis-Friedhofe. Es ist ein kleiner Passionsaltar, der bei geöffneten Flügeln im Mittelstück die Kreuzigung, auf dem linken Flügel die Dornenkrönung, auf dem rechten die

Geißelung enthält,[1] während die Außenseiten der Flügel je drei
kleine Darstellungen, links Gebet in Gethsemane, Geißelung und
Christus am Kreuz zwischen Maria und Johannes, rechts
Judaskuß, Dornenkrönung und Grablegung zeigen. Der Altar
enthält weder Wappen noch Stifterfiguren. Schon Trechsel
(Verneuertes Gedächtnis des Nürnbergischen Johannis-Kirch-
Hofs, Franckfurt und Leipzig 1735, S. 813 f.) beschreibt das
Triptychon ausführlich als «in die dasige Kirchwand bevestigt»,
Würffel (Beschreibung der Kirche zu St. Johannis, S. 285 f.)
schreibt dessen Worte ab, und Murr (Beschreibung der vornehmsten Merkwürdigkeiten in Nürnberg, 1. Aufl., Nürnberg
1778, S. 354, 2. Aufl. 1801, S. 174) hat es an der Stelle gesehen,
an der es sich jetzt noch befindet. Es dürfte von jeher in der
Johanniskirche gewesen sein und ist wohl für die Nische gearbeitet, in der es steht und zu der es in seinen Maßen vortrefflich paßt. In diesem Falle dürfte sich auch das Fehlen der
Wappen auf dem Altärchen erklären. Der Bogen der Nische
ist oben mit dem Imhofschen Wappen versehen, das in seiner
heutigen Gestalt, nach der dabei angebrachten Jahreszahl, allerdings aus dem Jahre 1647 stammt. Das Altärchen dürfte also
wohl eine Imhofsche Stiftung sein.

Das Altarwerk ist von kleinen Dimensionen, das Mittelbild
mißt in Höhe und Breite 117,5×73 cm, die Flügel messen je
119×30 cm. Die Erhaltung ist gut, nur auf den Außenseiten
ist die Farbe an einzelnen Stellen abgesplittert.

Die Kreuzigung des Mittelbildes zeigt Christus und die
beiden Schächer an hohen Kreuzen, links vorn die Gruppe der
zusammenbrechenden Maria mit Johannes und den Frauen,
rechts den römischen Hauptmann, auf den Gekreuzigten wei-
send, einen gepanzerten Römer und Longinus mit der Lanze,
im Hintergrund eine Landschaft. Auf dem rechten Flügel sieht
man durch eine balustradengekrönte Vorhalle in einen kuppel-
überdeckten Dom, in dem zwei Schergen den an eine Säule
gebundenen Christus geißeln, während ein dritter Scherge ganz
im Vordergrunde noch seine Rute bindet. Der linke Flügel
zeigt die Verspottung Christi vor dem Palaste des Pilatus: ein

---

[1] **A b b. T a f e l XXVII.**

Kriegsknecht drückt Christus die Dornen in die Stirn, der zweite schlägt ihn mit dem Stab, der dritte kniet vor ihm und speit ihn an; Pilatus, in einer Halle seines Palastes, sieht nachdenkend zu, während ihm die Botschaft seines Weibes überbracht wird; auf einer Stange sitzt der Hahn der Verleugnung.

Die Darstellungen auf der Außenseite der Flügel sind weit flüchtiger ausgeführt und geben gewissermaßen nur eine Abbreviatur der Handlung. Zweifellos stammen sie von der gleichen Hand, die auch die Innenseite geschaffen.

Die Farbe des Bildes ist schwer und bräunlich, ohne sonderliche Leuchtkraft. Maria ist in ein goldenes, weiß ornamentiertes Gewand gekleidet; ihr Mantel ist außen blau, innen rot. Magdalena hat ein hellrotes Gewand, über das ein Schleiertuch geworfen ist, Johannes einen Mantel von dunklerem Rot, die zweite Maria hat Kopftuch und Mantel von kräftigem Grün. Der römische Hauptmann hat Mantel und Gewand von braunem Brokat mit Pelzbesatz. Die Schuppenrüstung des Mannes rechts ist golden oder vielmehr braun, sein Flügelhelm silbern. Der Mann mit dem Zopf, der ganz links von hinten gesehen erscheint, trägt einen roten Mantel. Das Gewand Christi auf der Verspottung ist grauviolett, das der Schergen links rot (bei dem einen mit gelbem Ueberwurf), rechts olivgrün; auf der Geißelung ist der Scherge links rot, der rechts wieder olivgrün gekleidet.

Sehr merkwürdig ist die Landschaft. Einen Uebergang vom Vordergrund zum Hintergrund geben zu müssen, hat der Meister dadurch vermieden, daß er hinter den Gestalten des Vordergrundes eine Wand von Gebüsch aufstellte, über der unmittelbar der Hintergrund erscheint. Die Landschaft selbst, in tiefem braunen Ton gehalten, zeigt Felsen und Schluchten. Links gewahren wir auf einem Hügel eine Burg, aus der gerade eine Jagdgesellschaft mit einem voranspringenden Hunde herauskommt. Rechts erscheinen zwei Gebäude, die etwa eine Klosteranlage vorstellen könnten. Die Berge am äußersten Horizonte sind in blaugrünem Ton gehalten; links wird eine kleine Siedelung mit Türmen, offenbar an einem See gelegen, rechts eine größere Festung sichtbar. Ein paar Bäume des näheren Hintergrundes heben sich, leicht und sicher skizziert, vom Himmel ab. Der Grund des Bildes ist noch golden. Schon J. P. Rée hat in einem gelegentlichen Hinweise (Kunstchronik XXIII, 1887/88, S. 67) das Altärchen von St. Johannis neben dem Hallerschen Altare dem «Meister des Tucherschen Altares» als ein späteres Werk zugeschrieben. Thode (a. a. O., S. 71 f.) hat diese Zuschreibung bestätigt und gleichfalls ein spätes Werk in dem Altärchen gesehen. Graf Pückler-Limpurg, der es gleichfalls dem «Meister des Tucher-Altares» gibt (Kunstchronik N. F. XII, 1900/01, S. 163), vermag keine spätere Periode des Meisters darin zu erkennen. Dörnhöffer (a. a. O., Repertorium XXIX, 1906, S. 448) erwähnt es als ein minder bedeutsames Werk des «Tucher-Meisters».

Die Uebereinstimmungen des Altärchens mit den Werken Hans Peurls gehen so weit, daß in der Tat seine Urheberschaft außer Frage steht. Vor allem der Crucifixus stimmt genau überein mit jenem gewaltigen Akt in der Lorenzkirche: die Bildung des Kopfes, der Hände und der Füße, die Zeichnung des Körpers, besonders der sehr charakteristisch wiedergegebenen Bauchmusculatur, ist die gleiche wie auf jenem Bilde, nur die Beine stehen in richtigerem Verhältnis zum Oberkörper und lassen dadurch die Gestalt nicht mehr so lastend schwer erscheinen, und das Schamtuch, das dort durchsichtig war, um nichts von der Musculatur zu verhüllen, hat wieder seine gewöhnliche Form angenommen. Der römische Hauptmann entspricht im Typus dem h. Kaiser Heinrich, die zusammenbrechende Maria der h. Kunigunde des Ehenheim-Epitaphs. Der Johannes ist eine getreue Copie des h. Veit auf der Außenseite des Tucherschen Altares. Die Haltung des den Christus anspeienden Mannes auf dem linken Flügel vergleicht sich in der Art ihrer Verkürzung der des Apostels Thomas auf der Himmelfahrt jenes Altares. Die für Peurl so charakteristischen Hände mit den langen, dürren Fingern und den tiefeinschneidenden Gelenkfalten finden sich durchweg. Irgendwelche Beziehungen zu den Arbeiten des Haller-Meisters vermag ich auch in diesem Werke nicht zu finden.

Was nun die Stellung des Altärchens unter den Werken des Meisters angeht, so haben Rée und Thode meines Erachtens zweifellos Recht, wenn sie in ihm ein Spätwerk sehen. In der Ausführung ist es bei weitem das Freiste, was Peurl geschaffen. Solche Verzeichnungen im Ansatz der Arme oder Mißgriffe in den Proportionen der Extremitäten, wie sie das Ebenheim-Epitaph als ein Jugendwerk charakterisieren, finden wir nicht mehr; der Meister hat sich eine beachtenswerte Routine erworben. Aber gerade diese größere Vollkommenheit in der Technik läßt es uns noch mehr zum Bewußtsein kommen, wie tief an innerem Gehalte und künstlerischem Werte das Werk unter jenen anderen Werken steht. Mit einer merkwürdigen Armut der Erfindung hat der Meister in den Formen sich selbst copiert, ohne den Versuch zu machen, diese von neuem mit Leben zu durchglühn. Sein Crucifixus, sein Hauptmann, seine Maria und sein Johannes gleichen im Aeusseren noch den erhabenen Gestalten, die die Kunst des Meisters einst gebildet, aber es ist, als sei alles Leben von ihnen gewichen. Wo ist die stille Trauer des Schmerzensmannes in diesem Crucifixus, wo der bedeutungsvolle Ernst des h. Heinrich bei diesem Hauptmann? Mit der Empfindungslosigkeit einer Puppe sinkt Maria zusammen und keine Regung inneren Schmerzes spiegelt sich in den Gesichtern der Umstehenden. In einem nur bringt der Künstler Neues, doch nicht Erfreuliches, indem er in jenen abschreckenden Schergengestalten, die mit einer wahren Inbrunst der Blutgier sich ihrem Geschäfte widmen, dem Geschmack der Zeit seinen Tribut zollt und damit sich völlig von dem monumentalen Stil und der innerlichen Größe seiner früheren Schöpfungen abwendet.

Was mag es gewesen sein, das den Meister zu dieser Wandlung in seinem Stile, zu diesem Abfall von seiner eigenen Kunst gebracht? Ich glaube, daß sich die Antwort von selbst ergibt, wenn man die Zeit in Betracht zieht, in der das Werk entstanden sein muß. Wir haben gesehen, welche Gründe dafür sprechen, den Tucherschen Altar in den Anfang der 50er Jahre zu versetzen. Früher vielleicht noch, jedenfalls aber gleichzeitig ist das Dreikönigs-Altärchen des Löffelholz-Meisters entstanden. Durch dieses Werk ist die Nürnberger Malerei vor eine vollkommen neue Aufgabe gestellt worden, eben vor die Aufgabe der Darstellung des Menschen innerhalb der ihn

umgebenden Welt. Das Johannis-Altärchen aber, das sicher
später ist als der Tuchersche Altar und jedenfalls auch später
als der Dreikönigs-Altar, ist der Versuch Peurls, diese neue Aufgabe mit den Mitteln seiner Kunst zu lösen. Dieser Versuch
mußte mißlingen, denn die Kunst Peurls, gebildet an der monumentalen Kunst der frühen Venezianer und in der Beseelung der
Einzelgestalt ihr Höchstes leistend, war der anderen Aufgabe
der Beseelung einer Handlung nicht gewachsen. Hierin ist ihm
selbst der viel altertümlichere Meister des Bamberger Altares
dank seiner anderen Schulung weit überlegen So hat denn
Peurl, um dem Reichtum und der Fülle des neuen Stiles nicht
nachzustehen, alles zusammengerafft, was er gesehen und gelernt, so hat er selbst seine Handlung in eine wohlcomponierte
Landschaft, in eine reiche Architektur versetzt, und doch bleibt
der Eindruck des Werkes ein höchst unbefriedigender. Man
fühlt es: hier hat der Meister eine Aufgabe zu lösen unternommen, der er nicht gewachsen war. Er hat seinen eigenen
Stil, den Stil der frühen Nürnberger Malerei, den er zur höch-
sten Vollendung gebracht, in diesem Werke aufgegeben, ohne
doch im Stande zu sein, sich in einen neuen Stil hineinzufinden.
In diesem Sinne bedeutet das Johannis-Altärchen ein Ende —
das Ende des großen Stiles in der Nürnberger Malerei. Es
sagt uns, daß ein großer Künstler sich selbst aufgegeben hat.

Ist nun freilich der künstlerische Wert des Altärchens im
Vergleich mit den anderen Werken Peurls nur gering, so ist
es doch für uns von höchstem Interesse, weil es mit der Un-
trüglichkeit einer Urkunde von dem Aufenthalt des Meisters in
Oberitalien und von den Eindrücken, die er dort empfangen,
Zeugnis ablegt. Namentlich der rechte Flügel verrät in jedem
Zug die Kenntnis Oberitaliens. Alle architektonischen Details auf
diesem Flügel weisen auf Venedig hin. Ueber die Balustrade
der Vorhalle hinweg trifft der Blick auf zwei metallgedeckte
Kuppeln, die so angeordnet sind, daß die hintere als die höhere
über die ihr vorgelagerte seitlich hinwegschaut. Die Kirche
ist demnach als von einem System von Kuppeln, mindestens
von dreien, überdeckt gedacht. Die Form der Kuppeln selbst

aber, die nur durch den Zwang des Raumes ein wenig zu sehr ins Flache geraten sind, ihre Metallbekleidung und vor allem ihre von Kreuzen überragten Laternen lassen keinen Zweifel zu, daß die Kuppeln von San Marco ihnen zum Vorbild gedient haben.[1] Auch die Vorhalle, die der Kuppelkirche auf dem Bilde vorgelagert ist, ist nach dem Vorbilde der Vorhalle von San Marco gebildet: sie gleicht in ihrer Construction ganz dem überstehenden Teile dieser Vorhalle, der nach der Porta della Carta des Dogenpalastes hingeht, etwa von dem Pfeiler mit dem Urteil Salomonis am Umgang des Palastes aus gesehen.[2] An Stelle des complicierten Säulen-Systems sind freilich einfache Pfeiler getreten, aber das Verhältnis des breiten und des schmalen überhöhten Rundbogens ist ganz das gleiche geblieben. Auch die Balustrade, die die Vorhalle auf dem Bilde krönt, gibt mit etwas anders geformten und enger gestellten Pfosten, aber mit den gleichen kugelgeschmückten Eckpfosten der Vorhalle von San Marco ihren Abschluß. An die Stelle des Reliefs über dem rückwärtigen Rundbogen an jenem Teile der Vorhalle ist bei unserem Bilde eine Nische mit einer Broncegestalt getreten. Auch der Fliesenbelag des Bodens findet sich in jener Vorhalle wieder. Das Kapitell der Pfeiler ist das gleiche, das wir auch in Venedig, an den Pfeilern innen in den Arkaden des Dogenpalastes, finden. Das Motiv, den überhöhten Rundbogen von Medaillons flankieren zu lassen, ist gleichfalls venezianisch; Beispiele dafür bieten der Fondaco dei Turchi, der Palazzo Donà und der Palazzo Loredan. Auch die Medaillons des Fondaco dei Turchi boten nicht einfache leere Kreisflächen, sondern waren mit bildlichem Schmuck, wenn auch von mehr ornamentaler Art versehen, wovon sich Beispiele im Museo civico finden; die beiden Medaillons auf unserem Bilde enthalten in Bronce zwei Caesarenköpfe. Reliefs in der Form unserer Nische und mit Bogenabschluß über Rundbogen ge-

---

[1] Daß venezianische Baulichkeiten verwandt werden, um die Gebäude Jerusalems darzustellen, ist in der fränkischen Kunst nicht ohne Beispiel. Auf dem aus Stein gleichsam geschnitzten Pappenheimer Altar von 1497 im Dom zu Eichstätt finden wir im Hintergrund nebeneinander den Dogenpalast und den Campanile von San Marco.

[2] Abb. Tafel XXXId.

setzt, finden sich gleichfalls am Fondaco dei Turchi, im obersten Stockwerk. Auch die figuralen Details des Flügels weisen auf Italien hin. Zwei gegeneinander gewandte Profilköpfe von Caesaren in Medaillons finden sich auf dem Fresco Mantegnas mit der Verurteilung des Jacobus in der Eremitani-Capelle zu Padua, als Schmuck am Triumphbogen angebracht. Auch an die Kunst Pisanellos lassen die beiden Bronce-Medaillons unsres Bildes denken.[1] In der Nische über dem Rundbogen auf unserm Flügel steht eine kleine Broncestatue, eine nur mit einem Tuch verhüllte Gestalt, die offenbar einen Spiegel in der Hand hält. Auch sie scheint auf Venedig hinzuweisen. Wir finden dort in späterer Zeit das Motiv, das mannigfache Deutung zuläßt, in der Allegorie Giovanni Bellinis, in einem Stiche Jacopo Barbaris (Kristeller 18) und in einer davon beeinflußten Handzeichnung Dürers (vgl. Weisbach, Der junge Dürer, S. 44).

Durchaus italiänisch ist auch die Gestalt des römischen Kriegers in Schuppenpanzer und Flügelhelm, der auf dem Mittelbilde zu Füßen des bösen Schächers steht. Auch Jacopo Bellini hat solche Helme und solche Rüstungen gezeichnet.

Die Landschaft des Kreuzigungs-Bildes unterscheidet sich völlig von der Landschafts-Auffassung, wie sie aus der niederländischen Kunst in die deutsche übernommen worden ist, also auch von der Landschaft des Löffelholz-Meisters. Am nächsten verwandt scheint mir der Landschafts-Darstellung Peurls diejenige Lucas Mosers zu sein. Beide mögen auf eine Landschafts-Darstellung zurückgehen, wie sie uns etwa in dem berühmten, jedenfalls oberitaliänischen Tondo der Anbetung im Berliner Museum entgegentritt.

Die Inschriften der Heiligenscheine bringen die in Italien ja bereits sich einbürgernde Antiqua-Schrift, in derselben Form der Buchstaben, wie der Dreikönigs-Altar des Löffelholz-

---

[1] Vasari (ed. Milanesi III, S. 633) berichtet, daß die Sala grande des Schlosses der Scaligeri zu Verona mit Medaillons geschmückt war, die die Portraits berühmter Zeitgenossen enthielten. Julius von Schlosser (Die ältesten Medaillen und die Antike, Jahrb. d. kunsth. Samml. d. Allerh. Kaiserhauses XVIII, 1897, S. 107) vermutet darin Nachahmungen römischer Medaillen.

Meisters. Das Merkwürdigste ist aber, daß hier die Heiligen-Namen selbst in italiänischer Form erscheinen: Maria von Magdala wird Maria M a d a e l i n a genannt, und Maria Kleophae erscheint, indem nach italiänischer Weise das l in i aufgelöst ist, gar als Maria K i e v e.

———

Dieses Werk hat Peurl wiederum signiert. Auf dem rechten Flügel finden sich unter der Nische, in der die kleine Broncestatue steht, fünf Zeichen, die hier offenbar die Form von Steinmetzzeichen nachahmen.[1] Der dritte dieser geheimnisvollen Buchstaben ist ein y, der vierte ein ꝛ, der fünfte ein griechisches Λ; der zweite Buchstabe ist ein lateinisches H oder ein griechisches H, der erste, der so ohne weiteres nicht zu lesen ist, hat Haarstrich und Grundstrich eines Π, nur ist der obere Querbalken anstatt gerade von links nach rechts schräge von links oben nach rechts unten gelegt. Wiederum fügen sich die Buchstaben zwanglos zu dem Worte ΠHYꝛΛ = Peurl zusammen.

Ich stelle hier nochmals die drei Inschriften untereinander, die sich so gegenseitig erläutern und bestätigen:

Ebenheim-Epitaph: ҺΑⱭꙄ ΠΕꙀRΛИ

Tucher-Altar: ҺΑꙄN ΛPꙅYℜ

Johannis-Altar: ΠHYꝛΛ

Das Π des Ehenheim-Epitaphs und des Johannis-Altärchens entspricht dem P des Tucher-Altares, das griechische H des Johannes-Altares wird durch das zweifellose Antiqua-E des Ebenheim-Epitaphs und durch das gotische Ꞓ des Tucher-Altares gesichert, das y des Tucher-Altares und des Johannis-Altares durch das etwas gotisierende Antiqua-U des Ebenheim-Epitaphs, das ebenfalls gotisierende Antiqua-R des Ebenheim-Epitaphs und das gotische Minuskel-ꝛ des Johannis-Altares bestätigen den angefangenen letzten Buchstaben der Inschrift des Tucher-Altares, während das L in allen drei Inschriften in der

———

[1] A b b. T a fel XXIX c.

griechischen Form als Λ erscheint. Das N, das auf dem Ehenheim-Epitaph den Namen vervollständigt, hat die im Mittelalter
häufige Gestalt, bei der der Verbindungsstrich nicht von oben
nach unten bezw. von unten nach oben durchgezogen, sondern
nur etwas quer zwischen die beiden Verticalstriche gelegt ist.

Die Inschriften selbst haben sowohl in ihrem Charakter
wie in der Art ihrer Anbringung im XV. Jahrhundert zahlreiche Analogien. Der Künstlername als Inschrift auf Säumen
findet sich z. B. bei den Bildern von Pfenning in Wien und
von Conrad Laib in Graz (Abbildung bei Stiassny, Altsalzburger Tafelbilder, im Jahrbuch der Kunsthistorischen Sammlungen des Allerhöchsten Kaiserhauses XXIV, 1903), bei dem
Reichenau-Epitaph des Augsburger Bildhauers Hans Peurlin im
Dom zu Eichstätt,[1] und in ähnlicher Weise die Initialen als
Ornament einer Mütze auf dem Münchener Kreuzigungsbilde
des Hans Pleydenwurff. Der Künstlername als Inschrift an
einem Gebäude findet sich auf Multschers Tafel des Pfingst-
festes im Berliner Museum. Die Künstlersignatur in Form
eines Steinmetzzeichens zeigt das Baseler Bild des Conrad
Witz vom Priester des alten Bundes mit seinem durch Schräg-
legen des einen Schenkels verstellten W. Eine Inschrift, die
aus zwei Alphabeten (Antiqua-Majuskeln und gotischen Lettern) gemischt ist, ist jene des Multscher. Eine Inschrift, die
ihren Sinn hinter Buchstaben von fremdartigem Charakter ver-
bergen will, ist die berühmte Inschrift Lucas Mosers. Der
Grund der Verstellung liegt in diesem Falle auf der Hand:
der Ritter von Stain, der den Altar gestiftet, dürfte wenig er-
baut gewesen sein, wenn er (vorausgesetzt daß er des Lesens
kundig war) jene Inschrift hätte lesen können.[2] Ein ähnlicher
Grund mag Peurl, in Nürnberg den ersten, der seine Werke
signierte, bewogen haben, seinen Namen hinter unbekannten
oder schwer lesbaren Zeichen zu bergen: es erfordert schon

---

[1] Auch dieser Künstler schreibt übrigens seinen Vornamen gerade so
wie der Nürnberger Maler in der damals seltenen Form Hans, nicht in
der üblichen Form Hanns.

[2] Die Transscription, die sich auf dem Tiefenbronner Altar unter
Mosers Inschrift findet, stammt nicht von seiner Hand, sondern aus späterer Zeit, wie die abweichende und gelegentlich mißverstehende Orthographie beweist.

ein ziemliches Maß von Vorurteilslosigkeit in religiösen Dingen, um es nicht als Blasphemie zu empfinden, wie auf dem Ebenheim-Epitaph der Gott-Erlöser zum Träger des Künstlernamens gemacht ist.

Haben somit die Inschriften an sich durchaus nichts Auffallendes und Singuläres, so ist doch ein Umstand bei ihnen bemerkenswert; das ist die Verwendung des griechischen Alphabetes. Diese Kenntnis müßte uns überraschen bei einem Maler des vorhumanistischen Nürnberg. Aber auch sie hat nichts Erstaunliches, wenn wir uns besinnen, wie leicht sie in Oberitalien zu erlangen war, in dem Peurl ja gewesen sein muß. Durch die antiquarischen Neigungen Squarciones, des Hauptes der padovanischen Maler-Academie, der Griechenland selbst besucht hatte, war ja eine gewisse Vorliebe für das Griechische in den Kreisen der oberitaliänischen Maler aufgekommen. Zur selben Zeit, als Hans Peurl seinen Namen auf seine Werke setzte, hat Andrea Mantegna seinen h. Sebastian durch eine griechische Inschrift bezeichnet.

Daß übrigens das ausgehende Mittelalter Freude hatte an einem derartigen Buchstaben-Gemisch, wie überhaupt an geheimnisvollen Inschriften, ließe sich durch mehr als ein Beispiel beweisen. An der Gewandung Gott Vaters auf dem Genter Altar finden wir die Worte SABAΩT (Zebaoth) und PEX PEĨV (rex regum), auf dem Schilde des Engels auf dem Eyckschen jüngsten Gericht in der Eremitage zu Petersburg die Inschrift: AΔΩτaVI TETΓPAMAΘΩN, die nichts anderes bedeuten kann als: adoravi τετραγράμματον. (Das Tetragrammaton bedeutet in der mittelalterlichen Theologie den aus vier Buchstaben jhvh bestehenden Gottesnamen.)[1]

Das letzte Werk schließlich, in dem Thode (a. a. O., S. 72) die Hand des «Meisters des Tucherschen Altares» erkannte, ist

---

[1] Vgl. Seeck, Zu dem Werke des Hubert van Eyck. Kunstchronik N. F. XII. 1900/1901, S. 261 f. Seeck irrt übrigens, wenn er das folgende unerklärliche Wort AΓAΛ wegen seiner zwei Alpha für eine Verballhornung des Gottesnamens selbst nimmt, weil dieser zwei Aleph enthalte. Ein א enthält aber nur das K're ארני während das K'tib יהוה zwei ה enthält.

die Beschneidung des Christkindes im
Suermondt-Museum zu Aachen.[1] Ich darf nur
mit Vorbehalt über dieses Werk sprechen, da ich es im
Original nicht kenne. Der Eindruck scheint ein höchst unerfreu-
licher, und man möchte es Peurl gerne absprechen; aber es
steht doch offenbar in zu engen Beziehungen zu den sicheren
Werken seiner Hand.

Auf einer Tablette, die auf einem Tische steht, sitzt das
Kind, vom Priester gestützt, mit etwas weinerlichem Ausdruck,
während der Mohel die Beschneidung an ihm vollzieht. Ein
Pharisäer mit einer Brille liest aus einem Buche vor. Im
Hintergrunde sehen Joseph und Maria zu. Wenn uns die Eindringlichkeit abstößt, mit der der Künstler den widerlichen
Vorgang schildert, so müssen wir bedenken, daß die Schuld
an unserm Mißbehagen zum größeren Teil der von der christlichen Mythologie gebotene Gegenstand trägt.

Das Kind erinnert, in der Bildung des Körperchens mehr
noch als in der Bildung des Kopfes, an das Kind des Heilsbronner Schutzmantelbildes. Joseph und Maria erinnern, freilich bei viel plumperer Bildung, an die h. Heinrich und
Kunigunde des Ebenheim-Epitaphs. Mit dem Priester darf man
die Mönchstypen auf der rechten Seite des Heilsbronner Bildes
vergleichen. Die architektonischen Formen beim Stuhle des
Priesters sind die gleichen wie die beim Sitze des h. Augustin auf dem Tucherschen Altare. Vor allem aber bietet der
Mohel im Schnitt des Gesichtes wie in der Fältelung seines
Turbans ein genaues Abbild des von vorne gesehenen schlafenden Wächters auf der Auferstehung des Tucherschen
Altares. Die Hände zeigen durchweg die für Peurl so
charakteristische Form. Beziehungen zu den Werken des
Haller-Meisters vermag ich auch bei diesem Bilde nicht zu
finden.

Was vom Johannis-Altärchen gesagt wurde, gilt auch von
dem Aachener Werke. Indem der Meister die Darstellung der
großen, in sich ruhenden menschlichen Einzelgestalt aufgab und
die Schilderung einer Handlung unternahm, verließ er den

---

[1] Abb. Tafel XXVIII.

Boden, in dem seine Kunst wurzelte. Die neuen Aufgaben, die der Nürnberger Malerei gestellt wurden, haben den Meister getrieben, über die Grenzen seines Könnens hinauszugehen. Seine letzten Werken reflectieren schon die Kunst der neuen Zeit, aber der sie geschaffen, gehört einer vergangenen Zeit an.

X.

Schluß.

Bis vor kurzem wurde der Nürnberger Kunst neben der kölnischen unbestritten der Primat in der deutschen Malerei des XV. Jahrhunderts zuerkannt. In dieser Zeit gehören Nürnberg und Köln zu den volkreichsten Städten Deutschlands,[1] der Handel brachte ihnen großen Wohlstand, und reiches Leben erfüllte sie. So ist es sehr wohl möglich, daß nirgends in Deutschland die Malerei einen so günstigen Boden fand und so viele Werke schaffen konnte als in diesen beiden Städten. Die über-

---

[1] Für Köln besitzen wir, so viel ich weiß, keine Zahlenangaben, doch gilt es neben Wien als die volkreichste Stadt des damaligen Deutschland; für Nürnberg ergab die Volkszählung im Kriegsjahr 1449 eine städtische Bevölkerung von 20165 Seelen, die Gesamtbevölkerung betrug mit den vorübergehend Hereingezogenen 25982. Es ist lehrreich, damit die Bevölkerungszahl anderer mittelalterlicher Städte in Deutschland zu vergleichen. Ich setze die Zahlen hierher, die der österreichische Statistiker von Inama in einem lehrreichen Aufsatz der Statistischen Monatsschrift (1906, S. 280 ff.) gibt. Mittelalterliche Volkszählungen haben uns die Einwohnerzahl von drei weiteren Städten überliefert: Straßburg (1473—1477) 20722 (Gesamtbevölkerung mit vorübergehend Hereingezogenen 26198, Freiburg im Uechtland (1444) 5200 (Gesamtbevölkerung 5800), Nördlingen (1459) 5295. Durch Berechnungen auf Grund der Steuer- und Bürgerbücher hat sich die Volkszahl von weiteren sechzehn Städten feststellen lassen: Lübeck (1400) 22300, Lübeck (1500) 23672, Ulm (1427) 20000, Augsburg (1475) 18300, Rostock (1410) 14000, Zürich (1410) 10570, Frankfurt a. M. (1440) 9000, Basel (1471/75) 9000, Eger (1446) 7340, Mainz (1500) 5767, Heidelberg (1439) 5200, Freiberg i. S. (1474) 5000, Ueberlingen (1444) 4800, Dresden (1477) 4228, Leipzig (1474) 4000, Butzbach (1421) 2235, Meißen (1481) 2000.

ragende Stellung aber, welche die Malerei von Nürnberg und
Köln in unserem Bewußtsein einnimmt, beruht in erster
Linie auf dem Umstand, daß hier durch die besondere Gunst
des Geschicks ein weit größerer Teil der geschaffenen Werke
auf uns gekommen ist als an anderen Orten. In Nürnberg mag
das Erhaltene ohngefähr vier Zehntel des überhaupt Geschaffenen
ausmachen und ähnlich wohl in Köln; in Frankfurt ist vielleicht ein Zehntel erhalten, in Straßburg und Basel noch nicht
der hundertste Teil.[1] Hätte in der Reformationszeit der Rat von
Nürnberg, so wie es 1533 der von Straßburg tat, den Beschluß
gefaßt, alle Bilder in den Kirchen zu verbrennen, so hätten
wir von der ganzen Nürnberger Malerei nichts anderes als die
Bamberger Bilder (die alsdann natürlich unbestritten als Zeugnisse der Bamberger Malerei gelten müßten), als vielleicht die
Bilder von Heilsbronn, ein paar Schulbilder in Dorfkirchen und
den einen oder anderen Wohlgemut-Altar in den kleineren
Städten von Franken. Es ist klar, daß das Bild, das wir von
der deutschen Malerei erhalten, so von vorneherein sehr zum
Vorteil Nürnbergs verschoben ist. Der Forschung der letzten
Jahre ist es vorbehalten gewesen, auch die Malerei der anderen
deutschen Landesteile, des Oberrhein- und Mittelrheingebietes,
Schwabens, Niederdeutschlands und der Alpenländer aus dem
Dunkel hervorzuziehen und neben den bekannten großen
Schulen diesen Gebieten den gebührenden Platz in der Ge-
schichte der deutschen Kunst zuzuweisen. Darf nun heute
Nürnberg auch nicht mehr den Anspruch auf die unbedingte
Vorherrschaft in der deutschen Malerei erheben, so wird die
Nürnberger Malerei doch stets eine hervorragende Stellung
unter den deutschen Schulen beanspruchen dürfen.

---

[1] Der Liste der 202 erhaltenen Werke, die Thode in seinem Buche
behandelt, steht eine Liste von 163 verschollenen oder untergegangenen
Werken gegenüber (a. a. O., S. 302—315), die in den gedruckten Quellen
erwähnt werden. Ich könnte diesen auf Grund handschriftlicher Nachrichten noch eine Reihe von Werken hinzufügen. Vieles mag aber schon
untergegangen sein, ehe man Aufzeichnungen über das Vorhandene
machte. — Das Urteil über die erhaltenen Werken in Frankfurt hat natürlich nur den Wert einer ohngefähren Schätzung; es beruht auf einem
Vergleiche der Werke, die ich in den Urkunden erwähnt fand, mit dem
Erhaltenen.

Gegenüber der kölnischen Kunst (denn nur sie dürfen wir in dieser Hinsicht billigerweise zum Vergleiche heranziehen) hat die Nürnberger Malerei in der ersten Hälfte des Jahrhunderts einen erstaunlichen Reichtum an Individualitäten aufzuweisen. Gibt es in Köln in dieser Zeit kaum drei Meister, deren Werke unter eigenem Namen und nicht als Schulwerke nur durch die Kunstgeschichte gehen, so kennen wir deren in Nürnberg mindestens sieben. Und während der eine Hauptmeister der frühen kölnischen Malerei in der Kunst seiner oberdeutschen Heimat wurzelt und diese nur äußerlich den Traditionen der kölnischen Kunst anpaßt, indem er seine Eigenart durchaus wahrt, fügen sich alle Nürnberger Maler in diesem Zeitraum, mögen sie nun Nürnberger sein oder Zugewanderte und mögen sie noch so viel fremde Einflüsse der Nürnberger Malerei vermitteln, dennoch vollkommen den Traditionen dieser Schule ein, so daß uns die Nürnberger Malerei ein Bild von seltener Einheitlichkeit darbietet.

In einem Punkte unterscheidet sich die frühe Nürnberger Malerei wesentlich von der Malerei in den übrigen Gegenden Deutschlands: sie ist nicht Volkskunst. Am Rhein hat die mystische Religiosität des Volkes zugleich mit jenen wundersam lieblichen Heiligengestalten die zarten Visionen eines Suso hervorgebracht.[1] An anderen Orten hat wenigstens das religiöse Schauspiel des Volkes auf die Malerei befruchtend gewirkt. Einen solchen Zusammenhang zwischen Kunst und Volksseele

---

[1] Man vergleiche mit dem Paradiesesgärtlein des oberrheinischen Meisters im Frankfurter historischen Museum die Worte der ewigen Weisheit in Heinrich Susos Büchlein von der ewigen Weisheit (12. Kap.): «Nun luge selber auf die schöne himmlische Haide; eya, hier ganze Sommerwonne, hier des lichten Mayen Aue, hier das rechte Freudenthal. Hier sieht man fröhliche Augenblicke von Lieb zu Liebe gehen; hier Harfen, Geigen, hier Singen, Springen, Tanzen, Reihen und ganzer Freude immer pflegen, hier Wunschesgewalt, hier Lieb ohne Leid in immerwährender Sicherheit. Nun lug nur die unzählige Menge, wie sie aus dem lebendigen, ausklingenden Brunnen trinken nach aller ihrer Herzensbegierde ... Verstiel dich noch fürbaß und lug, wie die süße Königin des himmlischen Landes mit Würdigkeit und Freuden obschwebet allem himmlischen Heere, geneiget von Zartheit auf ihren Geminnten, umgeben mit den Blumen der Rosen und der Lilien Convallium ... Lug, wie die zarten Jungfrauen glänzen in englischer Lauterkeit, wie alles himmlische Heer hinfließet von göttlicher Süßigkeit. Eya, wie eine Gesellschaft, wie ein fröhlich Land!»

können wir in der Frühzeit der nürnbergischen Malerei nicht wahrnehmen. Zur selben Zeit, da der Meister des Bamberger Altares seine Kreuzigungstragödie schuf, da Peurl die erhabenen Gestalten seiner Kunst ins Leben rief, zu derselben Zeit gefiel sich das Nürnberger Volk in der Rohheit seiner Fastnachtsspiele. Diese Zwiespältigkeit mag ihren hauptsächlichen Grund darin haben, daß die sociale Structur Nürnbergs durchaus verschieden war von derjenigen der anderen Städte. Fast überall in Deutschland haben die socialen Kämpfe, die sich im XIV. Jahrhundert zwischen Patriciertum und Handwerkertum abspielten, zu einem Compromiß geführt, der den Zünften eine angesehene Stellung neben den Geschlechtern verschaffte. In Nürnberg aber endigte die große Zunftrevolution des XIV. Jahrhunderts mit dem vollständigen Siege des Patriciats. An andern Orten, namentlich am Rhein, sind viele Stiftungen vom Volke selbst, von Klöstern, Corporationen, Bruderschaften usw. ausgegangen. In Nürnberg sind die großen Kunstwerke ohne jede Ausnahme von den großen Patricierfamilien gestiftet worden. Es kann nicht fehlen, daß dieser Unterschied im Charakter der Kunst selbst seinen Ausdruck findet. Der Charakter der Nürnberger Malerei in den Hauptwerken ihrer Frühzeit ist daher vergleichsweise ein unbürgerlicher, aristokratischer.

Damit hängt noch ein Weiteres zusammen. Die Kunst spiegelt die allgemeinen culturellen Beziehungen wieder; man denke an die Frühzeit der venezianischen Kunst oder an die burgundisch-französischen Beziehungen des Oberrheins, die in der Kunst des Paradiesesgarten-Meisters, Conrad Witzens und Lucas Mosers ihren Ausdruck finden. Das handelsmächtige Nürnberg aber war durch die engsten Beziehungen verbunden mit dem großen Emporium des Welthandels, mit Venedig. Dort war es, wo die Nürnberger Patricier-Söhne mit dem Getriebe des Handels die feinere Sitte einer höheren Cultur lernten. Ihr Maecenatentum hat dann der Nürnberger Kunst den Weg gewiesen. Wir haben im Verlaufe unserer Betrachtungen gesehen, was die oberitaliänische Kunst, was die Kunst in Venedig für die nürnbergische Malerei bedeutet. Auch diese Beziehungen gehören zu den charakteristischen Merkmalen der frühen Nürnberger Malerei.

Vielleicht hängt es mit dem hier angedeuteten Charakter der Nürnberger Malerei zusammen, daß in ihr zunächst nicht die heilige Geschichte den vornehmsten Gegenstand bildet, die doch das Bewußtsein des Volkes am tiefsten bewegt. Wenn man von den beiden großen Wandmalern, dem Meister der Morizkapelle und dem Meister des Bamberger Altares absieht, ist die frühe Nürnberger Malerei im wesentlichen Heiligenmalerei. Ihre Hauptaufgabe ist nicht die Darstellung von Handlungen, sondern die Durchbildung und Beseelung der menschlichen Einzelgestalt. Selbst die Darstellung der großen Heilstatsache des Christentums bietet bei ihr nicht die Kreuzigung mit den Gruppen des Mysteriums, sondern sie wird zu der Darstellung des Crucifixus zwischen Maria und Johannes vereinfacht. Die Aufgaben der Kunst bedingen auch ihre Mittel. Eine Kunst, die die Einzelgestalt im Ganzen ihrer Umgebung sieht und darstellt, trägt von vornherein einen malerischen Charakter. Eine Kunst, deren Problem der Aufbau der menschlichen Gestalt ist und die höchstens ihre Handlungen aus den Einzelgestalten zusammensetzt, ist wesentlich zeichnerisch gerichtet. So könnte man von den frühen Nürnbergern sagen: sie zeichnen und colorieren, aber sie malen nicht. Selbst wenn wir die Intensität und die Zusammenstimmung ihrer Farben bewundern, gilt unsere Bewunderung eigentlich mehr farbentechnischen, als wirklich malerischen Qualitäten. Als Maler im eigentlichen Sinne sind die frühen Nürnberger anderen Schulen (wie etwa der oberrheinischen) nicht ebenbürtig. Man muß sich das Lebensvolle, Vornehme und Durchgeistigte der Gestalten Peurls vor Augen rufen, um zu wissen, worin die eigentliche Größe dieser Kunst besteht. Wenn Dürer in stets erneutem Ringen seine großen, in sich beruhenden Gestalten in der Fülle ihres Daseins schuf, so scheint es, als sei in seiner Kunst das Streben dieser frühen Vorgänger zur Vollendung gelangt.

Ebenso scharf als von der Malerei der übrigen Schulen unterscheidet sich die frühe Nürnberger Malerei auch von der Malerei Nürnbergs in der zweiten Hälfte des XV. Jahrhunderts. Die zweite Periode geht nicht in folgerichtiger Entwicklung aus der ersten hervor. Wie allenthalben in Deutschland bedeutet auch in Nürnberg der Einfluß der niederländischen Kunst, der um die Mitte des Jahrhunderts einsetzt, einen Bruch der Tradition. Der erste nürnbergische Künstler, der bei den Niederländern in die Lehre ging, der Meister des Löffelholz-Altares, ist wohl geborener Nürnberger und die Tradition der frühen Nürnberger Kunst ist zu stark noch in ihm, als daß er sie völlig zu Gunsten der fremden Kunstart hätte aufgeben können. Sicherlich ist es kein Zufall, daß derjenige, mit dem der niederländische Stil in Nürnberg zur vollen Herrschaft gelangte, daß Hans Pleydenwurff, nach den Urkunden kein geborener Nürnberger war. Wo er die Anfangsgründe des Malens gelernt, können wir noch nicht sagen; es ist auch von minderer Bedeutung, denn sein Stil ist vollkommen durch die Kunst der großen Niederländer, vor allem Rogiers van der Weyden, bestimmt. Seine Kunst aber hat die Entwicklung der Nürnberger Malerei in der zweiten Hälfte des Jahrhunderts, bis auf Dürer hin, entscheidend beeinflußt, und nur noch in der eigentlichen Heiligenmalerei können wir ein Fortleben der alten Traditionen und ein Fortwirken der Kunst Hans Peurls wahrnehmen.

Mit dem Stile hat sich auch der Stoff in der zweiten Periode der Nürnberger Malerei gewandelt. Nicht mehr der Durchbildung der Einzelgestalt, sondern der Darstellung von Handlungen gilt nun das Streben der Künstler; die großen Ereignisse der heiligen Geschichte, auch wohl die eine und andere Heiligenlegende sind ihre vornehmlichen Gegenstände.

So sehr nun freilich in dem Streben nach Illusion sich das technische Können in der Nürnberger Malerei gesteigert hat, so kann man doch die Entwicklung, die sie genommen hat, nicht unbedingt als einen Fortschritt bezeichnen.

Am wenigsten im rein Malerischen, wenn man hier von dem einen Hans Pleydenwurff absicht, der ja nicht Nürnberger war,) dessen Schönborn-Portrait das malerisch Feinste darstellt, was in den zwei Jahrhunderten, in denen es eine Nürnberger Malerei gegeben hat, überhaupt geschaffen worden ist. An die Stelle der vollen, tiefen Zusammenklänge der Farben bei den alten Meistern ist bei ihren Nachfolgern eine dissonierende Buntheit getreten, die unser Auge oft genug verletzt.

Vor allem aber hat die Nürnberger Malerei ganz jene Vornehmheit verloren, die ihr in der ersten Periode eigen war. Die einst so aristokratische Kunst ist sehr bürgerlich geworden. Man braucht nur Gestalten der beiden Zeiten mit einander zu vergleichen, etwa die großen Heiligengestalten des Peringsdörffer-Altares, der doch eines der Hauptwerke der zweiten Periode bildet, mit den Heiligen des Ebenheim-Epitaphs: wie kleinbürgerlich nehmen sich jene in ihrer hölzernen Empfindungslosigkeit diesen gegenüber aus. Selbst die reizvollen Intérieurs des Landauer- und des Peringsdörffer-Altares leiden unter einer gewissen Enge, die uns nicht zum reinen Genuß dieser Idyllen kommen läßt.[1] In ihren besten Werken bleibt nun die Nürnberger Malerei eine Kunst der kleinen Leute. Aber auch jener Geist, der an den Fastnachtspielen sein Wohlgefallen gefunden haben mag, hat nun seinen Einzug in der Kunst gehalten und malt mit dem Pinsel Wohlgemuts.[2]

Die Gestalt Peuris empfinden wir in der ersten Periode der Nürnberger Malerei als eine Vollendung, die Gestalt Dürers in der zweiten fast als eine Erlösung.

Die erste Periode der Nürnberger Malerei steht unter dem Zeichen Oberitaliens, die zweite unter dem Zeichen der Niederlande. Albrecht Dürer hat, indem er im Besitze der von den Niederlanden her vermittelten künstlerischen Bildung seiner Zeit sich nach Venedig wandte und damit in die Bahnen seiner frühen Vorgänger zurücklenkte, die Geschicke der Nürnberger Malerei vollendet.

Die erste Periode der Nürnberger Malerei bildet, im Gegensatz zur zweiten, die über sich hinausweist, ein völlig abgeschlossenes Capitel der deutschen Kunstgeschichte, das seine Bedeutung und seine Vollendung in sich trägt. Neben den

---

[1] Die Entwicklung der späteren Nürnberger Malerei vom Meister des Löffelholzschen bis zum Meister des Peringsdörffer-Altares hoffe ich demnächst in weiteren Untersuchungen verfolgen zu können.

[2] Daß diese Wandlung eine innerliche gewesen sei und einen religiösen Umschwung zum Grund gehabt habe, wie es Pückler-Limpurg (a. a. O., S. 168) glaubt, möchte ich nicht so ohne weiteres annehmen. Allerdings haben die Predigten des Capistranus (1452) einen tiefen Eindruck in Nürnberg hinterlassen. Aber der fanatische Minoritenmönch war kein Savonarola und Nürnberg nicht Florenz.

großen Gestalten jener Meister der Frühzeit, neben Hermann Wynrich und Stephan Lochner, neben Lucas Moser, Hans Multscher und Conrad Witz stehen. ebenbürtig, ja überragend der Meister des Bamberger Altares und Hans Peurl. Indem wir das zeitlos rein Menschliche ihrer Schöpfungen verehrend betrachten, dürfen wir vergessen, daß sie einer Zeit angehören, mit der uns nur noch die Regenbogenbrücke der Romantik verbindet.

ANHANG.

I.

Urkundliches über die Peurl in Nürnberg.

Als ich den Namen Hans Peurl zuerst in der Litteratur nannte, habe ich versucht, ihn mit einem uns schon aus den Urkunden bekannten Künstler zu identificieren, nämlich mit dem 1459 in Nürnberg als Bürger aufgenommenen Bildschnitzer Hans Peurl.[1] Ich ging dabei von der Voraussetzung aus, jeder, der in einer Stadt als Bürger ansäßig geworden, müsse sich auch in den Bürgerlisten nachweisen lassen. Diese Ansicht trifft auf Frankfurt zu, wo jeder, gleichviel ob Bürgersohn oder Zugewanderter, den Bürgereid leisten und sich in die Bürgerlisten aufnehmen lassen mußte. Anders war es in Nürnberg: hier war der Sohn eines Bürgers eo ipso Bürger, während diejenigen, deren Namen wir in den Bürgerlisten finden, von außen zugewandert sein müssen.[2] Der Maler Hans Peurl geht

---

[1] Ueber ihn vergleiche Gümbel, Archivalische Beiträge zur älteren Nürnberger Malereigeschichte, Repertorium XXIX, 1906, S. 335. Baader (Beiträge zur Kunstgeschichte Nürnbergs, Nördlingen 1860, S. 4) gibt als das Jahr, in dem er Bürger wurde, 1461 an. Dies ist ein Irrtum; denn der Hanns Pildsnitzer, den er neben Hanns Peurl mit der Jahresangabe 1461 als Bürger nennt, ist gleichfalls schon 1459 Bürger geworden (s. Gümbel, a. a. O., Repertorium, XXX, 1907, S. 34).

[2] Diese Tatsache, die auch Bauch (Die Trauts, Straßburg 1907, I, S. 1 f.) richtig feststellt, hat nicht nur archivalische Bedeutung. Es ist bemerkenswert, daß zwar Michel Wolgemut geborener Nürnberger, Hans Pleydenwurff aber in Nürnberg eingewandert ist, gerade so wie Stephan Lochner in Köln.

aus der Tradition der Nürnberger Kunst hervor; wir dürfen daher von vornherein nicht erwarten, seinem Namen in den Bürgerlisten zu begegnen, und in der Tat findet sich darin keine Eintragung, die sich auf ihn beziehen ließe.

Der Name Peurl[1] freilich findet sich das ganze XV. Jahrhundert hindurch in Nürnberg ziemlich häufig und zwar nicht nur bei Einheimischen, sondern gerade auch bei Zugewanderten; ja man könnte wohl auf die Vermutung kommen, daß er in Analogie zu anderen Namen die Herkunft bedeute — Peurlin ist Bäuerlein und wird später mit Agricola übersetzt — und daß er seinen Träger als einen vom Lande in die Stadt Zugewanderten bezeichne.

Zum ersten Mal ist mir der Name in Urkunden des St. Klara-Klosters vom Jahre 1404 und 1414 begegnet (im kgl. Kreisarchiv zu Nürnberg):[2] ein gewisser Ulrich Peurl verkauft Gerechtsame, die ihm am sogenannten Alten Lach bei Lindelberg zustehen; es handelt sich offenbar um den Besitz einer alt-angesessenen und begüterten Nürnberger Familie, denn es wird das Einverständnis anderer Familienmitglieder, eines Merkel Peurl, Gunz Peurl, Ullein Pesolt und Fritz Hailner von Swertenbach ausdrücklich bezeugt. Der gleiche Ulrich Peurl ist es wohl, dem wir in der Liste der waffenfähigen Bürger vom Jahre 1429 und im Salzbüchlein von 1447 (fo. 38 a) als den Besitzer von vier Scheiben, d. h. als einen nicht reichen, aber recht wohlhabenden Mann begegnen. Einen Fritz Peurlein finden wir in der Losungsliste Sebaldi von 1427 (fo. 34), im Grabenbuch von 1430 (fo. 55 a) und in der Losungsliste Sebaldi von 1433 (fo. 55 b), einen Berchtolt Peurlein im Salzbüchlein von 1443 (fo. 75 a) und in dem von 1447 (fo. 76 b). Im Getreide-, Salz- und Harnischbüchlein von 1449 (fo. 30 a), im Getreidebüchlein von 1460 (Sebalder Seite)

---

[1] Die Form des Namens variiert, auch bei der gleichen Person; es findet sich: Peurl, Pewrl, Pewrll, Pewrle, Pewrlein, Pewerlein, Pewerlin, Peurlin. Dieses Schwanken in der Orthographie der Zunamen ist nichts Ungewohntes; so erscheint z. B. in den Urkunden der Stifter des Karthäuser-Klosters bald als Marquard Mendel, bald als Marckhart Mennlein (letzteres im Klosterbuch Ms. 21⁵ im kgl. Kreisarchiv zu Nürnberg).

[2] Die sämtlichen im Folgenden angeführten Urkunden befinden sich im kgl. Kreisarchiv zu Nürnberg.

und in dem von 1462 (fo. 62) erscheint ein Sebolt Peurlein, der nach den ihm auferlegten Lasten nicht nur begütert, sondern reich gewesen sein muß; derselbe wird auch 1459 in einem Schreiben des Rates wegen eines Proceßtermins nach Ravensburg als Glied der einen Proceßpartei erwähnt (Briefbuch Nr. 29, fol. 12). Nicht weiter nachweisbar ist ein Heintz Peurlein, der 1459 in der Liste der Panzerhemdmacher (Sarwürcken) erscheint (Bürger- und Meisterbuch, Bd. 234, fo. 5). Das Fehlen all dieser Namen in den Bürgerlisten beweist, daß wir es hier mit einer in Nürnberg angesessenen und in einzelnen Gliedern offenbar wohlhabenden Familie zu tun haben.

Ihnen steht eine Anzahl eingewanderter Träger des Namens Peurl gegenüber. Der erste ist ein Hans Peurlein, den wir, ohne Angabe seines Standes, unter den Neubürgern des Jahres 1427 finden (Bürger- und Meisterbuch, Bd. 233, fo. 174). Er ist wohl identisch mit einem Hans Peurl (Peurlin), den wir von jener Zeit an durch eine lange Reihe von Jahren hindurch verfolgen können. Er erscheint, im Aegydienviertel wohnhaft und immer unter den gleichen Nachbarn, in der Liste der waffenfähigen Bürger von 1429, im Grabenbuch von 1430 (fo. 56 a), in der Losungsliste Sebaldi von 1433 (fo. 55 b), von 1437 (fo. 35 a), von 1438 (fo. 47 a) und von 1440 (fo. 77 b). Im Salzbüchlein von 1443 findet sich sein Name in der gewohnten Umgebung (fo. 18 b), aber er ist ausgestrichen und dafür einer anderen Seite (fo. 19 b) mit dem Verweis auf eine bestimmte Stelle nachträglich hinzugefügt: Hans Peurl hat also in diesem Jahre die Wohnung gewechselt. In der gleichen Umgebung finden wir ihn noch im Salzbüchlein von 1447 (fo. 22 a), danach aber begegnet er in den Salz- oder Getreidebüchlein nicht mehr: er muß also um diese Zeit entweder verstorben oder von Nürnberg weggezogen oder in seinen Vermögensverhältnissen zurückgekommen sein. Seinen Stand erfahren wir aus dem ersten Eintrag im Salzbüchlein von 1443; er wird hier Peurl vnderkeuffel genannt, war also Immobilien-Makler. — Sodann sind 1459 ein gewisser Fritz Peurlein (Bürger- und Meisterbuch, Bd. 234 unterm Jahre 1459), 1462 ein Rotschmied Heintz Peurlein (Bürger- und Meisterbuch, Bd. 235, fo. 120 b), ebenfalls 1462 ein Linhart Peurlin messingslaher (ebend., fo. 134) und ein Klingenschmied Andres Peurlein (eheud., fo. 126) und 1474 ein Kürschner Hanns Peurlein (ebend., fo. 155) als Bürger aufgenommen worden.

Der älteste Künstler des Namens Peurl ist der Goldschmied Seitz oder Seifried Peurl. Nach Murr (Journal zur Kunstgeschichte etc., Nürnberg 1778, II, S. 59) soll er schon 1452 erwähnt werden, doch habe ich diese Erwähnung nicht finden können ; 1457 ist er in die Liste der Goldschmiede aufgenommen worden (Bürger- und Meisterbuch, Bd. 234). Da er in den Bürgerlisten nicht begegnet, ist er geborener Nürnberger und für uns von Interesse als ein Beispiel künstlerischer Tätigkeit in der Nürnberger Familie der Peurl. Aus dem Jahre 1459 haben wir ein Schreiben des Nürnberger Rats an den Bischof Johann von Würzburg (Nürnberger Briefbuch Nr. 28, fo. 242 a): der Bischof hatte in irgend welcher nicht näher zu bestimmenden Angelegenheit Seitz Peurlein empfohlen oder Fürsprache für ihn eingelegt, und der Rat verspricht, dies zu berücksichtigen.

Kein geborener Nürnberger, sondern ein Zugewanderter ist ein zweiter Künstler, der Bildschnitzer Hans Peurlein. Ihn nennt das Bürgerbuch unterm Jahre 1459 (zwischen dem 23. März und dem 10. Mai) als Neubürger (Bd. 234, fo. 216 b): «Hanns Peurlein pildsnitzer d[edi]t 2 guldein landswerung.»

Die Aussichten, nun auch unsren Maler Hans Peurl nachzuweisen, sind von vornherein keine günstigen. In den Bürgerlisten finden sich, wie schon bemerkt, nur Eingewanderte. Die Meisterlisten geben uns zwar den Bestand der übrigen Handwerke an; die Meisterliste der Maler ist in den Bürger- und Meisterbüchern des XV. Jahrhunderts zwar jeweils angelegt, aber niemals ausgefüllt worden, offenbar aus dem Grunde, weil die andern Handwerke durch die Liste der zu ihnen Berechtigten vor unberechtigter Concurrenz geschützt werden sollten, während das Handwerk des Malens jedem frei stand und darum eine Liste der Maler bedeutungslos gewesen wäre.[1]

---

[1] Wie weit diese Freiheit des Malens ging, zeigt eine Geschichte, die Mummenhoff (Handwerk und freie Kunst in Nürnberg, Bayerische Gewerbezeitung 1891, IV, S. 553) berichtet: als sich einmal ein Scharfrichter mit Malen befaßte, seien die Maler gegen ihn aufgetreten, weil er ihre

Steuerlisten aber, die sonst die sicherste Auskunft über die Einwohner zu geben vermögen, sind uns leider vom Jahre 1441 an nicht mehr erhalten. Die Salz- und Getreidebüchlein, die wir aus den 40er und aus dem Anfang der 60er Jahre haben, bieten uns dafür keinen Ersatz. In ihnen wurde verzeichnet, wieviel in Jahren der Not der Rat seinen Bürgern an Salz- und Getreidevorräten anzuschaffen auferlegte. Diese Lasten trafen aber nur die Reichen, während die minder Bemittelten aus den Vorräten des Rates unterstützt wurden.[1] Die Namen von Künstlern treffen wir demgemäß in den Salz- und Getreidebüchern so gut wie gar nicht an. Die Aussicht, einen Künstler in der zweiten Hälfte des XV. Jahrhunderts in Nürnberg urkundlich nachweisen zu können, haben wir, wenn es sich nicht um einen eingewanderten handelt, eigentlich nur in drei Fällen: einmal wenn er mit den Behörden in irgendwelche Berührung kam — dann finden wir seinen Namen in den Briefbüchern oder in Civil- oder Criminalacten; dann in dem äußerst seltenen Falle, daß er ein beträchtliches Vermögen besaß, so begegnen wir ihm in den Salz- und Getreidebüchlein; schließlich wenn bei seinem Tode die Glocken von St. Lorenz und St. Sebald geläutet wurden (was wohl ebenfalls eine ziemliche Wohlhabenheit voraussetzt) — dann finden wir ihn in den Großtotengeläutbüchern dieser Kirchen verzeichnet. Es ist nötig, darauf hinzuweisen, denn es erklärt die immerhin auffallende Tatsache, daß über einen Künstler von der Bedeutung des Hans Peurl, die urkundlichen Quellen einstweilen keinen sicherern Aufschluß geben.[1] Diese Unsicherheit wird

---

Kunst unehrlich mache; aber der Rat habe dahin entschieden, daß man den Henker im Malen nicht behindern könne, da das Malen eine freie Kunst sei. Erst 1509 wurde das Recht, eine Werkstätte zu halten und Aufträge zu übernehmen, für die Maler, an den Besitz des Bürgerrechts geknüpft (Baader, Beiträge zur Kunstgeschichte Nürnbergs, zweite Reihe, Nördlingen 1862, S. 25), aber noch 1534 das Ansuchen um eine Zunftordnung abgelehnt (Mummenhoff, a. a. O.). Die Absicht des Rates war zweifellos, hervorragende fremde Maler durch solche Erleichterungen herbeizuziehen, eine Tatsache, die uns auch bedenklich machen kann, in jedem in Nürnberg tätigen Maler ohne Weiteres einen Nürnberger Maler zu sehen.

[1] Ueber die Teuerungen vergl. Reicke, Geschichte der Reichsstadt Nürnberg, Nürnberg 1896, S. 598 ff.

noch dadurch vermehrt, daß wir bei der Häufigkeit des Namens
Peurl in Nürnberg die sich findenden Urkunden möglicherweise
auf eine uns unbekannte Anzahl Träger dieses Namens zu ver-
teilen haben. Ich muß mich daher darauf beschränken, die Er-
wähnungen, die ich bisher gefunden, hier wiederzugeben.
Weitere Nachforschungen mögen sie vielleicht vermehren und
uns bestimmtere Anhaltspunkte an die Hand geben.

Die eine Notiz, die von einem Hans Peurl uns meldet,
finden wir im Bürger- und Meisterbuch von 1462 an (Nr. 235,
fo. 239 a) unter der Rubrik: «Hernach steen geschrieben alle
die, die ir Burgerrecht aufgebe haben.» Hier steht an erster
Stelle: «Hans Peurlein resignavit Burgerrecht octo po[st] letare
LXII d[edi]t l[itte]ram.»

Die zweite Erwähnung eines Hans Peurl findet sich in
einem Urfehdebrief im Nürnberger Archiv (Losungsurkunden
V, 90'1, Nr. 2367).[1] Ein gewisser Hanns Gleß von Onoltzpach,
wegen «Rawberey und anndern ubeltetten . . in des Reichs
fenncknuß zu Nuremberg kumen», hatte Leib und Lehen ver-
wirkt, war aber auf Fürsprache mächtiger Herrn begnadigt
worden und gelobte nun, niemandem etwas nachzutragen, sich
jenseits des Rheins aufzuhalten und den Nürnbergern keinen
Schaden mehr zuzufügen. «Des zu merer sicherheit,» heißt es
weiter, «hab ich den megenanten meinen Herrn des Ratz zu
Nuremberg zu rechten unuerscheiden selbschulden gesetzt
Hannsen Peurlein, Berchtolten Strobel und Peter Glessen
meinen vatter, also ob ich oder ymantz von meinen wegen der
obgeschrieben punckt und articel einen oder mer uberfürn,
dieselben mein Herrn des Ratz oder eniche die iren besche-
digten, in welchermaß das were, das dann dieselben mein
Herrn und die iren solcher beschedigung und was darauß voigt
und enntstund zu denselben meinen selbschulden semptlich

---

[1] Angesichts dieser Schwierigkeit war es kein durchschlagendes
Argument gegen Thodes Pfenning-Hypothese, daß sich der Name Pfenning
in Nürnberg nicht nachweisen lasse. Uebrigens ist mir eine Elsa Pfen-
ningerin im Großtotengeläutbuch von St. Lorenz (fo. 54 a) unterm Jahre
1486 begegnet. (In den Salzburger Urkunden kommt der Name auch nur
in der Form Pfenniger vor, s. Stiassny, Altsalzburger Tafelbilder, Jahrb.
der Kunsthist. Samml. des Allerhöchsten Kaiserhauses XXIV, 1903, S. 56).
[1] Die Kenntnis dieser Urkunde danke ich Herrn Archivsecretär Gümbel.

und ir yeden besunder habend und wartend sein sullen, des
wir dann die ytzgemelten, P e u r l, Strobel, und Gleß für den
genanten Hannsen Glessen Burgen und recht selbschulden zu
sein inmaßen vorgeschrieben bekennen in krafft ditz Briefs,
also ob derselb Hanns Gleß oder ymannds von seinen wegen
der vorgeschrieben artickel einen oder mer uberfurn, da got
vor sey, und die gemelten unnser Herrn von Nuremberg oder
eniche der iren des scheden empfingen, das wir dann als gut
unuerscheidenlich selbschulden dafur verhafft und verplicht
sein sullen, als wir dem allen also nachzukummen mit trewn
gelobt und versprochen haben, und des zu verkünde haben
wir obgenannten P e u r l und Strobel unnsere aigne insigel
an diesen Brief gehangen . . .» Die Urkunde ist datiert:
«Geben und gescheen am pfintztag nach dem Suntag Oculi in
der vasten nach Cristi geburt viertzehenhundert und in dem
dreyundsechtzigisten Jare» (17. März 1463).

Schließlich haben wir noch einen Brief des Rates vom
18. Januar 1473 an den Ritter Heinrich von Brandenstein[1]
(Briefbuch Nr. 34 a, fo. 165 b): «Edler lieber Herr, ewr
schreiben H a n n s e n p e w r l i n s halb ann uns gelangt,
haben wir vernommen und sind dem benanten H. pewrlin von
seine bruder Sebalten auf das Zusagen Gabriel Tetzels vnnsers
Ratsfreundes zu verhellfen auch die gutlichkeit zwischen ine
suchen zulassen willig, aber ine an unseren solde zu dienen
auftzunemen sind unser sachen also gestalt das wir dieser
Zeit diener nit notturft sein. Gutlich bitende, das im besten
zuversteen, wann wir gern thuen etc. Sa Priscae virginis.»

Es scheint mir ziemlich sicher, daß der Hans Peurl der
ersten dieser Urkunden mit den Hans Peurl der zweiten nicht
identisch ist, denn wer sein Bürgerrecht im einen Jahre aufgegeben, wird wohl kaum im anderen zu einer derartigen
Bürgschaft zugelassen worden sein. Bei dem Urfehdebrief finden
wir noch das Siegel des Hans Peurl: es zeigt im Kreisrund
der Umrandung die an der unteren Seite nicht ganz geschlossenen Umrißlinien des Querbalkens und des oberen Längs-
balkens eines Kreuzes mit den links und rechts über die beiden

---

[1] Ein Geschlecht von Brandenstein ist im oberen Kinzigtale angesessen.

Arme des Querbalkens gesetzten Buchstaben ℌ und ℘. Dieser Hans Peurl besaß also kein Wappen und gehörte jedenfalls nicht, wie wir nach dem Milieu erwarten könnten, dem Patriciate an. (Im XVI. Jahrhundert können wir eine wappenfähige Familie Peirll in Nürnberg nachweisen.) Der Hans Peurl der dritten Urkunde, der Bruder des schon genannten reichen Sebalt Peurl, ist offenbar Söldner; vielleicht ist er identisch mit einem gewissen Henslein Peurlin, der 1492 im Eichstätter Bistum viel Schaden angerichtet hat und den der Nürnberger Rat, wie er dem Bischof Wilhelm verspricht, unschädlich machen will, «so der benant Peurl bey uns betreten würd» (Briefbuch Nr. 42, fo. 99 a).

In den Salz- und Getreidebüchlein der Zeit läßt sich ein Hans Peurl nicht nachweisen. Im Getreide-Büchlein von 1460 (Ms. Nr. 327) finden wir allerdings auf der Sebalder Seite einen sonst unbekannten Meister Hans; das für einen Künstler exorbitant hohe Vermögen — er hat 12 Sumer Korns, weit über den Durchschnitt — läßt vermuten, daß wir es hier etwa mit einem reichen, vornehmen Juristen zu tun haben.

———

Ich füge dem noch die weiteren Peurleins hinzu, die ich in den Urkunden des XV. Jahrhunderts gefunden habe. Geborener Nürnberger ist Gorg Peurlein, der 1484 in der Liste der Lederer erscheint (Bürger- und Meisterbuch, Bd. 235, fo. 20 b). Als Bürger aufgenommen wurden 1473 Hanns Peurlin (ebend., fo. 152), 1483 Ottilia Peurlin (ebend., fo. 182), 1489 Lienhart Peurlein Altreussen (ebeud., fo. 204), der im gleichen Jahre auch in der Liste der Altreussen erscheint (ebend., fo. 8). Dieser Lienhart Peurlein ist es wohl, der 1502 sein Bürgerrecht aufgibt (Bürger- und Meisterbuch, Bd. 237, fo. 165 a), da es nicht, wie Gümbel meinte (Repertorium XXIX, 1906, S. 335, Anm. 22), der gleich zu erwähnende Maler Lienhart Peurlin sein kann. Schließlich werden noch als Bürger aufgenommen 1493 Ell Peurlin (Bürger- und Meisterbuch, Bd. 235, fo. 216 b), 1492 Hanns Peurl (ebend., fo. 209 b — dieser oder der 1473 Bürger gewordene ist vielleicht identisch mit einem 1492 genannten Lederer Hans Peurlin

(Ratsbuch Nr. 5, fo. 242) — 1496 ein weiterer Hans Pewerlein (Bürger- und Meisterbuch, Bd 237, fo. 3 b) und 1499 ein Cuntz Peurl (ebend., fo. 26 b), den wir noch 1520—1529 in den Briefbüchern (Nr. 81, fo. 207 a, fo. 214 b, fo. 224, Nr. 99, fo. 188 b) finden.

Der uns schon länger bekannte Maler Lienhart Peurl ist kein geborener Nürnberger, dürfte also kaum mit unserem Hans Peurl verwandt sein. Er ist 1474 als Bürger aufgenommen worden: «post computationem losungariorum 1474 Linh. Peurl maler 4 fl. W» (Bürger- und Meisterbuch, Nr. 235, fo. 153 b). 1484 zahlt er im Auftrag einer Frau einen Beitrag zur Erhöhung der Türme von St. Sebald: «Item Freitag nach Oculj den XXIII Marcij hat zalt lienhart Peurlin maler von wegen elsen Schülerin ein guld. Rh. etc.» (kgl. Kreisarchiv zu Nürnberg, Lade 131, Nr. 1).[1] 1518 wird er bei Gelegenheit einer ihm ausstehenden Schuld im Briefbuch des Rates (Nr. 79, fo. 16 a) erwähnt. Im Jahre 1520 ist seine Frau Angues Linhart Peurlin gestorben (s. Bösch, Mitteilungen aus dem Germanischen Nationalmuseum, II, 1887—1889, S. 71).

* * *

Von größerem Interesse ist für uns der Frescomaler Hans Peurlein, dem es zu danken ist, daß der Name Peurl auch bisher der Kunstgeschichte nicht völlig unbekannt war. Ueber ihn berichtet Neudörfer (Nachrichten von Künstlern und Werkleuten, hrg. von Lochner in den Quellenschriften für Kunstgeschichte X, 1875, S. 130): «Ich finde unter allen Gemälden hier keines, das mir so wol gefällt, als dieser Beuerlein in dem untern Kreuzgang im Prediger Kloster ein Kreuz mit Schächern, an der Wand mit Oelfarben ao. 1493 gemalt, dabei er auch unterm Kreuz neben andern Juden in einem Zipfelpelz, und auf dem Haupt ein rothes Schäplein, sich selbst conterfeyet hat, an welchem ein jeder Verständiger in der Physiognomia sehen und erkennen muß, was dieser Mann für einen Geist gehabt haben muß, und obgleich nicht mehr als

---

[1] Auf diese Notiz machte mich Herr Archivsecretär Gümbel aufmerksam.

die zwei so auf den Pferden sitzen, gemalt vorhanden wären, möchte doch sein Verstand genugsam daraus geurteilt werden. Starb ao. 1500.» Doppelmayr (Historische Nachricht von den Nürnberger Mathematicis und Künstlern, Nürnberg 1730, S. 177) begnügt sich damit, diese Notiz etwas zusammenzuziehen. Ausführlicher berichtet Murr über die Arbeiten dieses jüngeren Hans Peurlein zunächst im Anschluß an Neudörfer über die Wandmalereien der Predigerkirche (Beschreibung der vornehmsten Merkwürdigkeiten in ... Nürnberg, 1. Aufl. Nürnberg 1778, S. 57 f., 2. Aufl. 1801, S. 79): «Hinter der Orgel ist St. Christoph sehr groß an die Wand gemalet. Von Hanns Bäuerlein;» und über die Wandmalereien im Predigerkloster: «im äußern Kreuzgange an der Wand war ein Crucifix mit den Schächern mit Oelfarben 1493 von Hanns Bäuerlein gemalt. Ist verdorben. Er stund unter dem Kreuze nebst andern Juden in einem Zipfelpelze, mit einem roten Schläpplein auf dem Kopfe. Er starb gegen 1500. Nikolaus Häublein hat 1666 sein Bildnis radiret.» Sodann berichtet Murr über andere Wandmalereien Hans Peurls d. j. in der Augustiner-Kirche (a. a. O., 1. Aufl. S. 132, 2. Aufl. S. 82 f.): «An den Seiten dieses Fensters (des ersten auf der Emporkirche) ist zur rechten der heil. Christoph in Riesengröße mit dem Jesuskinde an der Wand gemalet. Oben darüber steht: M.CCCC.LXXXV ward angefangen der Bau des löblichen Gotteshauses St. Veit an seinem Abend der erste Grundstein geleget. Zur linken Hand ist ein Einsiedler, der dem heil. Christoph mit der Laterne leuchtet. Oben darüber lieset man: Anno Dni M.CCCC.LXXXVIII am Samstag vor Dionysi war der Bau des löblichen Gotteshauß St. Veits mit der Hülf Gottes vnd frummer Leut Allmosen vollendet. Der Maler hieß Hans Bäuerlein, der sehr geschickt mit Oelfarben auf Mauern malte. Er starb gegen 1500.» [1] Von den Malereien im Klostersaal sagt er (a. a. O., 2. Aufl., S. 85, die 1. Aufl., S. 134 f. ist wesentlich kürzer): «Zwey große

---

[1] Die Inschriften bringt auch Würffel (Beschreibung der übrigen Kirchen. Klöster und Kapellen in Nürnberg. 1761. S. 8.; er erwähnt den h. Christophorus, ohne den Maler zu nennen. Auch im Journal zur Kunstgeschichte etc. XV. Teil, S. 46 spricht Murr von Hans Beuerlein und den Wandmalereien bei den Augustinern.

Gemälde von Hans Bäuerlein an der Wand mit Oelfarben. Zur rechten Maria Magdalena und Christus, über Lebensgröße. Unter dem Bildnisse des Heilands steht: Die Leng vnsers Herrn Jesu. Unter der Maria liest man: Die Leng Marie Magdalene. Sie trägt ein Gefäß in der Hand worauf steht: Arianus. Zur linken ist der Heiland zwischen den beeden Schächern am Kreuze, nebst vielen Personen. Alle in Lebensgröße. Oben darüber stehen folgende Worte: O vos omnes qui transitis per viam attendite et videte si est dolor sicut dolor meus. Trenorum primo 1489. Unten zur rechten Hand des Gemäldes, bey dem Hauptmann, steht auf einem fliegenden Zedel: vere filius dei erat iste. Unterhalb: Optime rex glorie veni cum pace. miserere mei. Zu unterst des Gemäldes: Ich pit vnd pete von got willen ein aue.»

Das von Murr erwähnte Bild des Malers findet sich in der Städtischen Kupferstichsammlung im Germanischen Museum. Es ist bezeichnet:

Nic Häublein . f .

1666.

Hans Beurlein Mahler

in Nürnberg.

14   93.

Es zeigt einen Mann im Vollbart, mit offenen sympathischen Zügen, in den vierziger Jahren. Die Geburt des Malers mag daher um 1450 fallen. Es ist wohl möglich, daß dieser jüngere Haus Peurl der Sohn des großen Haus Peurl gewesen ist; das Beispiel der Landauer, Pleydenwurff, Wohlgemut, Stoß und Vischer legt uns diesen Gedanken nahe. Jedenfalls nahm er am Ende des XV. Jahrhunderts in der Wandmalerei dieselbe Stellung ein wie Michel Wohlgemut in der Tafelmalerei. Als man nach dem furchtbaren Festjahr 1484 dem Pestheiligen Veit ein eigenes Gotteshaus widmete, erhielt Wohlgemut den Auftrag, den Hochaltar auszuführen, Hans Peurl aber schmückte die neue Kirche mit seinen Wandgemälden.

Von seiner Kunst selbst hat sich nur ein dürftiger Schatten bis auf unsere Tage erhalten. Die Malereien der Predigerkirche waren schon zu Murrs Zeiten sehr verdorben; Lochner sah (1875) gerade noch die Spuren ehemaliger Bemalung. Die

Wandmalereien des Augustiner-Klosters dagegen müssen sich noch bis in die 80 er Jahre des XIX. Jahrhunderts hinein in leidlichem Zustand erhalten haben, und es ist bezeichnend für die leider ja noch in unseren Tagen der Wandmalerei gegenüber herrschende Interesselosigkeit, daß beim Abbruch des Klosters (1883) niemand es für nötig fand, diese Arbeiten eines zu seiner Zeit hochangesehenen Künstlers zu conservieren oder doch wenigstens in brauchbaren Abbildungen der Nachwelt zu erhalten. Von den beiden von Murr erwähnten Fresken der Magdalena und des Christus und der Kreuzigung im Augustiner-Kloster fand ich eine aus dem Anfang des XVIII. Jahrhunderts stammende Copie in einem Löffelholzschen Familienbuche, «Des Herrn Hanns Wilhelm Löffelholz von Kolberg (geb. 1656 † 1716) Familienbuch,» in dem jetzt im Germanischen Museum aufbewahrten Löffelholzschen Familien-Archiv: die Fresken waren eine Löffelholzsche Stiftung. Diese Copie[1] entspricht genau der Beschreibung Murrs (Murr rechnet rechts und links vom Bilde aus) und zeigt wörtlich die fünf von Murr abgeschriebenen Inschriften. Freilich viel mehr als eine Idee von der ganzen Composition vermag uns die Copie nicht zu geben.[2] Immerhin scheint auch hier noch eine gewisse Großzügigkeit der Landschaft sich bemerkbar zu machen.

Einmal ist auch der Name eines Peurl mit einem Werke in Verbindung gebracht worden, ich glaube jedoch ohne völlig zureichenden Grund. Im Hohenzollern-Jahrbuch 1902 hat Paul Seidel ein bedeutendes Portrait des Markgrafen Friedrich des Aelteren von Brandenburg-Ansbach und Kulmbach aus dessen vorletzten Lebensjahr 1535 veröffentlicht. Friedrich H. Hofmann wollte nun (Hohenzollern-Jahrbuch IX, 1905, S. 69 Anm. 2) für den Meister dieses mit H P signierten Gemäl-

---

[1] A b b. T a f e l XXXIII a.
[2] Damit entscheidet sich auch die Frage nach dem Urheber der in den sehr academisierten Eberleinschen Copien erhaltenen Compositionen aus dem Augustiner-Kloster im Kupferstich-Cabinett des Germanischen Museums, die Schulz (Mitteilungen des Germanischen Nationalmuseums 1906. S. 155 f.) besprochen und aus denen er ein Noli me tangere veröffentlicht: der Schöpfer dieser Fresken ist Hans Traut.

des einen Nürnberger Maler Hans Peurl den jüngeren annehmen, den er mit dem noch 1541 erwähnten Maler Hans Pair identificierte. Tatsächlich erwähnt Baader (Beiträge zur Kunstgeschichte Nürnbergs, Jahrbücher für Kunstwissenschaft I, 1866, S. 226) unterm Jahre 1518 einen Maler Hans Peurl, der, wenn Neudörfers Nachricht über das Todesjahr des Frescomalers Hans Peurl (1500) richtig ist, ein jüngerer Künstler dieses Namens gewesen sein muß. Daß er aber mit dem Maler Hans Pair identisch sein kann, halte ich für ausgeschlossen; der eine Name bedeutet agricola, der andere Bavarus. Der Maler Hans Pair, den Hampe erwähnt (Bayerische Gewerbe-Zeitung X, 1897, S. 31 Anm. 17 und Nürnberger Ratsverlässe in Quellenschriften für Kunstgeschichte N. F. XI. Nr. 2588), gehört einer auch anderweitig bekannten Nürnberger Familie an; wir kennen einen Erhart Pair Plattner vom Jahre 1499 (Hampe, Ratsverlässe, a. a. O., Nr. 577) und seine Witwe Kunigunde Erhard Pairin, die 1531 starb ;Mitteilungen aus dem Germanischen National-Museum II, S. 256). Wenn daher Friedländer (Gemälde alter Meister im Besitze Seiner Majestät des Deutschen Kaisers, Altdeutsche und altniederländische Schulen, S. 46) das Portrait unter der Bezeichnung Hans Peurl d. j. abbildet, so muß man hinter diese Zuweisung einstweilen noch ein Fragezeichen setzen. Die Frage, ob Hans Peurl oder Hans Pair der Meister ist, läßt sich nicht entscheiden und es wäre auch nicht völlig ausgeschlossen, daß es sich um einen anderen bisher unbekannten Meister mit diesen Initialen handelte. Aber auch ohne daß wir diesen Hans Peurl in einem Werke nachweisen können, ist er für uns von Interesse als das, wie es scheint, letzte Glied der Nürnberger Künstlerfamilie der Peurl.

Schulwerke.

Obwohl dieses Buch nicht die Vollständigkeit eines catalogue raisonné der Nürnberger Malerei in der ersten Hälfte des
XV. Jahrhunderts erstrebt, möge doch noch an dieser Stelle
auf einige Werke kurz hingewiesen werden, die zwar nicht
die Träger der Entwicklung in diesem Zeitraum sind, in denen
sich aber doch diese Entwicklung wiederspiegelt. Es ist bemerkenswert, daß diese geringeren Werke fast durchweg nicht
von Angehörigen der ehrbaren und ratsfähigen Patricierge-
schlechter, sondern von bürgerlichen Familien gestiftet sind.

Das Stromersche Epitaph in der Lorenzkirche, in der letzten Capelle vor dem Chore rechts:
Christus als Schmerzensmann mit Maria und Johannes, darüber
Engel mit den Leidenswerkzeugen. Inschrift: «Anno Domini
1406 starb Paulus Stromer und sein huisfrau im große sterbe
der pestlentz.» Thode schreibt das Werk, zweifellos mit Recht,
einem Uebergangsmeister des ausgehenden XV. Jahrhunderts zu,
der «mit viel schwächerer Begabung seinerseits zu einem
freieren Stile zu gelangen suchte.» Es zeigt langgestreckte Typen
mit kleinen runden Köpfen, ähnlich wie wir sie auch auf
einem Kreuzigungsbilde des Germanischen Museums (Nr. 96)
finden.

Christus im Grab zwischen Maria und Johannes, darunter der Stifter und seine Frau zu Seiten des Veronica-Bildnisses, St. Lorenz, Chorumgang.[1] Nach Hilperts Angabe wäre dieses Bild zum Gedächtnis des 1409 gestorbenen Cuntz Rymensnyder gestiftet. Bestünde Hilperts Datierung zu recht, so wäre das Bild der Zeit nach an den Anfang des neuen Stiles zu setzen und es wäre nur consequent, es dem Meister zuzuschreiben, mit dem der Eintritt dieses Stiles verknüpft ist, dem Meister des Imhofschen Altares. Hilperts Angabe ist uncontrollierbar, da es sich nicht um ein ehrbares oder ratsfähiges Geschlecht handelt; es ist aber unwahrscheinlich, daß Hilpert Material gehabt hätte, das uns nicht mehr zur Verfügung stünde. Tatsächlich kann das Bild nicht vor 1420 entstanden sein; denn es ist nichts anders, als eine schwache Nachahmung der Rückseite des Imhofschen Altares im Stil der 20er oder 30er Jahre. Die Art, wie Maria den rechten, Johannes den linken Arm Christi hält, ist genau copiert. Die rechte Hand des Johannes, die den Arm Christi stützt, ist fortgeblieben, so daß es nun zweifelhaft ist, ob die Hand auf der linken Schulter Christi der Maria, wie beim Imhofschen Altar, oder dem Johannes zugehört. Wahrscheinlich hat sich das der Maler bei seiner Copie selbst nicht überlegt. Maria und Johannes entsprechen im Typus mehr dem Cadolzburger Altar, was ebenfalls auf eine spätere Zeit der Entstehung hinweist.

Tod der Maria, St. Lorenz, zweite Kapelle rechts. Redslob (a. a. O., Mitt. des Germ. Nationalmus., S. 24) macht, meines Erachtens mit Recht, auf die Schwächen in der Ausführung aufmerksam, die es nicht erlauben, das Werk einem der führenden Meister der Nürnberger Malerei zuzuschreiben. Gleichwohl ist die Composition nicht ungeschickt. Maria ist vom Bette gelöst und vor ein Betpult versetzt; Johannes stützt sie über das Bett hinüber. Die Apostel sind um Fuß- und Kopfende des Bettes gruppiert. Oben in einem Kranze, den

---

[1] Abb. bei Redslob, a. a. O., Mitt. des Germ. Nationalmus 1907, S. 21.

Engel umgeben, Christus mit der Seele der Maria. Die Apostel
stehen im Typus den Aposteln auf der Rückseite des Deocarus-
Schreines nahe. Auf der Stifter-Predella das Wappen der
Glockengießer. Nach Hilpert ist die Tafel dem Andenken des
1433 verstorbenen Hans Glockengießer geweiht. Ich halte es
jedoch des Gegenstandes halber für wahrscheinlicher, daß die
Tafel dem Andenken einer Frau aus dieser Familie gewidmet ist.

H. Ursula, München, Prof. Sepp. Charakteristische Nürnberger Arbeit aus dem Ende der 30er Jahre.

Katharinen-Altar, Veitsbronn bei Sigels-
dorf. Schrein: h. Katharina in Holzschnitzerei. Die Flügel
sind je in zwei Abteilungen geteilt. Linker Flügel innen:
h. Veit, h. Stephan; außen: h. Nikolaus und Andreas, h. Ae-
gidius und Erasmus. Rechter Flügel innen: h. Sebastian, h.
Katharina, außen: h. Achatius und Dionysius, h. Leonhard
und Georg. Fester linker Flügel: h. Sebastian und Christoph,
h. Barbara und Veit. Fester rechter Flügel: h. Eustachius und
Pantaleon, h. Margaretha und Katharina. Predella geschlossen
von links nach rechts: h. Andreas, Margaretha, Dorothea und
Stephanus, Predella geöffnet links: h. Agnes und Lucia, rechts:
h. Katharina und Barbara, im Schrein in Holzschnitzerei das
Abendmahl. Das unmittelbare Vorbild der Heiligen dieses Altares
sind die Heiligen des Nothelfer-Altars in St. Jacob, doch zeugt
diese Nachahmung von sehr geringem Talent.

Christus in der Kelter, St. Lorenz, erste
Capelle links. Ein Papst und ein Bischof fangen das Blut der
Trauben auf, die Christus tritt; davor ein Wagen, an den die
Evangelisten-Symbole gespannt sind, oben im Hintergrund
Kirchenväter und Heilige. Dieses Bild, das zahlreiche lateinische
Inschriften trägt, verdiente einmal, vom liturgischen Standpunkt
aus untersucht zu werden; denn es ist für die mittelalterlichen
Vorstellungen vom Meßopfer von Bedeutung. Für die Kunstge-

schichte ist es ohne Interesse. Technisch ist es insofern merkwürdig, als es auf einer (sehr groben) Leinwand gemalt ist und
ornamentierten Goldgrund zeigt. Entstanden ist es wohl etwa in
den 60 er Jahren.

**Christus am Kreuz zwischen Maria und
Johannes,** unten eine (nicht ratsfähige) Stifterfamilie,
Germanisches Museum Nr. 453, Raum neben der
Kirche. Geringwertige Nachahmung des Mittelstücks des Tucher-
schen Altares.

———

Altärchen, Germanisches Museum, Raum
neben der Kirche (o. Nr., Eigentum der Stadt Nürnberg). Der
dreigeteilte Mittelschrein enthielt Holzschnitzereien, die aber
verloren sind. In den Seitennischen befanden sich, wie man
an den Umrissen an der Rückwand noch sehen kann, in
Hochrelief links eine weibliche, rechts eine männliche Gestalt,
beide in ausgebogener Haltung nach der Mitte zu gewandt.
Zweifellos handelt es sich um die Gestalten der Maria und des
Johannes, die in dem mittleren, nach hinten nicht durch eine
feste Wand abgeschlossenen Teile einen Crucifixus in Freifigur
zwischen sich hatten. (Diese Form der Crucifixus-Darstellung
findet sich in der Nürnberger Kunst öfters, so in einem Altärlein im Germanischen Museum, im Raum der sog. Nürnberger
Madonna, und in einem Altärchen des Birknerschen Cabinetts,
das Murr, Beschreibung der vornehmsten Merkwürdigkeiten in
Nürnberg, S. 535, sah.) Lie Flügel unseres Altares sind bemalt und zwar je in zwei Abteilungen. Auf der Innenseite
findet sich oben links und rechts eine Versammlung von siebzehn Heiligen; links unten ist die Anbetung der Könige, rechts
die Marter der Zehntausend dargestellt.[1] Die geschlossenen
Flügel zeigen oben links und rechts das Abendmahl, links
unten eine Darstellung des Meßopfers, rechts die Mannahlese.
Unter dem Mittelteil war, wohl in plastischer Ausführung, ein
Wappenschild angebracht, das nicht mehr erhalten ist.

———

[1] **Abb. Tafel XXXIV.**

Vielleicht stammt das Altärchen aus der Frauenkirche. In dem von Peter Schuler 1442 angelegten Saalbuch dieser Kirche nämlich (im Kgl. Kreisarchiv zu Nürnberg, fo. 58) wird ein von Albrecht Ebner gestjftetes Altärchen erwähnt, das dem unsrigen in der Form genau entsprochen haben muß. Die Urkunde lautet:

»Item ein hulczein kelterlein mit zweyen flügeln, die man zu thut; dorjnn ist ein geschnyten crucifix vnd ein maria pild vnd sant Johanns pild, von perlein vnd vntzgolt gestickt, mit ebner schilt. Das hat albrecht ebner selig an das gotzhaus geben, das man daz alle Jar den antlas tag [Entlassungstag, Sündenbefreiungstag = Gründonnerstag], karfreitag, den oster-abent vnd die vier osterfeirtag, anff vnnser frauen altar setzen sol, got vnd vnnser frauen zu lob vnd eren.«

Albrecht Ebner, den Biedermann überhaupt nicht aufführt, und dessen Todesjahr das Hallerbuch (fo. 121 b) nicht kennt, ist (nach Chroniken der deutschen Städte II, Leipzig 1864, S. 345) der Seuche des Jahres 1449 erlegen. Ist unser Altärchen wirklich mit jener Ebnerschen Stiftung identisch, so hätten wir es jedenfalls ans Ende der 40er Jahre zu verlegen.

Die Malereien sind stark zerstört und blättern immer mehr ab.[1] Die Maße der Flügel (ohne Einfassung) betragen in Höhe und Breite 132×49 cm.

Der sehr handwerkliche Maler, der die Flügel bemalt hat, war offenbar ein Schüler Peurls. Wie von ferne freilich nur erinnern seine fast erschreckend derben und plumpen Gestalten noch an die Schöpfungen dieses Künstlers. Am deutlichsten werden diese Beziehungen bei einer Gestalt wie der des h. Leonhard auf der Innenseite des linken Flügels. Die Engel, die den Teppich hinter der Madonna halten, haben die Peurl-schen Engel, die mannahlesenden Juden die Schergengestalten des Johannis-Altärchens zum Vorbild. Auch der Farbenge-schmack, von dem man freilich nur eine Vorstellung bekommt,

---

[1] Ich habe dieses Altärchen abgebildet einigermaßen in dem Wunsche, es wenigstens im Bilde zu erhalten. Denn wenn weiterhin nichts zu seiner Erhaltung geschieht, wird es in absehbarer Zeit durch die fort-schreitende Abblätterung völlig zu Grunde gehen, so wie die Außenseite schon fast zu Grunde gegangen ist.

wenn man das Altärchen aus seinem dunklen Raum heraus in das Sonnenlicht tragen läßt, gemahnt an das Altärchen in St. Johannis. In seiner Anbetung der Könige, in der die Gestalt des Mohrenkönigs erscheint, hat der Maler die Anbetung des Löffelholz-Meisters, die jetzt in St. Lorenz sich befindet, benutzt. Seine beiden älteren Könige scheinen eine plumpe Nachbildung der Könige jenes Bildes. Ihre Banner, das mit den Sternen, das mit dem Monde und das mit der Kriegergestalt, sind sogar genau dieselben wie die Königsbanner auf jenem Bilde. Auf der Mannahlese[1] bringt der Maler eine Landschaft, deren Tiefe durch einen sich schlängelnden Fluß bestimmt wird. Es will mir scheinen, als ob die charakteristische Landschaftsform Wohlgemuts zu dieser Landschaftsdarstellung in merkwürdig enger Beziehung stünde.

Thode (a. a. O., S. 70—83) hat dem Maler noch einen Altar in Erfurt und zwei Tafeln am Zwickauer Altar Wohlgemuts, die Dornenkrönung und die Geißelung zugeschrieben. Der Erfurter Altar ist mir nicht genügend mehr in der Erinnerung. Die Zwickauer Malereien, die einen ähnlich plumpen, heftigen Charakter zeigen wie unser Altärchen, sind doch im Stile weit fortgeschrittener und wohl von der Hand eines Wohlgemut-Schülers.

Krellsches Altärchen, Nürnberg, St. Lorenz, hinter dem Hochaltar. Mittelbild: Madonna mit Kind zwischen Bartholomäus und Barbara vor einem Teppich, über dem man durch den Bogen eines Gewölbes hindurch eine Landschaft mit der Stadt Nürnberg sieht. Flügel links: Jacobus major, rechts h. Helena; auf den davon getrennten Außenseiten der Flügel in einer Capelle des südlichen Seitenschiffs nochmals Bartholomäus und Barbara. Auf der Außenseite der Predella links vier männliche, rechts vier weibliche Heilige, auf der Innenseite links Christus und sechs Apostel, rechts Maria und die anderen sechs Apostel. Thode (a. a. O., S. 189 f.) sieht in dem Künstler einen späten Schüler des Wolfgangs-Meisters, Stegmann (Nürnbergs geschichtliche und

---

[1] Abb. Tafel XXXIII b.

kunstgeschichtliche Entwicklung, in Festschrift zur 40. Hauptversammlung des Vereins deutscher Ingenieure, Nürnberg 1899, S. 43) einen Schüler des Hans Pleydenwurff. Ich möchte glauben, daß er gar kein Nürnberger war. Seine bombastischen Gestalten mit den runden, ausdruckslosen Köpfen, mit ihrer perückenartigen Haarfülle, ihren prunkend kostbaren Gewändern von schweren Stoffen erinnern an den Kölner Meister des h. Bartholomäus; ganz wie bei diesem schließt der Hintergrund mit einem Goldbrokat-Teppich ab, über dem die Landschaft erscheint. Ist wirklich der Geistliche, der den Altar gestiftet hat und der darauf dargestellt ist, Jodocus Krell, und ist dieser 1483 gestorben, so hätten wir hier auffallend früh einen Einfluß des Bartholomäus-Meisters und müßten wohl einen Schüler oder Mitarbeiter dieses Meisters aus dessen vermutlich oberdeutschen Heimat annehmen. Jedenfalls muß das Altärchen im Zusammenhang mit der Frage nach der Entstehung des Stiles des Bartholomäus-Meisters betrachtet werden, aber meines Erachtens nicht im Zusammenhang der Nürnberger Malerei.

I. Register der besprochenen Werke nach dem Orte ihrer Aufbewahrung.[1]

A. In Nürnberg.

a. St. Lorenz.

1. Imhofscher Altar 2. 3. 4. 5. 9. 21. 31—35. 37. 38—40. 41. 42. 44. 46. 47. 61. 73. 74. 75. 76. 77. 85. 186.
   Deocarus-Altar:
2. Innenseiten der Flügel (Meister des Zwölfboten-Altars) 3. 7. 8. 23. 24. 25. 26. 27. 28. 29. 33. 35. 60.
3. Außenseiten der Flügel (Meister des Bamberger Altars) 3. 7. 8. 23. 24. 25. 26. 60—61. 64. 67. 68. 70.
4. Deocarus-Schrein (Meister des h. Deocarus) 3. 7. 8. 21. 23. 24. 25. 26. ˙36˙ 64. 65—68. 70.
5. Imhof-Thürler-Epitaph (Imhofsche Madonna) 3. 6. 22. 64. 73 – 78. 79. 103.
6. Wolfgangs-Altar 3. 81—82. 140—141.
7. Passions-Altar (Meister des Wolfgangs-Altars) 80. 94. 141.
8. Schon-Epitaph (Meister des Wolfgangs-Altars) 80—81. 83.
9. Ebenheim-Epitaph (Peurl) 4. 5. 99—106. 110. 112—117. 134. 136. 139. 154. 155. 159—161. 162. 170.
10. Katharinen-Legende (Meister des Löffelholz-Altars) 146—147. 150.

---

[1] Die Zahlen hinter dem Werke bedeuten die Seiten dieses Buches.

11. Dreikönigs-Altar (Meister des Löffelholz-Altars) 147—151. 155. 156. 190.
12. Stromer-Epitaph 103. 185.
13. Rymensnyder-Epitaph 3. 47. 103. 186.
14. Glockengießer-Epitaph 3. 21. 88. 186—187.
15. Christus in der Kelter 187—188.
16. Krellsches Altärchen 190—191.
17. Rochus-Altar 127.

b. St. Sebald.

18. Paulus-Legende 14. 20.
19. Imhof-Rothflasch-Epitaph (Meister des Imhof-Altars) 21. 22. 35. 40—42. 46. 49. 70.
20. Imhof-Volckamer-Epitaph 5. 84—86. 87. 88, 89. 103. 114.
21. Löffelholz-Zollner-Epitaph 86—87. 89.
22. Löffelholz-Münzmeister-Epitaph 87—88.
23. Löffelholz-Rummel-Epitaph 87— 88.
24. Haller-Altar 4. 5. 90—95. 97. 113. 114. 130. 131. 132. 134. 139. 143.
25. Löffelholz-Altar 3. 145—146. 147. 148. 149.

c. Frauenkirche.

26. Fresken 16.
27. Tucher-Altar 2. 3. 4. 5. 79. 119—144. 154. 155. 156. 159—161. 162.

d. Jakobskirche.

28. Hochaltar 11.
29. Nothelfer-Altar (Meister des b. Deocarus) 21. 68—71. 72. 82. 132. 187.

e. St. Johannis.

30. Passions-Altärchen (Peurl) 5. 8. 115. 134. 151—161. 162. 189. 190.

f. Heiliggeistkirche.

31. Fresken 16.

g. Aegydienkirche.

Epitaph der Elisabeth Tetzel
Epitaph der Anna Tetzel

h. Morizkapelle.

Vier Legenden-Scenen
Martyrium der h. Ursula 13—15.
Crucifixus
¯. Christophorus

Germanisches Museum.

Bethlehemitischer Kindermord, Bestattung Mariae und Geißelung Christi
Epitaph der Clara Holzschuherin
Kreuzigung (Nr.
Christus als Schmerzensmann, Rückseite des Imhofschen Altares 33—35.
Epitaph der Walpurg Prünsterin   48—50.

Epitaph des Anton Imhof
Weibliche Heilige (Meister des Hallerschen Altares) 95—97.

Portrait eines Jünglings (Peurl)   117—118.
(Ebner?-)Altärchen 188—190.
Christus am Kreuz
Portrait des Canonicus Schönborn (Hans Pleydenwurff)

Kreuzigung (Hans Pleydenwurff)
Peringsdörffer-Altar   126—127.

k. Archiv des Germanischen Museums.

Christus und Magdalena und Kreuzigung, Copie eines Fresco (Hans Peurl d. j.) aus dem Augustiner-Kloster, in «Des Herrn Hanns Wilhelm Löffelholz Familienbuch» 180—183.

l. Kgl. Kreisarchiv.

Schutzmantelbild und Karl IV., Miniatur im Saalbuch der Frauenkirche

B. Außerhalb Nürnbergs.

a. Klosterkirche zu Heilsbronn.

53. Epitaph des Abtes Friedrich von Hirzlach 11. 103. 165.
54. Epitaph des Dr. Mengst 103.
55. Schutzmantelbild (Peurl) 5. 79. 106—117. 134. 136. 162. 165. 189.

b. Kalchreuth, Kirche.

56. Tod der Maria (Meister des Wolfgangs-Altars) 82—83.
57. Hochaltar 82.

c. Langenzenn, Pfarrkirche.

58. Zurückweisung des Opfers Joachims und Verlobung Mariae (Meister des Bamberger Altars) 62—63.

d. Langenzenn, Gottesackerkirche.

59. Passions-Altar (Meister des Haller-Altars?) 97—98.

e. Cadolzburg, Kirche.

60. Zwei Heilige (Meister des Cadolzburger Altars) 47—48.

f. Veitsbronn bei Sigelsdorf, Kirche.

61. Nothelfer-Altar 187.

g. Erlangen, Universitäts-Bibliothek.

62. Tod der Maria, Zeichnung 88—89. 114.
64. H. Sebastian (Hans Traut) 44. 107. 108.

h. Eichstätt, Dom.

65. Epitaph des Ritters von Hohen-Rechberg 112—113.

i. München, National-Museum.

66. Bamberger Altar 21. 51—60. 61. 71. 165.
67. Madonna im Aehrenkleid (Meister des Bamberger Altars) 63—64.
68. Epitaph der Gerhaus Ferin (Meister des h. Deocarus) 22. 57. 71—73. 79. 103. 165.
69. Epitaph einer Nonne (Meister des h. Deocarus) 57. 71—73. 103. 165.

k. München, Pinakothek.

70. Kreuzigung (Hans Pleydenwurff) 148.
71. Landauer-Altar 170.

l. München, Sammlung Professor Sepp.

72. Joachim und Anna vor der goldnen Pforte und Tempelgang Mariae (Meister des Bamberger Altars) 62—63.
73. H. Ursula 187.

m. Erfurt, Reglerkirche.

74. Hochaltar 190.

n. Zwickau, Marien-Kirche.

75. Hochaltar (Wohlgemut) 190.

o. Aachen, Suermondt-Museum.

76. Beschneidung Christi (Peurl) 161—163.

p. Berlin, Kaiser Friedrich-Museum.

77. Deichslerscher Altar (Meister des Imhof-Altars) 21. 35—38. 40. 41. 42. 49. 61. 62. 63. 70. 72. 76.

q. Berlin, Hohenzollern-Museum.

78. Cadolzburger Altar 44—47. 49. 64. 81. 87. 186.

r. Berlin, Besitz S. M. des Kaisers.

79. Portrait des Markgrafen Friedrich d. Ä. (sign. H. P.) 183—184.

s. Breslau, Museum.

80. Marien-Altar (Meister des Wolfgangs-Altars) 80. 83.

t. Wien, Sammlung Przibram.

81. H. Sippe 17.

u. Venedig:
Accademia.

82. Madonna mit den Kirchenvätern (Giovanni d'Alemagna und Antonio Vivarini) 114. 115. 116.
83. Paradiso (Giambono) 137.

San Zaccaria.

84. Altar (Giovanni d'Alemagna und Antonio Vivarini) 116. 136.

San Pantaleone.

85. Paradiso (Giovannni d'Alemagna und Antonio Vivarini) 116. 136.

San Giobbe.

86. Verkündigung (Antonio Vivarini) 116.

San Francesco della Vigna.

87. Heilige (Antonio Vivarini) 116.

v. Padua, Chiesa dei Filippini.

88. Madonna (Giovanni d'Alemagna) 114. 115. 116.

w. Parenzo, Duomo.

89. Altar (Antonio Vivarini) 116.

II. Register der besprochenen Werke, nach der Zeit ihrer Entstehung geordnet.[1]

XIV. Jh.   Hochaltar, Jakobskirche (28).

um 1360   Epitaph des Abtes Friedrich von Hirzlach, Heilsbronn, Klosterkirche (53).

XIV. Jh.   Epitaph des Dr. Mengst ebenda (54).

XIV. Jh.   Fresken, Frauenkirche (26).

XIV. Jh.   Vier Legenden-Scenen, Morizkapelle (34).

XIV./XV. Jh.   Fresken, Heiliggeistkirche (31).

XV. Jh. Anfang.   Martyrium der b. Ursula, Morizkapelle (35).

XV. Jh. Anfang.   Paulus-Legende St. Sebald (18).

XV. Jh. Anfang.   Bethlehemitischer Kindermord, Bestattung Mariae und Geißelung Christi, Germ. Museum (38).

XV. Jh. Anfang.   H. Sippe, Wien, Sammlung Przibram (81).

XV. Jh. Anfang.   Kreuzigung, Germ. Museum (40).

1406   Zwölfboten-Altar. St. Lorenz (2).

1406   Stromer-Epitaph, St. Lorenz (12).

nach 1413   Imhof-Rothflasch-Epitaph, St. Sebald (19).

vor 1419   Deichslerscher Altar, Berlin, Kaiser Friedrich-Museum (77).

um 1420   Imhofscher Altar, St. Lorenz und Germ. Museum (1).

nach 1420   Cadolzburger Altar, Berlin, Hohenzollern-Museum (78).

---

[1] Die in Klammern beigefügte Zahl bei diesem und dem folgenden Register bedeutet die Nummer, die das Werk im ersten Register hat und verweist dadurch auf die Seitenzahlen dieses Buches.

nach 1420 Zwei Heilige, Cadolzburg, Kirche (60).

nach 1421 Rymensnyder-Epitaph, St. Lorenz (13).

1426   Epitaph der Clara Holzschuherin, Germ. Museum (39).

1429   Bamberger Altar, München, National-Museum (66).

um 1430 Deocarus-Altar, Außenseiten der Flügel, St. Lorenz (3).

um 1430 Zurückweisung des Opfers Joachims und Verlobung Mariae, Langenzenn, Pfarrkirche (58).

um 1430 Joachim und Anna vor der goldenen Pforte und Tempelgang Mariae, München, Sammlung Prof. Sepp (72).

um 1430 Madonna im Aehrenkleide, München, National-Museum (67)

1433 (?) Glockengießer-Epitaph, St. Lorenz (14).

1433   Löffelholz-Münzmeister-Epitaph, St. Sebald (22).

1434   Prünsterin-Epitaph, Germ. Museum (42).

1435   Löffelholz-Rummel-Epitaph, St. Sebald (23).

um 1435 H. Ursula, München, Prof. Sepp (73).

1436/37 Deocarus-Schrein, St. Lorenz (4).

1437   Epitaph der Elsabeth Tetzel, Aegydienkirche (32).

1437   Epitaph des Ritters von Hohen-Rechberg, Eichstätt, Dom (65).

nach 1437 Nothelfer-Altar, Jakobskirche (29).

1438   Imhof-Volckamer-Epitaph, St. Sebald (20).

um 1438 Tod der Maria, Zeichnung, Erlangen, Universitäts-Bibliothek (62).

um 1440 Nothelfer-Altar, Veitsbronn bei Sigelsdorf, Kirche (61).

um 1440 Haller-Altar, St. Sebald (24).

um 1440 Epitaph einer Nonne, München, National-Museum (69).

nach 1440 Ebenheim-Epitaph, St. Lorenz (9).

nach 1440 Portrait eines Jünglings, Germ. Museum (45).

1442   Schutzmantelbild, Heilsbronn, Klosterkirche (55).

1442   Epitaph der Anna Tetzel, Aegydienkirche (33).

1443   Epitaph der Gerhaus Fein, München, National-Museum (68).

1448   Löffelholz-Zollner-Epitaph, St. Sebald (21).

1449   Imhof-Thürler-Epitaph (Imhofsche Madonna), Sanct Lorenz (5).

1449   Epitaph des Anton Imhof, Germ. Museum (43).

um 1450(?) Passions-Altar, Langenzenn, Gottesackerkirche (59).

um 1450 Marien-Altar, Breslau, Museum (80).

um 1450 Passions-Altar, St. Lorenz (7).

vor 1451 Wolfgangs-Altar, St. Lorenz (6).

um 1450 Schutzmantelbild und Karl IV., Miniatur im Saalbuch der Frauenkirche, Nürnberg, Kgl. Kreisarchiv (52).

1450/51 Tucher-Altar, Frauenkirche (27).

nach 1451 Christus am Kreuz, Germ. Museum (47).

vor 1453 Dreikönigs-Altar, St. Lorenz (11).

um 1450 (Ebner?-)Altärchen, Germ. Museum (46).

1453 Löffelholz-Altar, St. Sebald (25).

nach 1453 Katharinen-Legende, St. Lorenz (10).

1451/60 Passions-Altärchen, St. Johannis (30).

1451/60 Beschneidung Christi, Aachen, Suermondt-Museum (76).

um 1460 Tod der Maria, Kalchreuth, Kirche (56).

1464 (?) Schon-Epitaph, St. Lorenz (5).

nach 1460 Weibliche Heilige, Germ. Museum (44).

nach 1460 (?) Christus in der Kelter, St. Lorenz (15).

III. Register der besprochenen Werke, nach den Meistern geordnet.

1. Werkstatt des Meisters der Morizkapelle.

Martyrium der h. Ursula, Morizkapelle (35).

Paulus-Legende, St. Sebald (18).

Bethlehemitischer Kindermord, Bestattung Mariae und Geißelung Christi, Germ. Museum (38).

H. Sippe, Wien, Sammlung Przibram (81).

2. Meister des Zwölfboten-Altars.

Zwölfboten-(Deocarus-)Altar, Innenseiten der Flügel und Schnitzerei des Schreins, St. Lorenz (2).

3. Meister des Imhofschen Altares.

Imhofscher Altar, St. Lorenz (1).

Deichslerscher Altar, Berlin, Kaiser Friedrich-Museum (77).

Imhof-Rothflasch-Epitaph, St. Sebald (19).

4. Meister des Cadolzburger Altars.

Cadolzburger Altar, Berlin, Hohenzollern-Museum (78).

Zwei Heilige, Cadolzburg, Kirche (60).

Epitaph der Walpurg Prünsterin, Germ. Museum (42).

5. Meister des Bamberger Altars.

Bamberger Altar, München, National-Museum (66).

Deocarus-Altar, Außenseiten der Flügel, St. Lorenz (3).

Langenzenner Altar:

Zurückweisung des Opfers Joachims und Verlobung Mariae, Langenzenn, Pfarrkirche (58);

Joachim und Anna vor der goldnen Pforte und Tempelgang Mariac, München, Sammlung Prof. Sepp (72).

Madonna im Aehrenkleid, München, National-Museum (67).

6. Meister des h. Deocarus.

Deocarus-Schrein, St. Lorenz (4).

Nothelfer-Altar, Jakobskirche (29).

Epitaph der Gerhaus Ferin, München, National-Museum (68).

Epitaph einer Nonne (69).

Imhof-Thürler-Epitaph (Imhofsche Madonna) (5).

7. Meister des Wolfgangs-Altars.

Marien-Altar, Breslau, Museum (80).

Passions-Altar, St. Lorenz (7).

Schon-Epitaph, St. Lorenz (8).

Wolfgangs-Altar, St. Lorenz (6).

Tod der Maria. Kalchreuth, Kirche (56).

8. Meister der Sebalder Epitaphien (?).

Imhof-Volckamer-Epitaph, St. Sebald (20).

Löffelholz-Zollner-Epitaph, St. Sebald (21).

Tod der Maria, Zeichnung, Erlangen, Universitäts-Bibliothek (62).

9. Meister des Hallerschen Altars.

Haller-Altar, St. Sebald (24).

Passions-Altar, Langenzenn, Gottesackerkirche (?) (59).

Weibliche Heilige, Germ. Museum (44).

10. Hans Peurl.

Ehenheim-Epitaph, St. Lorenz (9).

Schutzmantelbild, Heilsbronn, Klosterkirche (55).

Portrait eines Jünglings, Germ. Museum (45).

Passions-Altärchen, St. Johannis (59).

Beschneidung Christi, Aachen, Suermondt-Museum (76).

11. Meister des Hallerschen Altares und Hans Peurl.

Tucher-Altar, Frauenkirche (27).

12. Meister des Löffelholzschen Altares.

Löffelholz-Altar, St. Sebald (25).
Katharinen-Legende, St. Lorenz (10).
Dreikönigs-Altar, St. Lorenz (11).

TAFELN

ZWÖLFBOTEN-(DEOCARUS)-ALTAR
(Innenseite der Flügel), Nürnberg, St. Lorenz.

CHRISTUS ALS SCHMERZENSMANN
Rückseite des Imhofschen Altares, Nürnberg. Germanisches Museum.

IMHOF·ROTHFLASCH·EPITAPH
Nürnberg, St. Sebald.

DEOCARUS-ALTAR
Außenseite der Flügel, Nürnberg, St. Lorenz.

b. VERLOBUNG MARIAE
Langenzenn, Pfarrkirche.

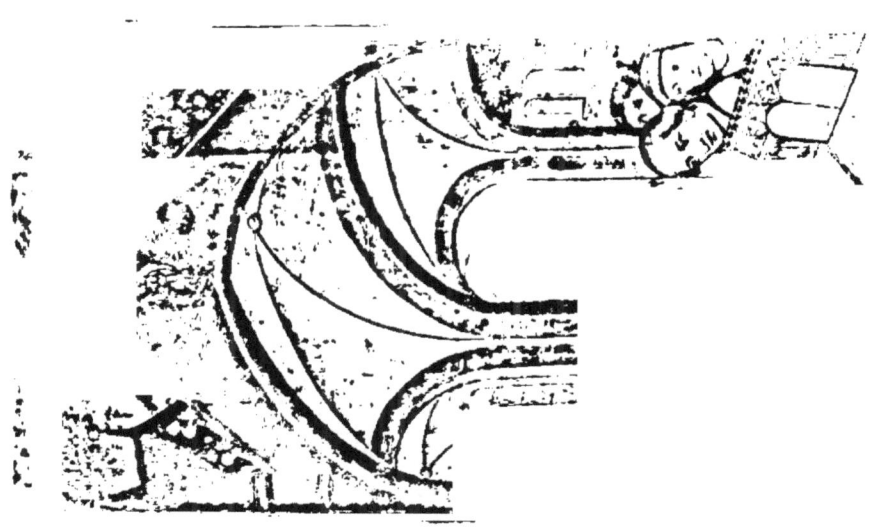

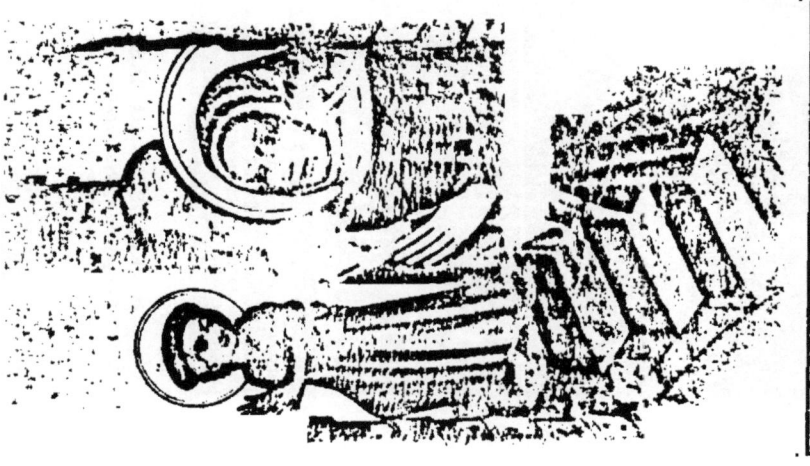
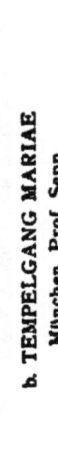

b. TEMPELGANG MARIAE
München, Prof. Sepp.

a. JOACHIM UND ANNA VOR DER GOLDENEN PFORTE
München, Prof. Sepp.

DEOCARUS-SCHREIN
Flügel, Innenseite, Nürnberg, St. Lorenz.

NOTHELFER-ALTAR
(Mittelstück), Nürnberg, Jakobskirche.

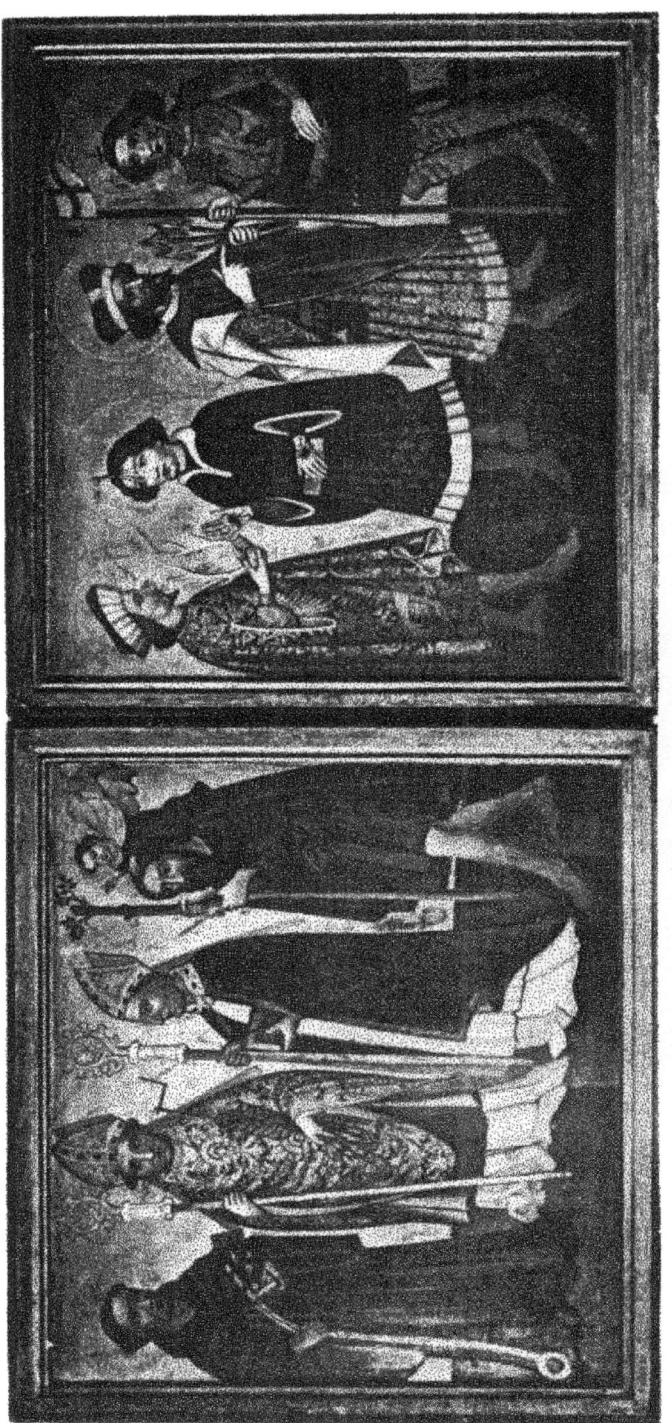

NOTHELFER-ALTAR
(Flügel), Nürnberg, Jakobskirche.

a. EPITAPH DER GERHAUS FERIN
München, National-Museum.
b. EPITAPH EINER NONNE
München, National-Museum.

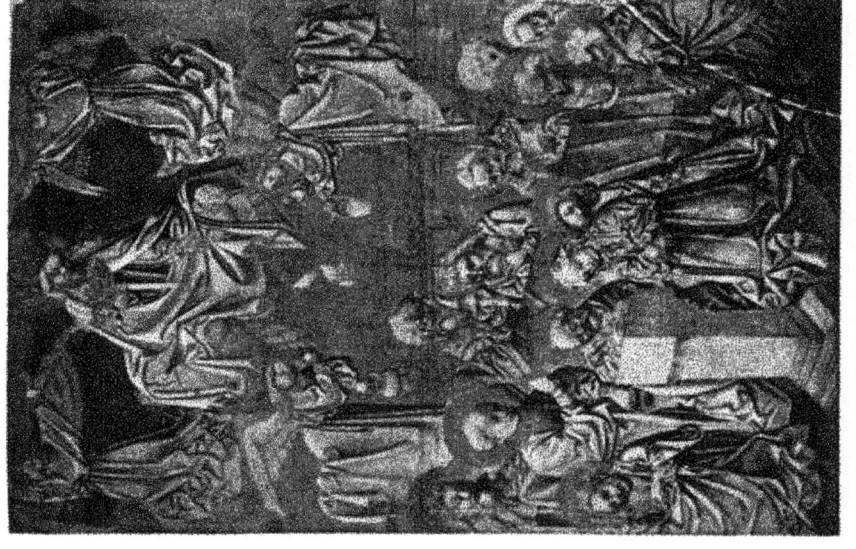

b. TOD DER MARIA
Zeichnung. Erlangen. Universitäts-Bibliothek.

a. IMHOF-VOLCKAMER-EPITAPH
Nürnberg. St. Sebald.

a. H. AGNES, MARGARETHA UND BARBARA
Nürnberg. Germanisches Museum.
b. H. KATHARINA, URSULA UND DOROTHEA
Nürnberg. Germanisches Museum.

EHENHEIM - EPITAPH
Nürnberg, St. Lorenz.

SCHUTZMANTELBILD
Heilsbronn, Klosterkirche.

PORTRAIT EINES JÜNGLINGS
Nürnberg, Germanisches Museum.

TUCHER-ALTAR
Augustin und Monica, linker Flügel Innenseite, Nürnberg, Frauenkirche.

TUCHER-ALTAR
Verkündigung, Mittelstück linker Teil, Nürnberg, Frauenkirche.

TUCHER-ALTAR
Christus am Kreuz, Mittelstück mittlerer Teil, Nürnberg, Frauenkirche.

TUCHER-ALTAR
Paulus und Antonius, rechter Flügel Innenseite. Nürnberg, Frauenkirche.

TUCHER-ALTAR
H. Veit und Himmelfahrt Mariae, linker Flügel Außenseite. Nürnberg, Frauenkirche.

TUCHER·ALTAR
Vision des h Augustin und h. Leonhard, rechter Flügel, Außenseite, Nürnberg. Frauenkirche.

H. LEONHARD
Tucher - Altar.

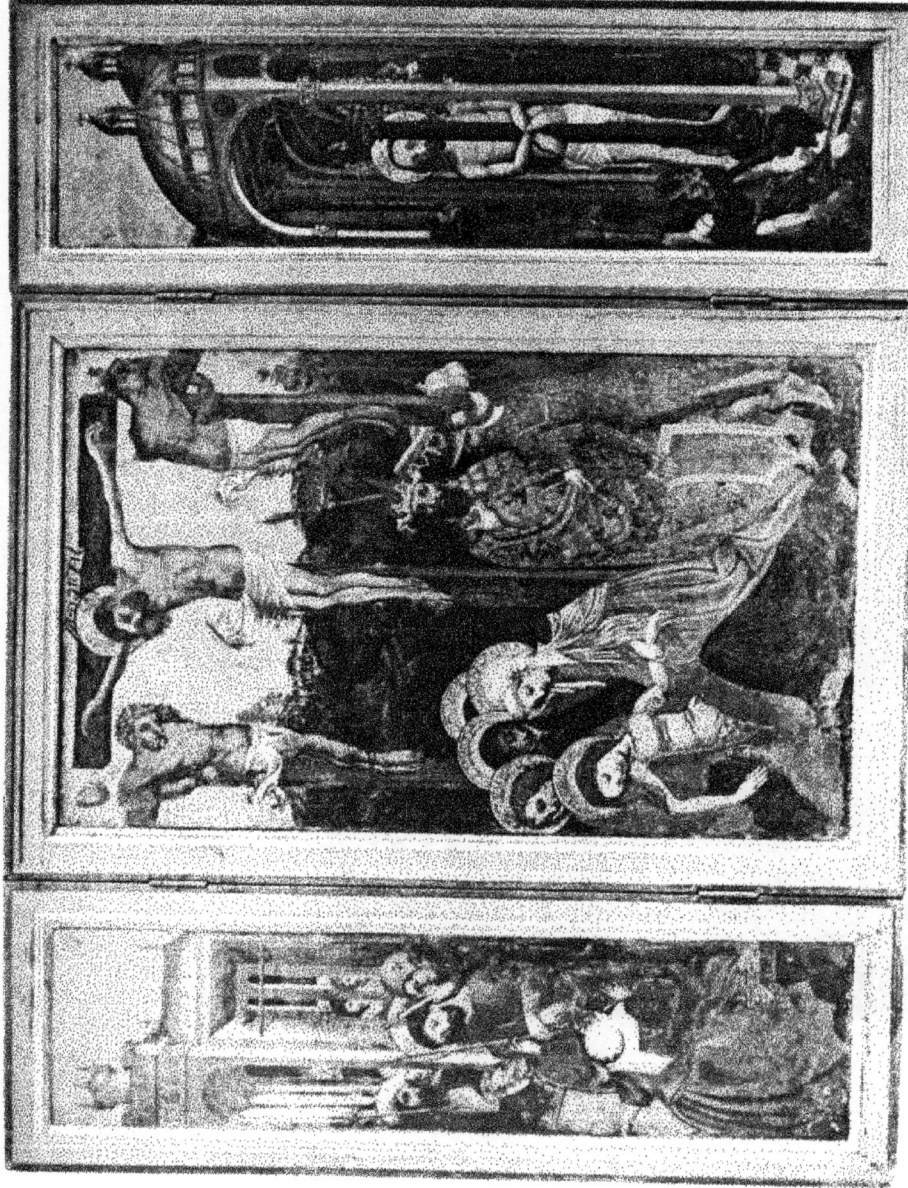

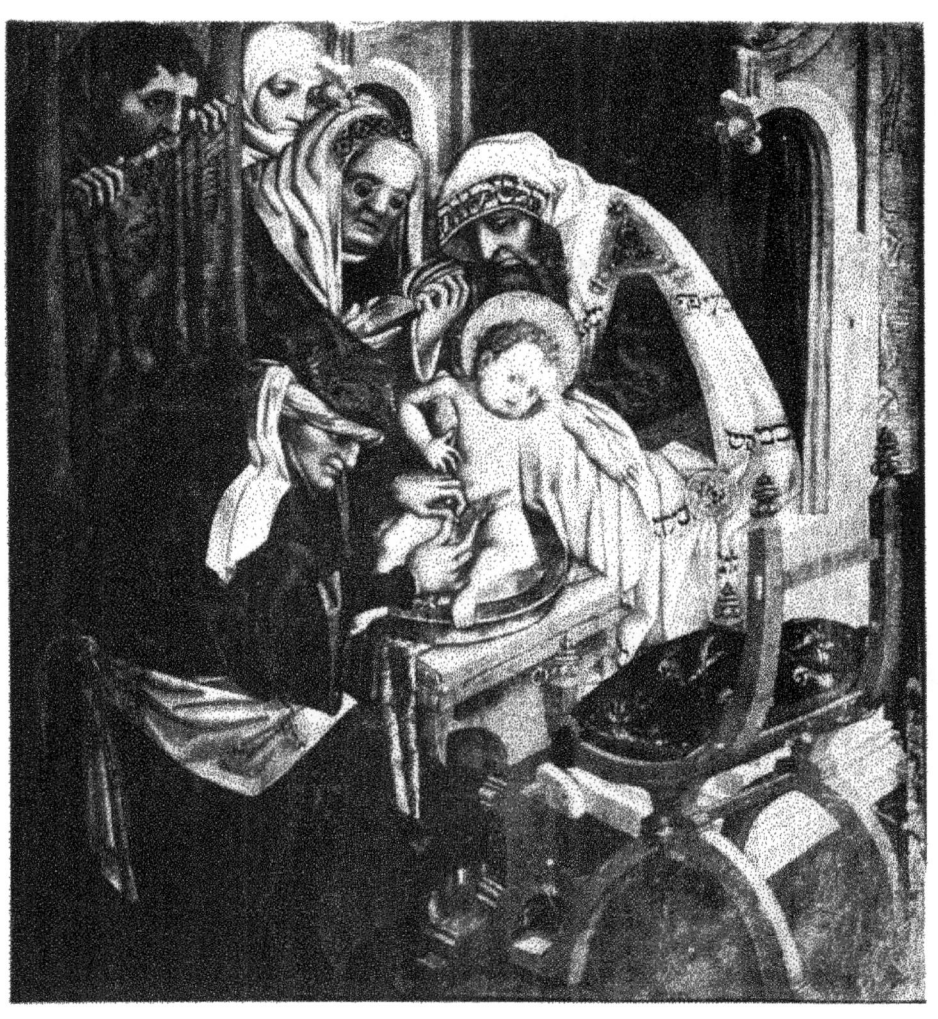

BESCHNEIDUNG CHRISTI
Aachen, Suermondt-Museum.

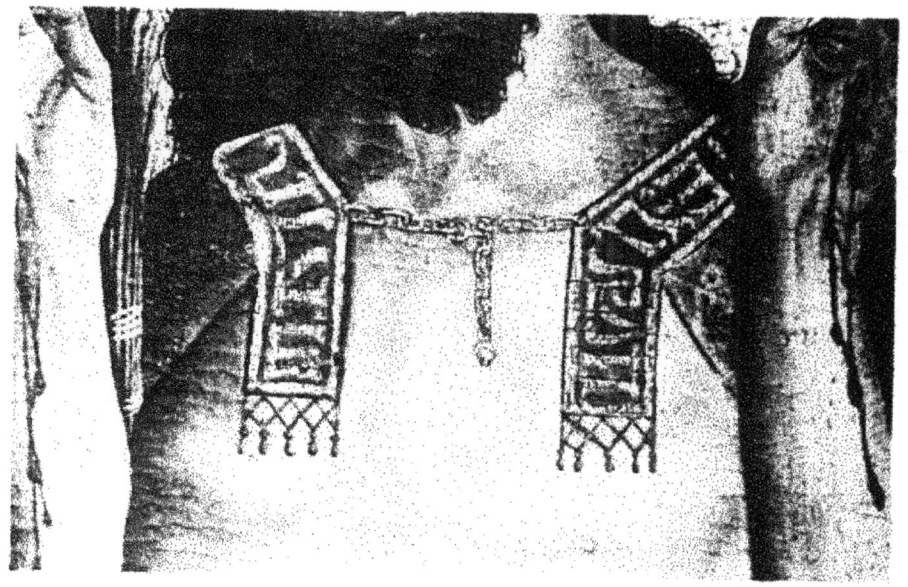

a. Die Inschrift des
Ehenheim-Epitaphs.

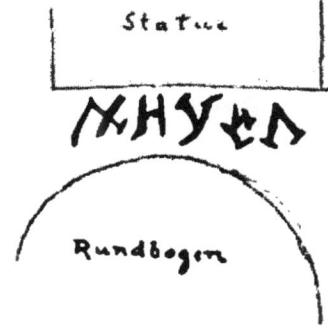

c. Die Inschrift des Altärchens
in St. Johannis (Originalgröße).

b. AUFERSTEHUNG
Wolfgangs-Altar, Nürnberg. St. Lorenz.

a. EPITAPH DES HEINRICH VON HOHEN-RECHBERG
Eichstätt, Dom.

Phot. Alinari.

Phot. Alinari.

Phot. Alinari.

a. ANBETUNG DER KÖNIGE
Ausschnitt des Dreikönigs-Altärchens, Nürnberg, St. Lorenz.
b. GENTILE DA FABRIANO. ANBETUNG DER KÖNIGE
Ausschnitt, Florenz, Accademia.

a. CHRISTUS UND MAGDALENA UND KREUZIGUNG
Fresco des Augustiner-Klosters zu Nürnberg. Copie.

b. MANNAHLESE, AUSSCHNITT EINES FLÜGELS
Nürnberg, Germanisches Museum.

ALTÄRCHEN (INNENSEITE DER FLÜGEL)
Nürnberg. Germanisches Museum.

Lightning Source UK Ltd.
Milton Keynes UK
UKHW012132140219
337322UK00016B/1238/P